KB113065

스탠퍼드
스타트업
바이블

斯坦福大学创业成长课

스탠퍼드 스타트업 바이블

How to Start a Startup

리샤오라이 지음 | 나진희 옮김

살림

'Just Learn'

기회는 언제나 준비된 사람에게 온다

경고: 앞에서 진한 닭고기 수프 향이 풍기더라도 따르지 말고 가까이 하지도 마라.

세상 모든 사람의 삶은 동등하게 흘러가기 때문에 남의 인생에 편승하든 스스로 이루어내든 어찌 됐든 마지막에는 자신이 결과를 감당해야 한다. 이는 반드시 명심해야 한다.

이 책은 대부분 내 성장 과정이자 나와 내 동반자들이 함께 성장한 과정에 관한 기록이다. 이 책은 와이 콤비네이터◆ 스타트업 강의인 '어떻게 창업할 것인가(How to Start a Startup)'에 착안해 집필했다. 스타트업 강의의 주최자는 와이 콤비네이터와 스탠퍼드대학이고 청중은 주로 스탠퍼

◆ 와이 콤비네이터(Y Combinator): 미국의 저명한 창업 인큐베이터다. 갓 스타트업한 기업을 지원하고 창업 지침을 제공한다. 저명한 프로그래머이자 벤처투자자인 폴 그레이엄(Paul Graham)이 설립했다. 2012년 미국 경제 잡지「포브스(Forbes)」는 와이 콤비네이터를 '가장 가치 있는 인큐베이터'라고 평가했다.

드대학의 학부생들이다.

2015년 설날, 나는 시간을 내서 그 강의를 듣기 시작했다. 강의에서 얻은 소득은 두말할 필요가 없을 정도였다. 그야말로 흥분과 감동의 시간이었다. 나보다 젊은 수많은 사람의 성취를 듣고 있자니 절로 흥분이 되었다. 똑똑하고 부지런하며 성실한 사람들이 조금도 꾸밈없이 아는 바를 모조리 털어놓아서 감동했다.

그런가 하면 생각만 해도 부끄러운 일이 있다. 사실 나는 몇 개월 전에야 이 강의의 실체를 알게 됐다. 물론 강의 내용이 얼마나 대단한지 알고는 있었지만 독단에 빠져 있던 내게는 정보를 입수한 즉시 수강 신청을 할 열정이 없었다. 결국 시간이 좀 지난 뒤에야 강의를 듣게 됐고 많은 생각을 했다. 그런 과정을 겪고 나서 안타까운 마음에 나는 주위 사람들에게 이 강의를 추천하기 시작했다. 특히 청년들과 아직 캠퍼스에 있는 학생들에게 열변을 토하며 추천하고 있다. 내가 봤을 때 스스로 공부할 능력을 어느 정도 갖춰야 비로소 '성인'이라 할 수 있다. 그런데 나이를 헛먹어 학습 능력이 현저히 낮은 사람이 꽤 많다. 그런 사람들은 대개 어린아이보다 더 유치하다.

이윽고 나는 각종 온라인 메시지 환경에서 스타트업과 관련된 커뮤니티를 만들고 토론에 참여하기 시작했다. 그리고 커뮤니티들이 발전하는 과정을 보면서 또다시 흥분과 감동에 빠져들었다. 그야말로 시대의 발전에 뒤따른 보너스라 할 수 있겠다. 다음 세대는 이전 세대보다 훨씬 똑똑하고 더욱 많은 기회를 포착한다. 그 과정에서 능력을 펼칠 수 있고, 더 많은 가능성을 펼쳐 더 많은 성과를 얻을 수 있다.

이 책의 화두는 바로 스타트업이다.

나는 내 책에 "학습하고 학습하고 또 학습하라"라고 수없이 썼다. 하지만 그렇게 몇 차례 반복한 뒤에는 더 이상 하지 않았다. 독자들은 이렇게 상투적이고 빤한 이치를 진지하게 여기지 않을 것이라고 생각했기 때문이다. 어쩌면 독자들은 전에도 그렇게 생각했을지 모른다.

하지만 이번에는 좀 다르다. 스타트업은 반드시 반복적으로 공부하고 또다시 공부해야 하는 대상이기 때문이다. 그래서 이번에는 단순한 강의와 저술이 아닌 나 스스로, 그리고 동료들과 함께한 학습의 과정을 기록했다.

다음의 통계 자료를 살펴보자. 동영상 플랫폼인 클립마인(ClipMine)에 2015년 3월 18일 이 과정의 첫 번째 강의 통계가 이렇게 나왔다.

324K views | 2.4K likes

한편 스무 번째 강의 통계는 이랬다.

19.1K views | 113 likes

다시 말해 강의 신청자 중 6퍼센트에도 못 미치는 사람들만이 모든 과정을 시청했다는 것이다. 만일 최종적으로 스무 번째 강의에 '좋아요'를 누른 사람 수를 분자로 하고 첫 번째 강의를 들은 사람의 수를 분모로 해서 도출하는 데이터는 10,000분의 3 정도에 불과하다.

나는 예전에 강의할 때 첫 수업에서 이런 말을 자주 했다.

"여러분의 반짝이는 눈빛을 보니 이제 막 지난날의 잘못을 털어내고 새사람이 되겠다는 대단한 결심을 한 것 같군요. 하지만 그 결심이 얼마나 오래갈지는 모르겠습니다."

무언가를 시작하는 시점이나 상황은 사람마다 다르다. 최종적으로 오를 수 있는 높이 역시 사람마다 다르다. 각자에게 주어진 사다리의 높이가 달라서가 아니다. 사람마다 사다리를 한두 칸 오른 뒤 느끼는 정도가 달라지기 때문이다.

큰 뜻을 품은 친구들에게 전하는 제안

와이 콤비네이터의 콘텐츠를 '직업 전문학교의 커리큘럼' 정도로 여겨서는 안 된다. 와이 콤비네이터에서 제공하는 교육과정은 꽤 믿을 만한 내용으로 가득 차 있다. 이 점은 중국의 입장에서 특히 새겨볼 필요가 있다. 사실 중국 학교에는 교육보다는 훈련만 존재하는 실정이기 때문이다. 교육이라는 외투를 걸친 수많은 훈련을 다년간 받고 나면 사람들은 공부할 때 속으로 이런 생각을 하곤 한다.

'쓸데없는 말 좀 하지 마! 나 그렇게 많이 알고 싶지 않거든. 어떻게 해야 하는지 얼른 알려주기나 해!'

스타트업이든 성공이든 '××× 소프트웨어 사용법'을 공부하는 것처럼 해서는 안 된다. 몇 가지 절차를 따라 처음부터 끝까지 모든 과정을 완성한 후에 '됐다!'라고 단정할 수 있는 그런 성질의 것이 아니다. 또한 창업이나 성공에는 '정확한 원칙'이 없다. 가령 '이렇게만 하면 확실히 된다!' 하는 건 없다는 말이다.

강의에 수없이 등장하는 '원칙'이든 '결론'이든 응용할 때 실제 상황을 잘 볼 수 있어야 한다. 원칙이나 결론을 곧이곧대로 따라서는 정확성이 보장되지 않는다. 어느 곳에나 들어맞는 진리는 없다.

사실 전체 강의 시리즈에는 언뜻 보기에 모순된 부분도 적지 않다. 예를 들자면 누군가는 "사전에 생각을 잘해라"라고 조언하는 반면 또 누군가는 "우리는 성공 전에 열두 번이나 생각을 바꿨다"라고 알려줬다고 치자. 또 다른 예로 누군가는 "스타트업을 할 때 원격 협업을 하는 건 너무 현실적이지 못하다"라고 언급한 반면 또 누군가는 별생각 없이 "우리가 어떻게 효율 높은 원격 협업을 했냐면…"이라고 말하기도 한다.

와이 콤비네이터 스타트업 강의의 주요 강연자인 샘 올트먼(Sam Altman)은 블로그에 '야망 가득한 열아홉 살 사회 초년생들을 위한 조언(Advice for ambitious 19 year olds)'이라는 글을 올렸다. 이 글은 상술한 내용과 비슷한 관점을 내포하고 있다. '걸핏하면 어떤 말을 무조건 진리라고 생각하는 교조주의에 빠져서는 안 된다'는 내용이다.

세상에서 가장 배우기 어려운 것이 바로 '구체적 현황을 구체적으로 분석하는 것'이라는 게 내 생각이다. 이와 관련해 이 책에는 재미있는 예가 꽤 많이 제시돼 있다. 강의 내용은 거의 옳은 말 일색일 것이다. 하지만 특수한 상황에서는 그에 맞는 특수한 판단과 결정을 내려야 한다.

어쩌면 인생 최고의 난제는 '상황을 보고 결정하는 것'이 아닐까 싶다.

차례

전도사와 용병
| 스타트업 팀의 10대 규율 |

고객이 원하는 것을 팔아라
| 영혼이 있는 제품을 만들어라 |

4장 당신은 스타트업에 적합한 사람인가?

| 창업가의 스타트업 유전자 |

5장 단순하기 때문에 어려운 것이다

| 집행은 왜 그렇게 어려울까? |

6장 트렌드와 함께 춤을
| 스타트업 기업의 성공과 실패 |

7장 자본이 선호하는 사람

| 엔젤투자자가 가장 마음에 두는 것들 |

 8장 학습하고 학습하고 또 학습하라

| 최고의 투자 방법은 학습이다 |

모든 사람이 당신에게 귀 기울이도록 하라

| 소통할 수 있으면 절반은 성공한 셈이다 |

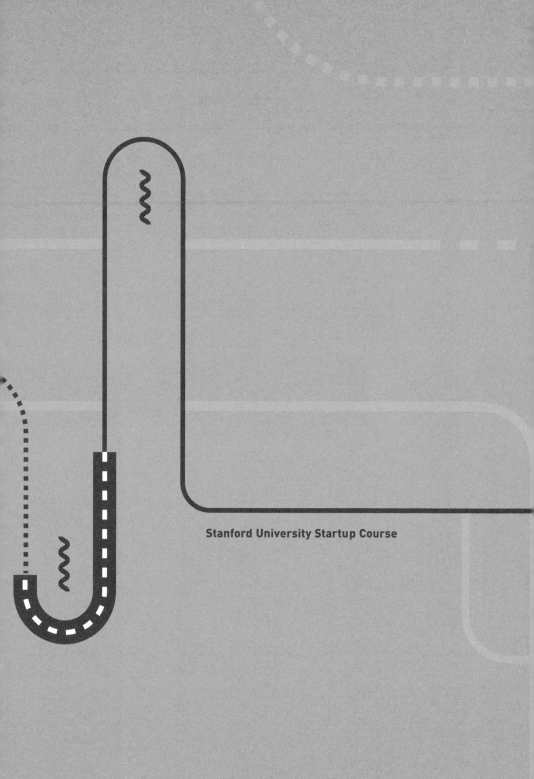

Stanford University Startup Course

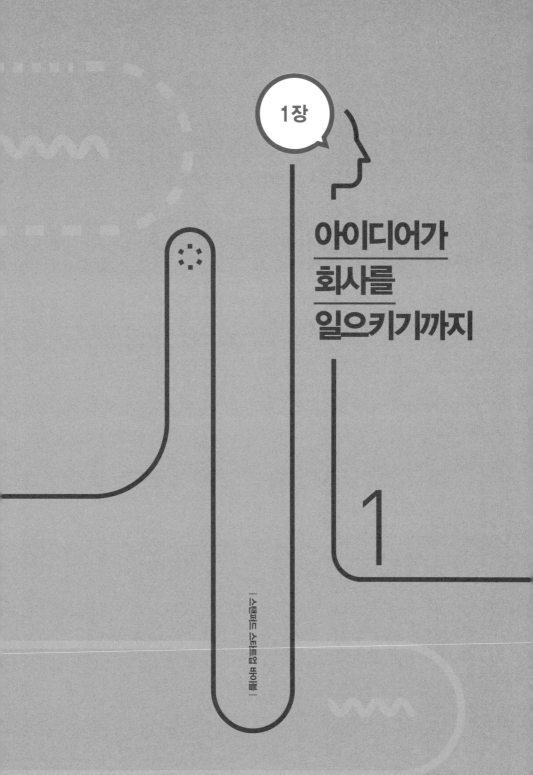

1장

아이디어가
회사를
일으키기까지

1

스탠퍼드 스타트업 바이블

스타트업은
아이디어에서부터

대기업은 대개 누구도 복제할 수 없는 아이디어에서 시작한다.

완벽한 작품은 제작할 수 있다

성공의 가장 바람직한 출발점은 무엇일까?

완벽한 제품을 만들고 그 제품이 폭넓은 사랑을 받는 것이다.

나는 제품 창조와 관련해 사람이 지닌 다음과 같은 특징을 가장 눈여겨본다. 소수의 사람이 최종적으로 완벽한 작품을 만들어 낼 수 있다는 점이다. 사실 소수의 사람만이 최종적으로 완벽한 작품을 만들 수 있다. 이렇게 사람과 사람의 차이는 어마어마하게 크다. 더 나아가 소수의 사람만이 자신만의 작품을 갖고 그보다 더 적은 사람만이 좋은 작품을 갖는다. 그리고 극소수의 사람만이 길이길이 전해질 작품을 만들어 낼 수 있다. 그런가 하면 절대다수의 사람들(10,000분의 9,999에 속한 사람들)은 평생 일정 수준을 갖춘 작품을 절대 만들지 못한다. 그들은 자신이 무엇을 만들고 싶은지, 무엇을 할 수 있는지조차 제대로 모른다.

할 수 있는 모든 방법을 동원해 처음부터 완벽한 작품을 만들고 싶지만 맨 처음 만든 작품은 너무 형편없게 마련이다. 하지만 한 번, 두 번 거듭 반복해서 완벽을 기할 줄 알아야 한다. 반면, 완벽한 작품을 만들어 낸 사람은 인내력, 학습력 등의 능력이 다른 사람의 몇 배를 넘어선다. 아무리 단순해 보이는 작품일지라도 완벽하다면 그 이면에는 분명 복잡한 과정이 있었을 것이다. 작품을 만들어본 적이 없다면 전혀 상상할 수 없는 점이다.

나는 수차례나 동료들에게 제안했다. 사람을 모을 때는 이런 점을 가장 이상적인 판단 기준으로 삼으라고 말이다. 쓸데없는 말은 접고 내게 당신의 작품을 보여 달라고 하는 것이다. 이 원칙은 무능한 인물을 한순간에 걸러 낸다.

그 밖에도 아주 자연스러운 현상이 하나 있다. 만일 누군가 꽤 괜찮은 제품을 만들어 낼 수 있다면 그 사람의 주위에는 똑똑한 사람이 훨씬 높은 비중을 차지한다는 사실이다.

스타트업보다 훨씬 중요한 아이디어

샘 올트먼◆은 위대한 스타트업 기업이 갖춰야 할 몇 가지 요소를 제

◆ 샘 올트먼(Sam Altman): 엔젤투자자. 와이 콤비네이터 회장. 위치 추적 서비스 기업 '루프트(Loopt)' 창업가.

시했다.

- 위대한 아이디어(Great Idea)
- 위대한 제품(Great Product)
- 위대한 팀(Great Team)
- 위대한 집행(Great Execution)

먼저 '아이디어(Idea)'에 관해 이야기해볼까 한다. 영문 'Idea'를 번역한 말 중 내가 선호하는 것은 '독창적 견해'다. '방법'이나 '생각'뿐 아니라 심지어는 '새로운 의견'도 썩 만족스럽지 않다.

이 책에 대한 구상은 '와이 콤비네이터 스타트업 강의'에서 시작됐다. 교육과정의 주최자는 와이 콤비네이터와 스탠퍼드대학이고 청중은 주로 스탠퍼드의 학부생들이었다. 와이 콤비네이터는 현재 실리콘밸리에서 꽤 명성을 떨치고 있다. 세계적으로 가장 유명한 엑셀러레이터이기도 한데 인큐베이터, 벤처캐피털 등 다르게도 불린다. 와이 콤비네이터라는 투자 업체가 찾는 대상은 바로 기업계의 거두에게 팔리거나 상장된 '10억 달러 규모의 회사'다.

이런 맥락에서 '스타트업'은 아무렇게나 회사를 만드는 것이 아니다. 식당을 차리고 스타트업을 했다고 떠드는 것도 아니다. 그런 것은 기껏해야 '생계를 꾸리는 것'쯤으로 간주될 뿐이다. 강연 주최자들이 주의를 기울이고 토론하고 연구하고 학습하는 것은 이 세상을 분명히 변화시키고 세상을 더욱 긍정적으로 견인하며 0에서 1로 이끄는 위대한 기업이다. 만일 이런 맥락에 주의를 기울이지 않는다면 청중은 뒤에 언급될 내용에 의심을 품거나 심지어는 오해할 수도 있다.

이런 대전제 아래에서 약삭빠른 생각이나 방법을 내키는 대로 한번 꺼내본 것을 아이디어라고 할 수는 없다. 소위 '마이크로 이노베이션(작은 혁신)'을 이뤄 내면 '1에서 100만'을 창조하면서 훨씬 많은 돈을 벌 수는 있을 것이다. 하지만 그것을 '독창적 견해'와 동등하게 놓을 수는 없다. 사실 중국어로 '산자이'라고 하는 모조품이나 자신을 미화하기 위해 꾸며 낸 개념인 '마이크로 이노베이션'은 중국인만 하는 행동으로 보이지 않는다. 독일에 샘워브라더스(Samwer Brothers)라는 기업은 잇따른 모조품으로 악명이 높다. 그렇게 해서 큰돈을 벌었고 그 돈을 적잖은 유명 기업에 투자해 또 돈을 벌어들였다.

나는 진지하게 자문했었다. '내가 일찌감치 재정적으로 자유로울 정도로 운이 좋은 사람이 아니었다면 어떤 심리 상태로 이 세상을 마주했을까?' '만일 내가 여전히 생계 때문에 분주할 수밖에 없는 상황이라면 과연 내게 마이크로 이노베이션과 같은 형태를 무시할 지력이 있을까?' '어쩌면 그런 사람들을 엄청 부러워하지는 않았을까?'

위대한 아이디어는 '한마디로 정확히 설명될 수 있는 것'이어야 한다. 하지만 그런 제품을 만들어 내는 건 아무렇게나 툭 한번 내뱉는 말로는 되지 않는다. 그 과정에서 생각해야 할 것이 무시할 수 없을 정도로 많기 때문이다.

- 실제 수요가 있을까?(그 수요는 확실하게 해결해야 하는 문제인가? 사람들에게는 허위의 문제를 지어내는 데 엄청난 소질이 있기 때문이다.)
- 충분한 거대 시장이 마련돼 있는가?(달리 말해 큰 트랙을 갖추고 있는가?)

- 시장에서 얼마나 빨리 성장할 수 있을까?('빨리'라는 말에는 수없이 산적한 문제를 해결할 수 있다는 의미도 포함될 것이다.)
- 만일 그 아이디어로 창업했다 치자. 그렇다면 회사의 성장 전략은 무엇인가?
- 회사는 어떻게 방어할 것인가? 그 전략은 또 무엇인가?

이런 문제에 진지하고 만족할 만한 답변을 해야 할 때 문득 깨닫는 지점이 있다. 대부분의 '생각'이 사실은 쓰레기에 불과하다는 것이다. 사람들의 수요를 만족시키기에는 턱없이 부족하다.

어떻게 하면 좋은 아이디어를 떠올릴 수 있을까?

이 질문에 투자자 폴 그레이엄◆은 다음과 같은 조언을 했다.

- 배울 필요가 있는 것들은 되도록 많이 배워라.
- 당신이 흥미를 느끼는 부분이자 일상생활에서 불편을 느끼는 '통각점(Pain Point)'을 꼼꼼히 살펴보라.
- 대단한 사람과 함께하라. 파트너를 찾는 노하우일 수도 있다.

'배우기를 싫어하는' 유형의 사람에게는 이해할 수 없는 점이 있다. 그럴 듯한 '합리적 이유'를 꽤 많이 갖고 있다는 것이다.

◆ 폴 그레이엄(Paul Graham): 미국의 저명한 프로그래머이자 벤처기업 투자가이자 작가이자 와이 콤비네이터 창업가다.

- 시간이 없다.
- 할 일이 너무 많다.
- 내가 책임질 일이 아니다.
- 내 전공 분야가 아니다.
- 세상에 전능한 사람은 아무도 없다.
- 나도 내 생활이 있다.

이런 말을 들을 때마다 절로 비웃음이 새어 나온다. '그렇게 생활하고도 부끄럽지 않을까?'

이상한 점은 이런 사람들도 다재다능한 사람을 보면 매우 부러워한다는 것이다. 마치 장애물달리기를 하듯 경계를 넘나들면서 능력을 펼치는 사람들을 보면 침을 흘리면서 탐을 낸다. 이와 반대로 아예 '적대시하는' 쪽을 선택하기도 한다. 항간에서 중국 기업가 뤄융하오(羅永浩)가 설립한 신흥 스마트폰 업체인 스마티잔(鍾子科技)이 실패하기를 남몰래 바라는 것을 보면 그 묘한 심리를 충분히 이해할 수 있다.

새로운 것을 배우는 이유는 그저 배우기 위해서가 아니다. 학습 습관을 키우고 학습 능력을 높이기 위해서다.

만일 내게 배움에 대한 조언을 원한다면 나는 '많은 것을 배우라'고 말하고 싶다. '배울 만한 가치가 있는 것'이라는 단서를 빼고 말이다. 왜냐하면 배울 가치가 있는지 없는지를 판단하기가 쉽지 않기 때문이다. 사실 배우고 실력을 쌓은 것이 언제 사용될지는 알 수 없는 일이다. 사용될 때를 기다릴 수밖에 없다. 그러다가 언젠가 그 날이 오면 탄성을 지를 것이다. '분명 능력자들은 내가 배운 게 이렇게 엄청난 쓸모가 있다는 걸 알고 있었을 거야!' 하면서 자신이 보물을 건졌다고 생각할 것이다.

학습과 더불어 조언하고 싶은 것이 있다. 최소한 어느 한 가지 분야에는 다른 사람들을 뛰어넘는 경지에 오를 정도로 정통해야 한다. 아무리 강조해도 지나치지 않는 점이다. 왜냐하면 그것이 학습 능력을 높이는 과정이기 때문이다. 만일 어느 한 분야에서 다수의 사람을 넘어서는 능력을 갖춘다면 다른 분야도 다른 사람들보다 훨씬 빨리, 훨씬 수월하고 우수하게 배울 수 있을 것이다.

어렵더라도 팀을 조직할 때는 반드시 최선을 다해 부단히 학습하는 사람을 선택해야 한다. 학습을 멀리하는 사람은 가식을 잘 부릴 공산이 크다. 일단 그런 사람을 식별하면 주저하지 말고 곧바로 떨쳐 내야 한다. 그런 부류의 사람들은 이런저런 방식으로 전체 팀의 효율에 치명적인 악영향을 미칠 것이기 때문이다.

배우기를 좋아하고 배우기에 주저함이 없는 사람은 호기심이 강하다. 호기심을 불러일으키는 대상을 만나면 시간과 노력을 아끼지 않고 달려들어 연구하고 부딪친다. 그러다가 결론을 도출하고 새로운 것을 만들어 내기까지 한다. 강렬한 호기심은 밑천이 하나도 들지 않는 '시도'와는 엄연히 다르다. 시간과 노력도 들이지 않고 연구하지도 않고 학습하지 않는 시도와는 근본적으로 다를 수밖에 없다. 한편 강렬한 호기심을 유지할 수 있는 유일하고도 효과적인 방법은 부단히 학습하는 것이다. 호기심이 강한가, 그렇지 않은가? 이는 학습 능력이 강한 사람을 식별하는 가장 유용한 방법이기도 하다.

평상시 나는 팀의 핵심 인재들에게 새로운 것을 끊임없이 배워야 한다고 말하는데, 그와 관련해 최근 2년 동안 이런 생각을 했다. 혹시 내 개인적 학습 욕구를 그들에게 전가한 것은 아닐까? 보편적이지 않은 요구를 들이대는 것 같기도 하고 말이다. 왜냐하면 배우기를 즐기는 사람을 찾기가 쉽지 않았기 때문이다. 또한 배우기를 즐기는 이들 중 극소수는 놀랍게도 잘못 배우고 있었다. 그래도 제대로 능력을 갖춘 팀을 볼 때마다 깨닫는 점이 있다. 그들 모두 예외 없이 배우기를 즐기고 있었다. 그들은 매일 생각하고 새로운 일을 해냈다. 그래서 나는 '학습에 대한 요구'를 점차 당연시하게 됐다.

먼저 자신의 요구와 문제를 해결하는 데서 시작하라

이는 무척 가치 있는 제안이다. 하지만 '반드시 지켜야 하는 원칙'은 아니다.

한 가지 행동 모델을 학습하고 연구할 때 먼저 세 가지 지점에 관심을 기울여보자.

- **목적**
- **수단**
- **결과**

이 세 가지를 다음과 같이 해석해볼 수 있다.

우리 목적은, 최종적으로 쓸모없는 물건을 만들어 내는 상황을 피하는 것이다.

우리 수단은, 먼저 자신의 문제를 해결하는 데서 찾는다.

우리가 그 수단을 취한 결과로서, 나에게 그런 요구가 있다면 일단 수요는 있는 셈이다. 그러면 남들에게도 그런 수요가 있을 수 있다.

그런데 이 목적에 도달하는 수단이 한 가지뿐일까? 그렇지는 않을 것이다. 가령 다른 사람을 관찰하는 데 남다른 재주가 있는 것도 진짜 수요를 제대로 찾는 수단이 될 수 있다. 한편 사람들이 어느 정도 그런 수요를 갖게 되면 다른 작업에 착수해야 한다. 즉 문제점을 구체적으로 분석하는 것이다.

그러나 '수요와 문제점'이 확정된 것으로는 너무 약하다. 더욱 충족돼야 할 부분이 있다. 즉 그 수요와 문제점은 충분히 중요해야 하고 해결 방안도 충분히 효과적이어야 하며 시장도 충분히 넓어야 하고 성장 잠재력도 충분히 커야 한다.

가령 자신에게 절실한 요구와 문제가 있다고 해보자. 내 경우에는 언제든 내가 갖고 있는 전자책 전문을 검색하는 것이다. 언제든지 자유롭게 검색할 수 있는 도서관을 소유한 것처럼 말이다. 이런 구체적인 요구를 갖고 있는 내게 킨들(Kindle, 온라인 서점 아마존의 전자책 리더-옮긴이)은 한갓 쓰레기에 불과했다. 킨들은 한 권의 책에서 검색하는 것만 허용할 뿐이었다. 수많은 책이 쌓여 있는 서고에서 검색하는 것도 아니고, 입력 인터페이스(조작 방식)나 정보 검색 조작 노하우도 질이 한참이나 떨어졌다.

나는 하는 수 없이 킨들을 다른 사람에게 줘버렸다. 킨들 포 맥(Kindle for Mac)만 남겨두고 말이다. 그 뒤로 캘리버(Calibre, 단순한 문서나 PDF 파일을 이북으로 변환할 수 있는 프로그램-옮긴이)와 플러그인 프로그램을 이용해 AWZ(아마존 고유의 파일 형식-옮긴이) 포맷의 책을 이퍼브(EPUB, Electronic Publication, 개방형 자유전자책 표준-옮긴이 포맷으로 전환해 컴퓨터에 보관했다. 하지만 내가 다른 사람들에게 킨들의 여러 가지 취약점에 대해 불만을 늘어놓았을 때 내게 돌아온 피드백은 거의 비슷했다. "글쎄….."

문제의 핵심은 바로 여기에 있다. 단지 한 사람의 절실한 요구만을 만족시키는 물건을 만들면 스타트업 사업을 유지할 수 없다.

그럼에도 '먼저 자신의 요구와 문제를 해결하는 데서 시작하라'는 제안에는 언급할 가치가 있는 장점이 많다.

> • 자기 문제이기 때문에 그 문제를 해결하는 데 훨씬 많은 열정과 인내심을 발휘할 수 있다.
> • 자기 문제이기 때문에 해결 방안에 대해 좀 더 정확한 판단 기준을 얻을 수 있다.
> • 자기 문제이기 때문에 문제를 해결하는 성취감을 더 쉽게 체감할 수 있다. 더 나아가 사명감이 생기기도 한다.

이는 무척 중요한 내용이다.

스타트업에 대한 환상

대부분의 사람은 스타트업에 대해 현실적이지 못한 생각을 갖고 있다. 정작 투자자나 사장 본인은 스타트업을 사람들이 상상하는 것만큼 대단하게 생각하지 않는다. 분명 맞는 말 같다. 하지만 왜 그렇게 많은 사람이 현실을 제대로 직시하지 못하는 걸까?

중국의 저명한 작가인 자핑아오(賈平凹)는 산문 「오래된 시안(老西安)」에 다음과 같이 적었다.

수년 전, 시안(西安) 시 난자오(南郊)에 살고 있던 두 청년이 '다팡(大芳)'이라는 사진관 쇼윈도 앞에 서서 장제스(蔣介石)의 커다란 사진을 보면서 대화를 나누고 있었다.

한 청년이 말했다. "장 위원장은 자기가 하루에 뭘 먹는지 몰랐어. 아마 매끼마다 국수 한 그릇씩 먹으면서 국숫발을 건져 올렸을걸. 기름칠한 고추가 섞여 빨갰을 거야."

그러자 또 한 청년이 말했다. "만일 내가 장 위원장인데 온 마을에 내 똥이 널려 있다고 치자. 그러면 아무도 그 똥을 치울 수 없을걸?"

그런가 하면 조조가 관우에게 자기 집에서 머무르라고 권한 일이 있었다. 당시 조 승상 저택의 실제 사정이 어떠했는지, 그가 도대체 어떻게 말했는지 현재의 우리는 알 길이 없다. 하지만 상상은 해볼 수 있다. 연극의 고향인 허난(河南)에서 그와 관련된 연극을 공연했는데 거기에는 이런 노래가 나온다.

매끼 식마다 만두를 빚고 유타오를 튀기네. 당신 조 부인은 직접 부엌에 가서 솥에 불을 때며 조왕신께 제사를 드리지. 지독하게 추운 날인데 너무 바빠 땀이 쉬 가시질 않는구나. 밀가루 만두에 절여 말린 돼지고기를 넣었는데 당신은 질려 했지. 그래서 쇠비름 찐빵을 한 솥 쪄주었네. 이제 마늘 절구를 옮겨 마늘 즙을 찧고 무채에 참기름 한 바가지를 더해 버무

리네.[먹고살기 어려웠던 시대에 권력 최상층에 있던 조조네 가문의 호화스러운 생활을 묘사한 노래-옮긴이]

앞에 언급한 두 가지 예시는 일반인으로서는 당최 상상할 수 없는 상황을 자기의 생각만으로 묘사한 것이다. 이는 사실 매우 일반적인 현상이다. 이처럼 대부분 사람들은 자신이 경험한 것 이외의 세상은 도대체 어떤지 상상조차 하지 못한다. 사람들은 늘 자신의 경험이나 경력 등 기존의 어떤 것을 근거로 새롭고 낯선 사물이나 세상을 이해할 뿐이다.

중요한 요소가 또 하나 있다. 사람들은 동일한 사물이나 현상을 대할 때 관심을 두는 지점이 저마다 다르다는 것이다. 어떤 이유가 이런 상황을 만들어 내는 것일까? 심리학자들 역시 사람들의 이런 심리에 대해 의견이 다르다. 나는 그것이 오랜 시간을 거쳐 쌓인 습관 때문이라고 생각한다. 어떤 대상을 처음 접했을 때 관심을 두는 지점이 다른 것도 기본적으로는 개인마다 습관이 다르기 때문이다.

예를 들어 에릭 리스(Eric Ries)의 『린스타트업(The Lean Startup)』이라는 책에 자주 언급되는 방법론이 하나 있다.

'문제를 마음에 새겨두자. 하지만 문제의 해결 방법을 생각하거나 제품을 고안하지 마라.'

이런 관점의 전환이 또 다른 생각과 행동을 유발할 수 있다.

에런 레비*는 이런 말을 했다. "당신의 업무는 문제를 해결하고 더 나아가 남들에게 최적의 해결 제품을 제공하는 것입니다." 반면 또 누군가

◆ 에런 레비(Aaron Levie): 클라우드 스토리지 업체인 박스(Box)의 공동 창업자 겸 CEO.

는 '사용자가 요구하지 않는' 일을 할 수도 있다. 그 이유는 관심의 초점이 문제 자체에 있지 않고 요구의 근원을 찾으려고 애쓰기 때문이다. 다시 말해 관심의 초점이 더 본질적이고 심층적인 데 있기 때문이다. 그런 뒤에 더 훌륭하고 더 간결한 해결 방안이나 제품을 도출해 내는 것이다.

내게 생각할 시간이 충분하면 나는 종종 이런 생각을 하며 논다.

- 만일 현재 내가 생각하는 것이 '목적, 수단, 결과'라면 그건 아마도 내가 결과에 훨씬 큰 관심을 기울이고 있기 때문일 것이다. 내가 결과가 아닌 수단에 더욱 관심을 기울인다면 어떨까?
- 만일 현재 내게 관심 있는 것이 '과거, 현재, 미래'라면 그건 아마도 내가 미래에 훨씬 더 관심을 두고 있기 때문일 것이다. 내가 미래가 아닌 현재에 관심을 둔다면 어떻게 될까?

또 나는 장점과 단점 중 단점에 훨씬 더 많은 관심을 기울인다. 만일 내가 장점에 더 관심을 기울인다면 어떤 생각을 하게 될까?

전혀 현실적이지 않은 상상은 대개 관심을 두는 지점이 단일한 데서 비롯된다. 오로지 자신이 관심을 두고 있는 지점에 대해서만 생각하기 때문에 남는 것은 '부러움, 질투, 원한'뿐이다. 만일 평상시에 일뿐 아니라 놀 줄도 알고 다양한 분야에 폭넓은 관심을 가진다면 좀 더 질적으로 향상된 생각을 도출할 수도 있다.

똑똑한 사람인지 어떻게 판단할 수 있을까?

이 문제와 관련해 다음 몇 가지를 통해 유추해볼 수 있다.

- 충분하고도 정확히 준비하려는 의지가 있는가?
- 개념 사이의 연관성을 충분히 이해하는가?
- 체계적인 방법론을 갖췄는가?
- 성공 노하우가 있는가?

충분하고도 정확히 준비하려는 의지가 있는가?

어떤 분야에서 일찌감치 정상급 전문가가 되어 누구도 범접할 수 없는 막강한 실력을 갖춘 사람이 있다고 가정해보자. 이런 사람도 아무런 개념이 서지 않은 분야에 맞닥뜨리게 되면 백지상태가 돼버린다.

나는 혼자 이런 사실을 떠올리곤 한다. 대략 2, 3년 전에 나는 스타트업이라는 분야에 대해 정말 형편없을 정도로 백지상태였다는 사실을 말이다. 물론 당시에 나는 기업을 몇 개 설립한 적이 있고 대규모 직원들을 먹여 살릴 능력도 있었다.

내가 뉴원(KnewOne)을 설립하기 전에 나와 동료들은 유학 컨설팅 회사를 설립했었다. 우리는 성장(Growth)을 생각하지 못하고 어쨌든 클 것이 아니라면 차라리 순리에 맡기는 게 낫다고 생각했다. 그러다가 뉴원을 설립할 때 나는 데이터에 관심이 생겨 데이터를 심사하고 결정하는 방법을 배우기 시작했다. 예를 들어 일간 접속 사용자수(DAU)가 있는데 당시에는 이런 개념을 전혀 몰랐다. 다른 사람들 입장에서는 기본 개념이었는데 말이다. 활동 레벨(Active Level), 순수고객추천지수(Net Promoter Scores), 리텐션(Retention) 등과 같은 개념도 마찬가지였다. 지금 되돌아보니 이 바닥에 발을 내디뎠을 때의 나는 정말 바보 같았다.

1년쯤 전에는 엔젤투자라는 분야에 완벽히 백지상태였다. 그 일에 대해 아무런 개념이 잡혀 있지 않았기 때문이다. 당시에는 '똑똑함'이라는 개념도 지금처럼 분명하지 않았다. 그래서 사람을 판단할 때 늘 착오를 저질렀다. '아이디어'라는 개념에 대해서도 역시나 잘못 이해하고 있었다. 그래서 늘 시대에 뒤떨어진 생각에 휘둘렸다. 또한 바로 그러한 이유로 인해 늘 좋은 아이디어를 놓치곤 했다. 이제 와 생각하니 애초에 이 분야에 대해 순수할 정도로 무지 상태였던 것이다.

필수적이고 분명하며 정확한 개념은 모든 생각의 기초다.

머릿속에 '샘플 유효성'이라는 개념이 잡혀 있지 않는 사람을 상상해보자. 아마도 중구난방인 '조사 보고서'에 쉽사리 속아 넘어갈 것이다. 언론에는 연일 그것들이 등장한다. 소위 세뇌 작용인데 대개는 책을 너무 읽지 않는 사람을 얕보는 행위다.

또 머릿속이 필요 없는 개념으로 가득 찬 사람을 상상해보자. 그들의 삶은 질서 없이 어수선하기만 할 것이다.

'근본적으로 존재할 필요가 없는 개념'은 사실 무척 많다. 가령 '연소(燃素, 18세기 초 독일의 화학자 슈탈(Stahl, G. E.)이 연소(燃燒)를 쉽게 설명하기 위해 가상했던 물질-옮긴이)'는 이미 없어진 개념이다. 또한 중국에 상초열이라는 단어이자 병명이 있는데 오늘날에는 '상초열'보다는 '염증'이 더 정확한 개

연소(燃素)

플로지스톤(Phlogiston). 과거의 사람들은 연소될 수 있는 물체 사이에 하나의 원소가 있다고 생각했다. 그것을 일컬어 '연소'라고 했다. 연소가 없다면 물체가 탈 수 없다고 생각했던 것이다. 하지만 현재는 연소라는 개념이 가상의 존재라는 걸 알고 있다.

넘이다. 그뿐 아니라 '인터넷싱킹(Internet Thinking)'이라는 개념도 있다. 이 낱말들을 잘못 사용했다가는 사람들의 오해를 살 수도 있다.

개념 사이의 연관성을 충분히 이해하는가?

소위 사유는 개념과 개념 사이의 관계에서 정립된다. 개념은 필수적이고 분명하고 정확하다. 따라서 이들 사이의 관계 역시 정확해야 한다.

개념 사이의 관계에는 인과관계뿐 아니라 상관관계(Correlation)가 존재한다. 인과관계는 사람들이 본능적으로 찾으려는 경향이 있는데 그 이유는 사람들의 생존과 관련된 생존 능력(Survival Capability)이기 때문이다. 통계 확률을 진지하게 공부한 적이 있는 사람만이 두 가지 개념(사물) 사이의 양의 상관관계나 역의 상관관계 같은 관계를 진지하고 심각하게 생각해볼 수 있다.

내가 봤을 때 소위 똑똑하다는 것은 한 사람이 가지고 있는 정확하고 유효한 지식의 종합일 뿐이다. 지능지수는 전혀 필요 없는 개념이라고 생각한다. 이 개념은 사람의 성장에 전혀 도움이 되지 않는다. 도리어 스스로 성장이 필요 없다고 생각하거나 혹은 성장하지 않도록 만들 여지가 있다.

체계적인 방법론을 갖췄는가?

소위 '똑똑함'은 단지 학습 능력이 강하거나 학습 속도가 놀라운 것을 뜻할 뿐이다. 이런 사람들은 끊임없이 정리되고 교체되는 방법론을 갖고 있다.

가령 자기 생각의 질을 자세히 살펴보는 사람은 자신이 사용하는 개념을 매우 진지하게 정의 내릴 줄 안다.

- 이 개념은 반드시 존재해야 하는가?
- 이 개념은 도대체 무엇을 의미하는가?
- 반대로 이 개념은 도대체 무엇을 의미하지 않는가?
- 이 개념은 무엇과 유사한가? 어떤 부분에서 다른가?
- 이 개념을 사용할 때 무엇에 주의해야 하는가?
- 잘못 사용했을 때 어떤 부작용이 발생할까?

이것은 방법론의 한 가지 예다. 오늘날 학자들은 완벽한 방법론을 소유하고 있는데 바로 '과학적 방법론(Scientific Method)'이다. 경영 전문가들은 모두 구조적으로 명확하고 효과가 좋은 자신만의 방법론을 가지고 있다. 정확한 방법론을 갖춘 사람은 더 빨리 성장할 수 있다.

성공 노하우가 있는가?

사실 이 대목이 가장 중요하다. 그렇다면 무엇이 성공 노하우일까? 아주 젊은 나이에 주식회사의 중역이 된 사람도 있을 것이고, 세계 올림픽 3연속 금메달을 수상한 사람도 있을 것이다. 이런 사람들은 분명 똑똑하다. 하지만 그들 역시 처음부터 똑똑하지는 않았다.

제품을 갖고 있는 사람들은 성공한 인사들이다. 그들은 이미 나무랄 데 없는 제품을 만들어 냈다. 다만 '성공'의 정도가 제각기 다를 뿐이다. 하지만 성공 노하우가 있는 사람은 성장 속도가 더욱 빠르다. 한편 그들이 보유한 제품을 반드시 살펴볼 필요가 있다. 각각의 제품이 지니고 있는 질적, 양적 차이가 그들의 발전 현황을 대변해주기 때문이다.

그 밖에도 판단 방법이 더 있다. 그 사람이 장기적으로 하는 일이 있는 지를 보는 것이다. 그런 다음 그 사람이 어떻게 일하는지를 살펴본다. 장기적으로 일을 추진할 줄 아는 사람은 통상 재주가 있는 사람일 공산이 크다. 또한 그 일을 잘해내지 못할 가능성은 매우 희박하다.

사실 진정 똑똑한 사람을 가려내는 것보다 더욱 중요하게 생각해봐야 할 점이 있다. 똑똑한 사람들을 지켜보고 판별하면서 어떻게 하면 나 자신이 더욱 똑똑해질 수 있는지를 생각하는 것이다.

직관을 믿어야 할까?

젊은 창업가들은 직관을 믿어야 할까?

샘 올트먼에 따르면 청년들은 자신의 직관을 믿어야 한다고 한다. 그런가 하면 폴 그레이엄은 직관을 때려치우라고 한다. 스타트업에는 직관을 위배하는 지점이 수없이 존재한다는 것이다. 이쯤 되면 사람들은 갈피를 잡지 못한다. 서로 모순되는 말이기 때문이다.

한편 맬컴 글래드웰◆은 자신의 베스트셀러인『블링크: 첫 2초의 힘 (Blink: The Power of Thinking Without Thinking)』에 문득 떠오른 생각들 사이에서 내린 판단과 관련해 수많은 묘사를 해놓았다. 그 묘사의 핵심적 의미는

◆ 맬컴 글래드웰(Malcolm T. Gladwell): 영국계 캐나다인. 기자, 작가, 강연자. 사회과학 분야와 관련된 작품을 쓰고 있다.

이렇다.

'직관적 판단은 경험과 훈련과 지식의 발전에서 기인한다.'

어쩌면 직관적 판단에는 사색이 전혀 포함되지 않은 것처럼 보일 수 있다. 하지만 꼭 그렇게 볼 수만은 없다. 경험과 훈련과 지식의 장기적인 축적이 순간적으로 융합해 작용한 결과로 '직관적 판단'이 도출되기 때문이다.

이처럼 '직관'에 관한 여러 이야기는 직관이라는 개념에 정확한 정의를 부여하려는 노력의 결과다. 직관에 대해 분명한 개념이 서기 전에 '직관을 믿을지' 혹은 '언제 직관을 믿어야 할지'를 논의한다는 것은 현실적으로 아무 의미가 없다.

> 직관은 비논리적 사유라고 도 한다. 완벽하지 않은 분석 과정과 논리적 프로그램이다. 영감과 순간적 생각에 의거해 신속히 이해하고 판단과 결론을 내리는 사유다. 정확한 개념이 있어야 두뇌를 더욱 똑똑하게 만들 수 있다.

스타트업 과정에서 '직관에 역행'하는 핵심이 바로 '반직관(Counter-intuitive)'이다. 이것이야말로 제대로 된 교육의 핵심이다. 만일 모든 상황을 직관적으로만 바라본다면 굳이 교육을 받을 필요는 없을 것이다.

본질적으로 '교육'이란 직관과 전혀 맞지 않는 지식과 노하우를 전달하는 것이다. 거기에는 일차원적인 전달을 넘어 중점적으로 전달하고자 하는 내용도 포함된다. 우리는 땅 위에 서 있다. 이런 상황에서 직관적으로 땅은 평평하다. 그런데 어느 날 누군가 문득 분명히 깨달았다. 반직관적으로 말이다. 지구가 둥글다는 진실이 바로 그것이다.

또한 사람들은 태양이 뜨고 지고 끊임없이 순환하는 현실을 목격한다. 직관적으로 태양은 지구를 중심으로 돌고 있다. 하지만 어느 날 누군가 문득 분명히 깨달았다. 그것은 사실이 아니라고. 반직관적으로 지구가 태양의 주위를 돌고 있다고 말이다.

또 다른 예로 공기저항이 없는 상황에서 공중에서 동시에 쇠공과 깃털을 떨어뜨리면 무엇이 먼저 땅에 닿을까? 직관적으로야 분명히 쇠공일 것이다. 하지만 사실은 다르다. 공기저항이 없는 진공상태에서는 둘다 똑같은 속도로 떨어진다. 또한 진공상태에서는 같은 물질로 구성된 물체의 하강 속도는 물체 부피와 상관이 없다. 갈릴레이가 어느 날 시행했던 '쇠공 두 개 동시 낙하' 실험은 이 사실을 잘 증명한다.

한편 미국의 범죄율은 30년 동안 지속적으로 하락세를 보이고 있었다. 사람들은 직관에 근거해 그에 대한 수많은 이유를 내놓았다. 경찰서에서는 자신들이 생명의 위험을 무릅쓰고 일한 결과라고 발표했다. 대학에서는 교육으로 인해 높은 소양을 갖춘 차세대를 양성했기 때문이라고 했다. 비영리단체들은 자신들이 기울인 관심과 노력이 엄청난 역할을 했다고 강조했다. 시카고대학의 스티븐 레빗◆ 교수는 상세한 조사 통계 데이터를 이용해 '관련성'이 가장 높은 이유를 밝혀냈다. 30년 전 미국이 낙태 권리를 부여하는 법안◆◆을 통과시키면서 최종적으로 수많은 범죄자가 태어나지 않아 범죄의 근본 원인이 제거됐다는 것이다.

경험이 늘고 훈련이 반복되고 지식이 축적되면서 '직관' 역시나 부단히 발전하게 된다. 경험과 훈련과 지식을 바탕으로 하는 저마다의 직관은 질적인 면에서 어마어마한 차이를 보인다는 점을 쉽게 발견할 수 있다.

이 시점에서 우리는 '직관을 믿어야 할까'를 토론할 수도 있고 '언제 직

◆ 스티븐 레빗(Steven Levitt): 실증경제학자이자 『괴짜 경제학』의 저자. 2003년 존 베이츠 클라크 메달 수상. '미국 경제학계의 귀재'라고 불린다.
◆◆ 로 대 웨이드 사건(Roe vs. Wade). 1973년 미국 연방 대법원이 여성에게 임신중절을 선택할 권리를 부여한 판결이다.

관을 믿어야 할까' 혹은 '언제 직관을 믿어서는 안 될까'를 토론할 수도 있다.

개념 정리가 됐으니 이제 관련 답안도 명확하게 도출할 수 있을 것이다.

만일 당신이 어떤 분야에서 명실상부한 전문가라고 치자. 명목만 그럴싸할 뿐 참된 지식은 없는 '돌팔이 전문가'는 빼고 말이다. 그렇다면 그 분야에서 당신은 자신의 직관을 믿어야 하며 힘써 길러야 한다. 꾸준한 관찰과 생각과 훈련, 자아 성장을 통해 그렇게 할 수 있다. 반면 당신이 그 분야에서 진정한 전문가가 아니라면 당신의 직관은 아무런 가치가 없다.

그렇기에 샘과 폴의 관점은 절대로 배치되지 않는다. 폴은 아직 스타트업 경험이 없고 스타트업 훈련이 되어 있지 않고 스타트업 지식이 축적되지 않은 학생에게 충고한 것이다. 이러저러한 모든 것이 자신이 생각하는 바와 다를 수 있기 때문이다. 샘은 '현재나 앞으로 10년 안에 성장이 가장 빠른 시장을 어떻게 찾을 것인가'라는 문제에 답할 때 이런 말을 했다. "청년들은 마땅히 자신의 직관을 참고는 하되 완전히 신뢰해서는 안 된다." 모호한 말이기는 하지만 최소한 부분적으로는 정확한 면이 있다. '고속 성장하는 어떤 대상을 감지하거나 발견하는 데' 있어 분명 청년들이 노인들보다 훨씬 유리한 고지를 점하고 있기 때문이다.

70퍼센트는 실수를 저지를 수 있다는 잘못된 논리

정확하고도 논리적으로 사고한다는 건 쉬운 일이 아니다. 그와 관련해 떠오르는 사례가 있다. 바로 '후건긍정의 오류(Affirming the Consequent)'다. '후건긍정'에서 '후건'이란 조건문의 후반을 가리킨다. 조건문 P → Q가 있다고 할 때 Q가 참이라고 해서 그 역인 P가 반드시 참이라고 할 수 없다. 이는 논리적으로 타당하지 않다. 간단하면서도 쉽게 식별할 수 있는 잘못된 논리다. 그럼에도 통계에 따르면 놀랍게도 70퍼센트나 되는 사람이 이런 논리적 함정에 빠진다고 한다[*].

· If P then Q(P이면 Q이다).
· Q, therefore P(Q이기 때문에 P이다).

사실 논리적 오류는 꽤 자주 등장하는데도 쉽사리 식별되지 않는다. 다음의 경우는 그야말로 전형적인 '후건긍정의 오류'이다.

일반적으로 위대한 아이디어에는 특징이 있다. 그런 아이디어는 처음에는 꽤나 바보같이 느껴진다. 그래서 이렇게 생각하는 사람도 있다. '당신들이 내 아이디어를 형편없게 본다 이거지? 그렇군! 그럼 분명 이건 아주 위대한 아이디어겠어!'

이런 함정을 피하는 아주 간단한 방법을 나는 알고 있다. 수시로 자신에게 묻는 것이다. "반대로 꼭 그렇지 않을 수도 있지 않을까?" 더 간단하게는 "아직 확정적이지는 않잖아?"라고 질문을 던진다.

그런 뒤 어느 정도 시간을 두고 가능성이 있을 듯한 다른 면의 예시를 떠올려보는 것이다.

---

[*] 나심 니콜라스 탈렙(Nassim Nicholas Taleb)의 저서 『행운에 속지 마라(Fooled by Randomness)』 참고.

여러 해 동안 내가 실천해온 이런 단순한 발상이 심각한 후과를 초래할 함정에 빠지지 않도록 도와주었다.

그래서 나는 수시로 자문한다. "그래! 아주 일리가 있어. 하지만 좀 더 두고 볼 필요가 있지 않을까? 어떤 상황에서는 맞을 수도 있지만 또 어떤 상황에서는 꼭 그렇지 않을 수도 있으니까. 아예 잘못된 것일 수도 있고 말이야."

이렇게 시도 때도 없이 혼잣말을 중얼거리는 것도 꽤 괜찮은 방법이다. 이런다고 정신병자 취급받지는 않을 테니 말이다.

타인의 제안을 제대로 이해하는 방법

일반적으로 전문적인 훈련을 거치지 않은 사람은 자기 조절력이 부족하다. 그런 사람은 자동적으로 '사전 검열(Prescreening)' 방식을 이용해 정보를 얻는다.

다시 말해 입력된 정보는 일정한 조건을 만족해야 제대로 처리된다. 반면 조건을 만족시키지 못하는 정보는 그대로 걸러진다. 이런 현상은 다음과 같은 한숨 섞인 토로를 낳는다.

- **사람들은 자기가 보고 싶은 것만 봐!**
- **사람들은 자기가 듣고 싶은 것만 들어!**

일상적인 소통에서 소위 논의나 토론 과정을 살펴볼 수 있다. 하지만 그런 과정은 어디까지나 결과적으로 '인정'받기를 희망한 데서 비롯된 행동인 경우를 종종 발견한다. 이 점을 감지한 뒤에는 대개 사실은 감안하지 않고 말로만 형식적으로 상대방을 인정한다. 이런 제스처가 '상업적 관계'를 빨리 이끌어 내는 지름길이 된다.

와이 콤비네이터의 창업 강의에는 많은 제안이 등장한다. 하지만 제안을 수용해 자기 것으로 만들 줄 아는 사람은 별로 없다. 주옥같은 수많은 제안이 아예 처음부터 걸러져버리는 것이다. 대부분 사람들이 실제로 사전 검열에 매우 익숙해 있기 때문이다.

인터넷을 이용한 결제 서비스인 페이팔(PayPal)의 공동 창업자인 피터 틸◆은 사전 검열에 의해 아주 쉽게 왜곡에 빠진다고 말한다.

그가 '경쟁은 패배자를 위한 것(Competition is for losers)'이라고 제기했을 때 '사전 검열 기제 우선'의 관점을 지닌 사람들은 연단 아래에 앉아서 이렇게 생각했을 것이다. '뭐가 어떻다고?'

여기까지만 놓고 보면 사람들이 보이는 오류는 지극히 정상적이고 자연스러운 반응이다. 하지만 그들은 거기서 멈추지 않는다. 과거 자신이 가졌던 '경쟁과 독점'의 관점을 전부 소환해 피터 틸이 한 말과 비교하게 된다. 물론 비교 과정에서 엇박자를 타게 마련이다. 이윽고 가능한 반박을 하려고 나서게 된다.

반면 이때 피터 틸은 분명 청중의 상황은 미처 파악하지 못하고 강연을 계속할 것이다. 연단 아래의 수많은 청중은 이제 피터 틸이 하는 말의

◆ 피터 틸(Peter Thiel): 미국 기업가이자 벤처투자자. 헤지펀드 관리자. 페이팔 공동 창업자. 벤처캐피털 파운더스 펀드(Founders Fund) 공동 창업자. 빅데이터 분석 기업 팔란티어(Palantir) 이사회 구성원이자 베스트셀러 『제로 투 원(Zero to One)』의 저자.

체계를 전혀 이해하지 못할 것이다. 그 후에는 강연 내용을 문맥 없이 멋대로 인용하는 사례가 수없이 등장할 것이다.

이런 점에서 볼 때 학습 능력을 길러야 하는 중요한 이유 중 하나는 바로 '후차적 검열 능력'을 체득하는 것이다. 소통 능력에서 가장 중요한 점도 바로 이것이다.

일본 메이지 시대에 난닌젠구(南隱全愚)라는 이름난 선사가 있었다. 어느 날 현지의 명사가 일부러 그를 찾아와 물었다. 명사는 쉴 새 없이 질문을 쏟아냈고 선사는 아무 말 없이 찻잔만 마주할 뿐이었다. 이윽고 선사는 손님의 찻잔에 차를 따랐다. 그런데 찻잔에 차가 가득 찼는데도 따르기를 멈추지 않았다. 그는 차가 찻잔에 넘쳐흐르는 것을 계속 보고만 있었다. 그러자 명사가 초조해하며 말했다. "이미 가득 차지 않았습니까? 그만 따라도 되겠습니다." 이윽고 선사가 대답했다. "당신은 마치 이 잔과 같습니다. 그 속에는 자신의 생각과 주장이 가득 차 있으니까요. 당신이 먼저 잔을 비워 내지 않으면 내가 어떻게 당신에게 선을 말할 수 있겠습니까?"

널리 전해 내려오는 이 고사에는 큰 뜻이 담겨 있다. 남의 말을 들을 때는 그 내용에 온 정신을 집중해야 한다. 소통 중에는 잠시나마 기존에 갖고 있던 지식이나 견해를 내려놓는 것이 필수다.

하지만 그렇다고 해서 남의 말을 전부 다 수용하라는 뜻은 아니다. 일단 내용을 다 들은 뒤에 관점과 요점을 종합하고 정리하면서 스스로 독립된 사고를 시작하면 된다. 이 부분은 맞고 저 부분은 어떤 문제가 있고 상대방이 말한 이 개념은 무엇을 의미하는지 등을 말이다. 또한 이 논리적 추리는 너무 억지스럽다든가 저 결론은 논리에 부합한다든가 혹은 대립하는 다른 결론이 있지는 않을까 하는 생각을 하는 것이다.

후차적 검열이 가능해지면 생각이 필요한 영역이 얼마나 많은지를 깨닫게 된다.

모든 새가 다 나는 것은 아니다

잠시 멈춰서 이런저런 생각을 할 때가 있을 것이다. 전진하는 과정에서 우리는 수시로 멈춰 서서 자신의 상황을 살펴볼 필요가 있다.

나는 스타트업 과정의 방법론을 다음과 같이 농담처럼 결론 내린 적이 있다.

- 스타트업에서 가장 중요한 세 가지: 제품, 제품, 제품
- 팀 성장에서 가장 중요한 세 가지: 문화, 문화, 문화
- 회사 운영에서 가장 중요한 세 가지: 직접 행동, 직접 행동, 직접 행동
- 스타트업 성공에서 가장 중요한 세 가지: 독점, 독점, 독점
- 스타트업에서 가장 중요하지 않은 세 가지: 마케팅, 마케팅, 마케팅

상술한 내용은 분명 꽤 효과적인 방법론이다. 하지만 이것을 기계적으로 적용해서는 절대 안 된다.

진짜 '위대한 아이디어'를 생각해 내거나 만나기 전에는 위대한 제품을 만들기가 무척 어렵기 때문이다.

위대한 제품이라고 해서 반드시 당신에게 엄청난 상업적 성공을 가져다주는 것도 아니다. 중국에서 위챗을 만든 장샤오룽(張小龍)이 그 전에 개발했던 폭스메일(FoxMail)이 좋은 예다. 만일 10년 전에 장샤오룽이 이 강의를 수강했다면 아마도 무릎을 칠 만큼 큰 깨달음을 얻었을 것이다. 그리고 그 후 여정은 아주 많이 달라졌을 것이다.

대부분의 경우, 앞에 언급한 세 번째와 네 번째 항목은 처음 한동안은 건너뛰는 게 더 나을 수도 있다. 다섯 번째 항목은 모든 사람이 사업 초창기부터 너무 진지하게 고민할 수 있는 부분이다. 사실 가장 나중에 다시금 마케팅을 실시하는 것이 아주 좋은 마케팅 전략일 수 있다. 그렇다고 마지막에 마케팅을 생각하라는 뜻은 아니다.

다시 본론으로 돌아가자.

성장은 고통스럽다. 최대의 고통은 자신이 현재 처한 상황을 정확히 인식하거나 그 상황이 목표와 너무 동떨어졌다는 분명한 느낌에서 비롯된다. 이런 상황에서 문제점을 해결하는 방안은 세 가지로 집약된다. 축적 또 축적 또 축적이다. 이 세 가지를 완성하는 전제 역시 세 가지다. 인내 또 인내 또 인내다.

만일 이 강의에 근거해 억지로 끼워 맞춘다면 계속 전진할 수는 없을 것이다. 다른 사람의 경험이나 방법을 기계적으로 적용해서는 절대로 안 된다는 말이다. 사람들은 모두 새가 되기를 꿈꾸겠지만 모든 새가 날 수 있는 것이 아님을 잊어서는 안 된다. 타조도 새이지만 날 수 없고 또 날 필요도 없으니 말이다.

다음 리스트를 살펴보자.

- 조언 구하기(Seek out instruction)
- 계획 작성하기(Write out a schedule)
- 단계별 목표 설정하기(Set goals)
- 전념하기(Concentrate)
- 여유와 느림 훈련하기(Relax and practice slowly)
- 어려운 부분을 만났을 때 많은 시간을 들이는 훈련하기(Practice hard things longer)
- 자신의 방식으로 표현하는 훈련하기(Practice with expression)
- 실수에서 교훈 찾기(Learn from your mistakes)
- 과시하지 않기(Don't show off)
- 낙관적이기(Be optimistic)
- 기능들 사이의 관련성 찾기(Look for connections)

이것은 1996년 출간된 책에 나온 조언으로, 『윈턴의 12가지 연습 방법: 음악 공부(Wynton's Twelve Ways to Practice: From Music to Schoolwork)』에 나온 음악을 공부하는 방법론이다.

무엇을 공부하든, 내용이 쉽든 어렵든 마찬가지다. 여유롭게 훈련하고 많은 시간을 들이는 등 다를 바가 전혀 없다. 어떤 대가에게 가서 물어도 답은 다 똑같다.

스타트업이라는 분야로 돌아와 이런 조언을 하고 싶다.

"가난하다고 스타트업하지 마라!"

스타트업은 세상을 변화시키고 삶을 좀 더 아름답게 하기 위해 존재한다. 또한 거대한 상업적 가치를 때맞춰 실현하는 것이다. 이것이 바로 스타트업이 하는 일이다. 요구 조건이 너무 높은가? 맞는 말이다. 그렇기 때문에 스타트업이 어려운 것이다.

다음과 같은 이야기를 자주 접했을 것이다.

음식점 개업을 현 단계의 언어 환경에서는 '스타트업'이라고 하지 않는다는 점을 주의하자. 그것은 '아이디어'라고 할 수 없기 때문이다.

> 어떤 사람의 주머니에 지폐가 한 장밖에 남지 않았다. 더욱 참담하게도 빚이 산더미처럼 쌓여 있다. 하지만 용기를 잃지 않고 그 긴박한 와중에 떠오른 생각으로 인해 전환점을 맞았다. 그때부터 시작해 각고의 노력을 기울여 결국 출세했다.

이건 그저 이야기일 뿐이다. 하지만 진짜 현실이 된 이야기이기도 하다. 잊지 말기 바란다. 생각보다 훨씬 많은 사람이 삶이 주는 지속적인 부담을 감당하지 못하고 실패한다는 점을 말이다. 극심한 스트레스 앞에서 극소수의 사람만이 정상적인 심리 상태를 유지할 수 있다. 따라서 자신의 인생 문제를 먼저 해결한 뒤에 인내와 축적을 통해 기회를 찾아야 한다. 동시에 자기 성장을 통해 미래의 어느 순간에 기회와 조우할 수 있음을 잊지 않길 바란다. 이것이 바로 정도다.

만일 당신이 원하는 그 무엇이 아직 존재하지 않는다면

직접 그것을 창조하라.

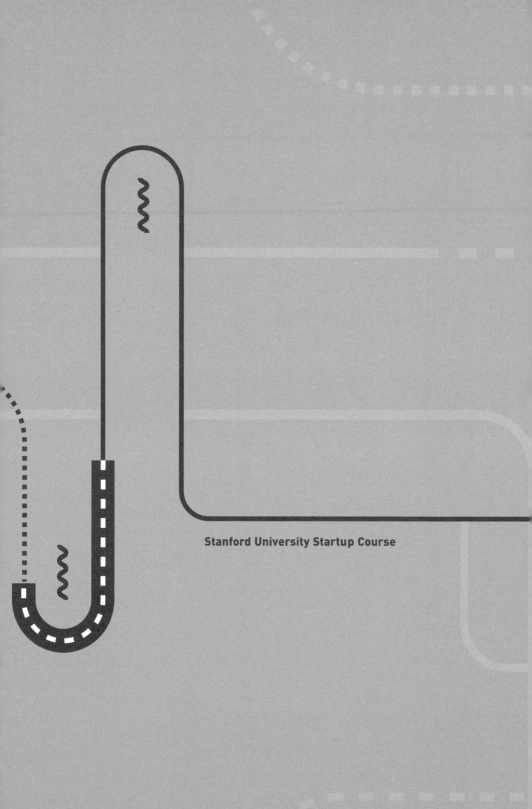

Stanford University Startup Course

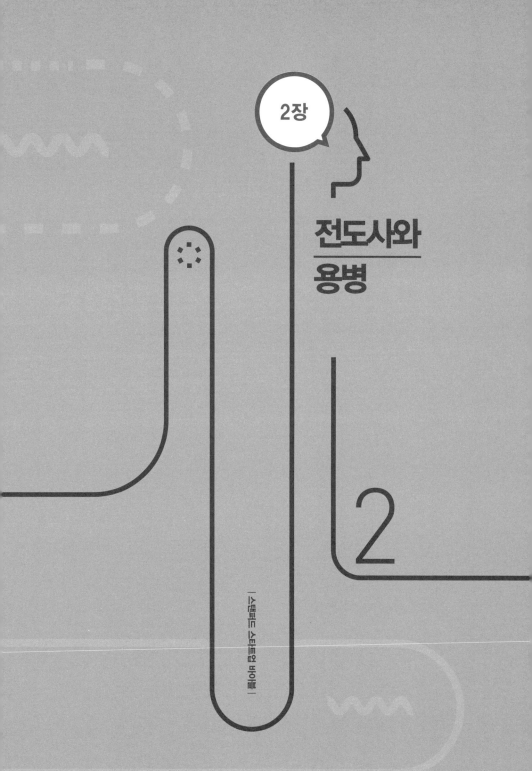

2장

전도사와
용병

2

스탠퍼드 스타트업 바이블

스타트업 팀의
10대 규율

일은 용병처럼 하고 일에 대한 생각은 전도사처럼 해야 한다.

왜 파트너 선택에 신중을 기해야 할까?

파트너 선택의 중요성은 두말할 필요가 없다.

혹자는 동업을 결혼과 비교한다. 다소 모호하기는 하지만 결혼은 아름다운 사랑을 기반으로 한다. 분명하고도 지속적인 행복감이 수반된다. 더불어 희망과 열망을 품고 있는 아이라는 존재가 결혼을 유지시킨다. 그럼에도 소위 고난을 함께하고 재난을 같이 이겨내는 경우는 흔치 않다. 진정 아름다운 결혼 생활이 극히 드물다는 소리다. 불만과 다툼으로 꽉 찬 결혼 생활이 훨씬 많다.

동업은 결혼보다 훨씬 어렵다. 그래서 위대한 동업은 아름다운 결혼보다 훨씬 드물다. 종종 서로 안 지 며칠도 되지 않아 동업으로 스타트업을 한 창업가들에 대한 투자자들의 걱정은 이만저만이 아니다. 정상적이지 않은 상황이라는 것이다.

그렇다면 파트너가 「007」 시리즈의 본드와 같은 사람이라면 어떨까? 그런 파트너라면 오케이다. 하지만 정작 본드는 누구와 동업할까? 본드를 도울 수 있는 사람이 수준 낮은 엉터리일 리는 없다.

'단번에 일치하다, 배가 맞다'는 말을 들었을 것이다. 하지만 그 '단번' 이전에 얼마나 많은 다른 사연과 과정이 있었을지 우리는 이해조차 못한다. 낯선 두 사람이 적당한 시기에 함께 박수 한번 쳤다고 단번에 합이 맞으리라고는 볼 수 없다. 충분히 상상 가능한 상황이다.

'똑똑함'은 파트너를 주제로 한 강의에서 가장 강조하는 지점이다. 마치 우리가 첫사랑을 할 때 '잘생겼는지' '예쁜지'를 염두에 두는 것처럼 말이다. 몇 번 만나보고 몇 번 연애해보고 몇 번 실연을 당해보고 나서 진짜 결혼을 고민할 때가 되면 아마도 전보다 생각이 훨씬 복잡해질 것이다.

당신이 누군가를 파트너로 찾든 다른 사람이 당신을 파트너로 찾든 다음 몇 가지 문제를 진지하게 생각해봤으면 좋겠다.

- 잘 아는 사람인가?
- 그 사람의 장점과 단점은 무엇인가?
- 그는 당신을 신뢰하는가? 얼마나 신뢰하는가? 그렇다면 당신은 어떤가?
- 그가 어떤 문제를 일으키더라도 당신은 그를 도울 의향이 있는가? 당신이 문제를 일으킨다면 상대방은 어떤 태도를 취할까?
- 향후 몇 년 동안 당신들은 영광과 치욕을 함께할 수 있을까?

이뿐 아니라 다른 수많은 문제에 대해서도 자문해볼 필요가 있다. 아직 기술적 분야에 대해서는 기본적 질문조차 언급하지 않았다. 다른 많은 문제가 여과된 것이다.

만약 당신의 '아이디어'가 훌륭하고 대적할 만한 것이 없을 정도로 강력하다고 치자. 최종적으로 그 아이디어가 실행 가능하고 빠르게 성장할 수 있음이 증명되면 당신은 한 가지 결론을 내리게 될 것이다. 누가 파트너가 되더라도 기본 소양만 합격선을 넘으면 된다고 말이다. 그 아이디어가 현실화되고 빠르게 성장할 때에는 산적한 수많은 문제가 가려지거나 자연스럽게 해결되기 때문이다.

하지만 그런 행운은 쉽게 오지 않는다. 스타트업 기업은 종종 전환 과정을 거치고 절망적 상황에 빠지기도 한다. 절망 속에서 질긴 사투를 벌여야 한다. 그 과정에서 파트너 사이의 초특급 우정 관계가 얼마나 중요한지 비로소 드러난다.

누군가에게 주식을 주면 그 사람이 자동적으로 파트너의 책임을 수행할 것이라고 오해하지 마라. 그 파트너가 당신처럼 생각하고 일할 것이라고 착각하지 마라. 전에 내 파트너가 사직하겠다고 한 적이 있다. 상상이 되는가? 파트너가 사직하다니. 그는 처음부터 끝까지 자신을 그저 고임금 직원이라고만 생각했던 것이다.

그렇다면 파트너가 지녀야 할 가장 중요한 소양은 무엇일까?

그에 대한 답은 배우자를 선택하는 경우와 같다. 주체적으로 과감히 책임질 사람을 찾아야 한다. 또한 쌍방(혹은 여러 명) 모두 책임져야 한다고 생각하는 사람을 찾아야 한다. 맞다! 과감히 책임지려는 사람에게는 공통된 특징이 있다. 문제가 불거졌을 때 그들은 먼저 나서서 자신의 문제점부터 찾는다.

우수한 사람에게는 어떤 격려가 필요할까?

우수한 사람은 굳이 유치하려고 애쓸 필요가 없다. 다만 격려가 필요할 뿐이다. 능력이 출중한 사람이라도 끊임없는 격려가 있어야 더 훌륭하게 발전할 수 있다.

그렇다면 능력 있는 사람에게 어떤 격려를 해야 할까? 와이 콤비네이터의 이사장 샘 올트먼은 다음 세 가지 부분에서 격려를 시작해야 한다고 말한다.

- **자율권(Autonomy)**
- **탁월함(Mastery)**
- **목표성(Purpose)**

능력 있는 사람은 자치와 자주와 독립을 희망한다. 그것들이 보장될때 그들이 지닌 소양이 본격적으로 발휘된다. 자치와 자주와 독립은 '고립'을 의미하지 않고, 남과 협력하지 않거나 소통하지 않는 것을 의미하지도 않는다. 이는 자치와 자주와 독립을 실현해야 하는 한 국가가 훌륭한 외교 수단으로 타국과 우호적이고 의미 있는 관계를 건설하는 것과 같은 이치다.

한편 책임자가 져야 할 가장 핵심적 의무와 책임은 바로 인재들이 필요한 분야에서 탁월해지도록 돕는 것이다. 위대한 아이디어를 함께 실현하도록 하기 위해 모든 우수한 인재들에게는 개선하고 강화해야 할 점이 있다. 통상 인재들이 가장 잘하는 일에서 가장 높은 가치를 지니는 것은 아니다. 개선해야 할 어떤 약점을 갖고 있다. 책임자들은 모든 방법을 동원해 그들의 현실 상황을 이해하고 그들이 개선해야 할 점이 무엇인지 찾아내야 한다. 그럼으로써 그들이 한 분야에서 가장 숙련된 존재가 되도록 해야 한다.

출중한 능력을 갖춘 사람이 되려면 소통 능력이 필요하다. 사용가치가 있는 인재가 되기 위해서는 필요한 기술을 이해해야 한다. 이런 요건을 갖춰야 비로소 그들은 해당 분야에 정통했다고 할 수 있다.

스타트업 기업은 인재를 채용할 때 다음과 같은 문구로 사람들의 이목을 집중시키기도 한다.

- 야근 없음
- 탄력적 출근 시간
- 간식 무한 제공
- 여행 + 정기 워크숍
- 센스 있는 연말 상여금

심지어는 '미모의 안내 데스크 여사원'이라는 문구를 내걸기도 한다. 물론 이런 내용이 나쁜 것은 아니다.

정말 우수한 인재를 유치하려면 한 가지만은 확실해야 한다. 바로 전망이다. 그들은 오로지 전망이 확실한 위대한 아이디어에 의해서만 붙잡을 수 있기 때문이다. 또한 위대한 아이디어만이 그들을 유치할 수 있다.

주의할 점이 있다. 대단히 우수한 인재들은 대부분 리스크를 매우 꺼린다. 그들은 스타트업 기업에 입사하는 데 전혀 관심이 없다. 어떤 곳에서든 충분히 좋은 대우를 받을 수 있기 때문이다. 그러니 모험이 전혀 필요하지 않다. 공동 창업을 할 우수한 인재를 찾기 힘든 이유도 바로 거기에 있다. 많은 사람에게 모험 정신이 있는 이유는 사실 그들이 우수하기 때문이 아니라 아무런 커리어가 없기 때문이다.

만일 함께 스타트업을 할 사람들이 우수한 인재라면 그 인재가 지불하게 될 기회비용은 엄청나게 크다. 결국 우리는 어떤 선택이든 그 선택으로 인해 수반되는 기회비용이 어마어마하다는 점을 절감할 수밖에 없다. 그 기회비용은 다른 비용을 그냥 무시해도 될 정도로 크다. 그래서 뭘 좀 아는 사람들은 이렇게 한탄하곤 한다. '아! 인생은 선택의 연속이구나!'

우수한 인재들은 처음에 책임자를 따르는 쪽을 선택해 위대한 아이디어를 함께 실현한다. 하지만 아이디어 실현 과정에서 자신이 감내해야 할 기회비용이 너무 크다는 사실을 깨달으면 심리적 변화를 맞게 된다. 이것이 바로 팀이 붕괴를 맞는 근본적 이유다.

그래서 우수한 인재에게는 단계별로 추구할 만한 목표가 있어야 한다. 또한 그 목표에는 의미가 있어야 한다. 비교할 수 있어야 하고 난도가 있으며 현실적으로 실행 가능해야 한다. 이는 듣는 것만큼 쉬운 일이 아니다. 어쨌든 최초의 아이디어가 썩 훌륭하지 않다면 목표는 존재하지도 못할 것이다. 목표가 없다면 단계적 목표는 언급할 필요도 없다.

문제가 또 있다. 끊임없이 리스크를 일으키는 팀 문제는 어떻게 해야 할까?

사실 우수한 인재들은 가장 어려운 일을 해내는 사람들이다. '스타트업 성공'이라는 가장 추상적이고도 가장 상상력 강한 것을 목표로 삼기 때문이다. 물론 이 일이 무척 힘들다고 해도 면밀히 생각하면 불가능할 정도는 아니다. 어떻게 보면 개인의 인생도 이런 이치를 담고 흘러가고 있으니 말이다.

왜 적합하지 않은 직원을 바로 해고하지 못하는 걸까?

대부분의 사람이 전혀 적합하지 않은 직원을 꾸물거리면서 해고하지 못한다. 도대체 이유가 뭐냐고 묻는다면 이구동성으로 이렇게 대답할 것이다. "방법이 없잖아요!" 하지만 이건 쌍방을 모두 기만하는 행위다.

왜 이런 문제가 벌어지고 있는 걸까?

평범한 사람은 위대한 일을 해내지 못한다. 또 위대한 아이디어를 실현하는 일을 돕지도 못할뿐더러 참여조차 하기 어렵다. 만일 당신에게 정말로 위대한 아이디어가 있는데 자칫 잘못해 평범한 사람을 고용했다손 치더라도 걱정할 필요는 없다. 즉시 해고하면 된다. 빨리, 되도록 빨리 말이다.

현재 고용한 직원이 업무에 적합하지 않다는 점을 발견했는데 해고할 방법이 없다면 그것은 무엇을 반증하는 것일까? 가장 간단하고 본질적이며 직접적인 답은 이렇다.

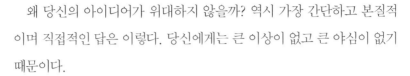

• 당신의 아이디어가 그다지 위대하지 않다는 것이다.

왜 당신의 아이디어가 위대하지 않을까? 역시 가장 간단하고 본질적이며 직접적인 답은 이렇다. 당신에게는 큰 이상이 없고 큰 야심이 없기 때문이다.

참으로 속상한 현실이다.

사실 모든 사람이 스타트업을 하기에 적합한 것은 아니다.

샘 올트먼에 따르면 스타트업은 균등한 기회를 제공하는 분야라고 할 수 있다.

하지만 이 지점에서 주의해야 할 것이 있다. 스타트업이라는 분야는 청년들에게 더 강점을 쥐어준다. 다른 무엇보다도 청년들은 실패에서 빠르게 회복할 줄 알고 깨끗이 승복할 줄 알기 때문이다. 청년들에게 이건 아주 정상적인 행동이다. 그뿐 아니라 청년들은 더 큰 야심을 가지고 있고 더 강력하고도 지속적인 전투력을 탑재하고 있다.

한편 청년들 주위에 우수한 사람이 별로 없다는 것도 지극히 정상적인 상황이다. 그래서 설령 위대한 아이디어나 엄청나게 큰 야심이 있더라도 포섭할 만한 능력을 제대로 갖춘 사람이 없을 수 있다. 시간을 좀 더 갖고 기다려야 한다. 하지만 창업가가 젊은 사람이 아니거나 그가 고용한 인물이 인재가 아닌 평범한 사람이라면 그때는 사업에 신중을 기할 필요가 있다.

세상에 단순한 일은 없다

지식 공유 웹사이트인 '지니어스(genius.com)'에는 와이 콤비네이터 스타트업 강의에 주석을 쓰는 카테고리가 있다. 꽤 많은 사람이 주석을 쓰고 있다. 나는 거기에 적힌 글을 다시 볼 때 최대한 인내심을 발휘해 사람들이 단 글을 쭉 훑어봤다.

케빈 헤일◆은 "가장 중요한 것은 바로 최초의 느낌이다"라면서 이렇게 말했다.

> 남녀가 만날 때 성공 여부는 첫 느낌에 좌우된다. 가령 그들은 순간의 감정을 묘사할 때 두 사람이 최초로 함께했던 어떤 일에서부터 말하곤 한다. 첫 키스를 어떻게 했는지, 처음에 어떻게 알게 됐는지, 처음으로 어떻게 청혼했는지 등이 그렇다. 아무리 해도 질리지 않는 말이다. 그래서 느낌이 좋은 이런 소재들은 사람의 감정을 유발하는 바이럴 마케팅의 콘텐츠가 된다. 회사 운영도 마찬가지다. 인간은 관계에 의해 움직이는 동물로, 자신도 모르는 사이에 일상적으로 관계를 맺고 접촉하는 사물을 창조하고 또 의인화한다. 우리가 운전하는 차에서부터 입는 옷과 사용하는 도구와 소프트웨어에 이르기까지 우리는 인간이 지닌 개성을 주입한다. 그러면서 그것들의 운영 방식에 자신이 기존에 갖고 있던 생각을 대입하기도 한다. 이것이 바로 우리가 제품과 나누는 상호작용 과정이다.

◆ 케빈 헤일(Kevin Hale): 온라인 문서 작성 소프트웨어 우푸(Wufoo)의 창업가이자 와이 콤비네이터의 파트너.

케빈 헤일이 언급한 내용에 대해 @jiggity라는 계정을 가진 네티즌이 글을 썼는데 나는 그중 다음 단락을 꽤 좋아하게 됐다.

더없이 단순해 보이는 생각이 수없이 많다. 하지만 최초로 그런 생각을 할 수 있다는 자체가 이미 대단한 것이다.

론 콘웨이*는 구글에 투자했던 자신의 경험에 대해 이렇게 말했다.

이제는 웹사이트 트래픽(접속량) 순위가 검색 키워드나 웹사이트 콘텐츠에 정비례한다는 점을 누구나 알고 있다. 하지만 1998년 이전에는 그게 무엇을 의미하는지 아는 사람이 거의 없었다.

바로 이처럼 우리는 한 가지 대상을 이해한 뒤에야 비로소 그 대상이 매우 단순한 것임을 알게 된다. 하지만 이해의 수준을 뛰어넘어 그 대상을 생각해 내고 완벽하게 만들고 그 대상의 가치를 증명하는 사람들은 그야말로 대단한 존재들이다.

우리는 종종 '그렇게 단순한 건 나도 할 수 있어!'라고 생각한다. 그건 잘못된 생각이다. 한참이나 수준 낮은 발상이다. 무릇 큰일을 하는 사람이 해내는 일은 다른 사람 눈에 단순하고 평범하게 비친다. 심지어 사람들은 늘 심층에 숨어 있는 논리를 상상할 수조차 없기 때문에 '그렇게 단순한 게 성공할 수 있다니!'라고 잘못 생각하기도 한다. 한발 더 나아가

◆ 론 콘웨이(Ron Conway): 저명한 엔젤투자자. 구글과 페이스북의 초기 투자자. 실리콘밸리의 대부로 불린다.

"다 운이야"라고 예단한다. 물론 '정말 운 좋은 상황'이 존재하기도 한다. 하지만 대부분 운은 창조된다. 이런 결론이 어쩌면 직관에 위배될 수 있겠지만 말이다.

살다 보면 이런 현상을 목격하게 된다. 평범한 사람은 아무리 노력해도 거의 모든 분야에서 평범하지만 우수한 인물은 많은 분야에서 출중하지는 않아도 다방면으로 매우 우수한 결과를 낳는다.

만일 한 분야에서 우수하거나 심지어 누구도 넘볼 수 없을 정도로 일을 해낸 사람은 다음 이치를 자연스럽게 이해할 것이다.

어느 한 가지 기능에 정통하려면 엄청난 연습과 반복, 자아 관찰과 반성, 일정 단계로의 진입과 자기 부정 등이 필요하다는 것을 말이다. 이런 과정이 순환되면서 최종적으로 일정 경지에 이르게 되고 더 나아가 자신감을 갖는다. 이런 과정에서 반복적으로 깨닫는 사실이 있다. 단순한 부분일수록 노력을 기울이지 않아 의외로 약한 지점이 될 수 있기 때문에 특별히 신경을 써야 한다는 점이다. 또한 복잡한 부분일수록 더욱더 반복적으로 훈련을 해야 한다는 점이다. 이런 점에 주의하면서 생활하면 나중에는 '능력이 좋아 큰일을 수월하게 처리'하는 경지에 이른다.

그래서 이런 사람은 일반적으로 일의 난도를 쉽사리 과소평가하지 않는다. 그들은 '아주 단순해 보이는' 대상이 사실은 아주 어려울 수 있다는 점을 안다. 중국의 대표적 고전극인 경극(京劇) 배우인 메이란팡(梅蘭芳)은 제자를 가르칠 때 관용적이고 참을성 있는 태도로 늘 이렇게 말했다. "어려운 일이니 서둘지 마라!"

이런 경험과 태도 때문에 그들은 다른 것을 배우더라도 더 빨리 배웠고 성실하고 근면하게 행동했다. 그리고 마침내는 '큰일을 수월하게 처리할 수 있게' 되었다.

직원을 채용할 때도, 파트너를 찾을 때도 마찬가지인데, 나는 늘 시간을 들여 상대방의 취미와 관심사에 관해 이야기 나누려고 한다. 그가 가장 잘하는 일이 무엇이고 그 일을 어느 정도까지 잘할 수 있는지, 또 어떻게 일하는지 알고 싶은 것이다. 더불어, 잘하는 일을 할 때 어떤 느낌이 드는지도 알고 싶다.

이런 과정을 거치면 짧은 시간에 상대방이 어떤 사람인지를 알아차릴 수 있다. 사람들은 약속이나 한 듯 이렇게 말한다. "제게는 현재 아무런 특기가 없습니다. 하지만 정말 배우고 싶습니다. 열심히 노력하겠습니다." 아! 조언컨대 아름다운 인생을 위해서는 아무런 특기도 없는 사람과 멀리 떨어지기를 바란다.

전도사와 용병

숙박 공유 서비스 제공 회사인 에어비앤비의 투자자 앨프리드 린◆은 짝퉁 회사를 만나거나 짝퉁 회사의 위협을 받을 때 이런 말을 했다. "나는 우리가 전도사와 용병이라고 생각합니다."

짝퉁 모델이 성공할지 여부는 다른 사정이다. 물론 대부분의 사람이 짝퉁을 싫어하고 깔보지만 짝퉁이 검증되고 성공할 상업 모델이라는 점

◆ 앨프리드 린(Alfred Lin): 세쿼이아 캐피털(Sequoia Capital)의 파트너. 인터넷, 모바일 인터넷, 게임, 서비스형 소프트웨어 분야의 투자에 주력하고 있다. 어치버스(Achievers), 험블번들(Humble Bundle), 스텔라앤드돗(Stella&dot)의 이사회 성원. 자포스(Zappos) 대표이사이자 최고운영책임자 겸 최고재무책임자다.

에는 전혀 지장을 주지 않는다. 아마도 중국인들은 짝퉁인데도 질적으로 별 하자가 없는 경험을 무척 많이 했을 것이다.

다른 측면에서 스타트업을 할 때 파트너이든 직원이든 용병이 아닌 전도사 입장에서 일하는 게 가장 바람직하다.

진짜 우수한 전도사와 진짜 전문적인 용병은 목표에 도달하기 전까지 결코 포기하지 않는다. 그런데 둘의 차이점이 있다. 전도사의 최대 목표는 이상을 실현하고 신념을 널리 알리는 것이다. 반면 용병의 유일한 목표는 돈이고 그 돈을 위해 반드시 임무를 완수하는 것이다.

만일 파트너나 초창기 직원 모두 전도사 같다면 그 팀은 아주 위대해질 것이다. 그들 모두 신념이 있고 끈질기게 일하며 소박한 생활을 하고 절대 굴하지 않기 때문이다. 그런데 이건 불가능한 상황이다. 이렇게 되기 위해서는 흡사 종교와도 같이 강한 믿음을 갖게 할 만한 위대한 아이디어가 전제되어야 하기 때문이다.

대부분의 경우 창업가는 마지막에 가서야 자기 곁에 전도사는 없고 용병만 있었다는 것을 발견한다. 게다가 전문가도 아니고 직업의식도 투철하지 않은 용병이었음을 깨닫는다. 그들은 오로지 자신이 받을 대우만 생각하고 자신이 안게 될 위험에만 골몰한다. 늘 명령을 기다리고만 있고 낭비벽이 심한 데다 말만 늘어놓는다.

이런 용병은 창업가에게 큰 생채기를 내는 한편 자신을 전도사로 가장하는 데 탁월한 능력을 겸비하고 있다. 늘 굳은 맹세를 하고 눈을 빛내며 설득력 있는 말을 해대는 것이다.

창업가들은 주식을 쥐어주면 그들을 붙잡아둘 수 있다고 착각한다. 하지만 안타깝게도 용병의 눈에는 '현재의 가치'만 있을 뿐 '지수 선물'은 관심 밖이다. 당장에 현금화가 된다면 모를까, 그러지 않는다면 주식은 아무짝에도 쓸모없는 것이다.

그래서 용병은 관리가 쉽지 않고 소통도 어렵다. 물론 아주 직업적인 용병은 관리할 필요가 없다. 그들은 '높은 보수'만 보장받으면 된다. 일반적으로 10배 이상은 돼야 한다. 2, 3배 정도 말고. 10배 이상의 보수를 보장받더라도 그들에게는 최소한 두 가지가 더 필요하다.

- 분명한 목표다. 물론 목표 실현 과정에서 당신의 관리는 필요하지 않다.
- 고용주는 약속을 실행해야 한다. 그러지 않으면 가차 없다.

이런 상황에서 창업가는 어떤 애로 사항을 호소할까?

- 성장 과정에서 팀의 목표를 최소한 미세하게라도 끊임없이 조정해야 한다. 하지만 그것은 직업 용병이 가장 싫어하는 부분이다.
- 약속 실행이 어렵다고 해서는 안 된다. 2배의 보수도 그들에게는 턱없이 부족하다.

이런 애로 사항 때문에 창업가가 애써 전도사를 찾고 양성하지 않는다면 그가 맞이할 대상은 분명히 '초짜 용병'이거나 '가짜 용병'일 것이다. 이런 사람이 파트너나 초창기 직원이 되면 스타트업 기업이나 팀에 치명적인 문제를 안겨줄 공산이 크다.

그렇기 때문에 가장 전문적인 용병만큼 능력 있는 전도사를 찾는 것은 최대 난제다. 이 문제를 해결하면 최소 절반은 성공한 셈이다.

조심성 있는 투자자들은 다음과 같은 판단을 내린다.

- 안 지 며칠 안 된 사람과 동업해서 성공하거나 오래갈 확률은 매우 낮다.
- 평균 수준보다 낮은 임금을 거부하는 파트너는 전도사가 아닌 용병일 가능성이 높다.
- 창업가가 갖는 주식의 비율이 낮을수록 다른 파트너들에 대한 창업가의 의존도가 높아진다. 따라서 실패 위험률도 높다.
- 초창기에 고용한 직원의 임금이 높을수록 팀의 응집력에 문제가 생길 확률이 높다.
- 통일된 가치관이 없는 팀은 범죄 조직과 다를 바 없다.

물론 투자자들은 사람들의 불쾌감을 사지 않기 위해 이런 속사정은 절대 입 밖에 꺼내지 않는다. 혹시 흉금을 터놓고 이야기할 상황이 있을지도 모르지만 절대로 투자 대상들에게는 호의로 받아들여지지 않는다. 판단의 대상이 되는 걸 좋아하는 사람이 있을 리 없으니 말이다. 사람은 누구나 자기 자신도, 자신의 아이디어도, 팀도 짧은 시간 내에 인정받기를 바란다.

벤처투자자들은 대부분 여느 투자자들과 마찬가지로 위험 기피형 인물이다. 그 점이 바로 그들의 성공을 보장해주는 중요한 근거이기도 하다. 그들이 '벤처투자자'라고 불리는 이유는 위험을 좋아하기 때문이 아니다. 다만 고수익·고위험의 투자 유형에 관심을 갖기 때문이다. 다시 말해, 고수익·고위험 유형을 선택하는 투자가 바로 그들이 리스크를 운영하는 방식이다.

자존심이 너무 강하면 발전에 장애가 된다

벤 실버먼◆은 직원을 선발할 때 어떻게 했는지에 대해 언급했다.

◆ 벤 실버먼(Ben Silbermann): 미국의 유명 이미지 공유 사이트 '핀터레스트(Pinterest)'의 창업가 겸 CEO.

"저는 첫 번째 직원을 고용할 때 저와 비슷하거나 몇 가지 우수한 품성을 갖춘 사람을 선택했습니다. 예를 들자면 노력해서 일하고 정직하며 자존심이 강하지 않은(별로 아집이 없는) 사람을 선택했죠. 또 창조적인 사람을 찾았습니다. 그들은 매우 강한 호기심의 소유자들이기 때문입니다."

그중 특별히 관심을 기울인 부분이 있었는데 바로 '낮은 자존심(Low Ego)'이다. 이는 '성장의 기본은 과연 무엇인가?'라는 아주 중요한 화두와 관련이 있다.

'자존심이 강한 사람'은 자신의 행동에 지나치게 신경 쓰고, 자신에 대한 다른 사람의 생각을 지나치게 의식하며, 현실적으로 봤을 때 도무지 장점이라고는 없는 것에 관심을 갖는다. 바꿔 말해 체면을 무척이나 중시한다는 것이다.

그런 점에서 추천할 만한 책이 있다. 바로 사회심리학자인 하이디 그랜트 할버슨(Heidi Grant Halvorson) 박사의 책『기회가 온 바로 그 순간: 심리학으로 성공을 잡는 법(Succeed: How We Can Reach Our Goals)』이다. 다음 설문 내용은 이 책에서 발췌했다.

다음 문항에 대해 진지하게 자문하고 성실하게 답한 뒤 문항마다 점수를 매겨보자. '전혀 그렇지 않다'이면 1점, '매우 그렇다'이면 6점이다.

① 성과나 업무 면에서 동료나 동기들보다 훨씬 월등하다는 사실이 내게 매우 중요하다.
② 내 친구를 잘 아는 것을 좋아한다. 물론 간혹 획득한 정보가 부정적이더라도 말이다.
③ 나는 종종 새로운 기술을 개발하거나 새로운 지식을 얻는 기회를 찾는다.

④ 나는 다른 사람들에게 좋은 인상을 남기고 있는지에 대해 꽤 신경을 쓴다.

⑤ 자신의 지적 재능과 능력을 드러내는 것은 내게 있어 무척 중요하다.

⑥ 나는 친구나 가까운 사람들과 속마음을 털어놓을 수 있는 관계를 유지하려고 노력한다.

⑦ 나는 학교나 회사에서 끊임없이 배우고 발전하려고 노력한다.

⑧ 나는 다른 사람과 함께 있을 때 다른 사람이 나를 어떤 이미지로 생각할지 꽤 궁금하다.

⑨ 다른 사람이 나를 좋아한다는 사실을 알았을 때 매우 만족스럽다.

⑩ 나는 동기나 동료들보다 더욱 뛰어나기 위해 애쓴다.

⑪ 나는 다른 사람이 나에게 도전해 오는 것을 좋아한다. 그것은 바로 내 성장의 밑거름이 된다.

⑫ 학교나 직장에서 나는 내 능력을 펼쳐 보이는 것을 중시한다.

이제 ①, ④, ⑤, ⑧, ⑨, ⑩, ⑫번 문항에 매긴 점수를 더한 뒤 7을 빼고 X라고 적는다. 이번에는 ②, ③, ⑥, ⑦, ⑪번 문항에 매긴 점수를 더한 뒤 5를 빼고 Y라고 적는다.

최종 점수 X와 Y 중 어느 수치가 더 큰가?

X 점수가 높은 사람은 '외적인 면을 더욱 중시(Be-Good Type)'하는 타입이다. 반면 Y 점수가 높은 사람은 '발전을 더욱 중시(Be-Better Type)'하는 타입이다.

할버슨 박사는 최대한 불쾌하지 않은 뉘앙스로 이 책에 다음과 같이 적었다. '이 문항들에는 옳고 그름이 없다.' 이어지는 분석에서도 꽤 절제된 자세로 '외적인 면을 더욱 중시'하는 유형에 어떤 단점이 있는지는 군이 언급하지 않았다. 다만 완곡한 투의 설명만 해놓았다.

'당신은 아마도 외적 목표를 발전적 목표로 바꿔 삶에 큰 변화를 주는 행위를 이해할 수 없는 일이라고 생각할 것이다.'

X가 Y보다 한참 높은 사람이 발전할 가능성은 매우 희박하다. 자신의 외적인 면에 너무 치중하기 때문이다. 더 나아가 '못할 것' 같은 여지가 보일라치면 시도를 하지 않으니 이런 사람에게는 발전할 기회 자체가 차단된다.

할버슨 박사는 앞의 열두 가지 문항을 통해 사람들이 어떤 유형에 속하는지를 판단하도록 돕고 있다.

가령 자신의 스타트업 팀을 위해 인원을 구하고자 한다면 할버슨 박사가 언급한 내용을 바탕으로 Y 점수가 더 높은 사람을 찾는 편이 훨씬 낫다고 생각할 것이다. 그들은 발전을 위해 노력하는 사람들이어서 더욱 수월하게 발전할 것이기 때문이다.

하지만 그들이 당신에게 자신의 본모습을 솔직하게 보여주지 않을 수도 있다. 그런 점을 대비해 내게는 아주 단순한 판별법이 있다.

- 다른 사람을 자주 비웃는 사람인가?
- 비웃음의 대상이 될까 봐 안달하는 사람인가?

만일 이 두 가지 문제점을 모두 갖고 있다면 그 사람은 X 점수가 훨씬 높고 Y 점수가 상대적으로 낮을 것이다.

또 다른 측면에서 봤을 때 자존심이 강한 사람은 기본적으로 '외적인 면을 더 중시'하는 유형에 속한다. 반면 자존심이 강하지 않은 사람은

'발전을 더욱 중시'하는 유형에 속한다. 후자는 발전할 여지가 좀 더 많고 우수한 학습 습관을 갖추고 있다. 만일 당신이 CEO라면 어떤 유형의 사람을 선택하겠는가?

마지막으로 외적인 면을 더욱 중시하는 유형이든 발전을 더욱 중시하는 유형이든 기본적으로는 오래된 습관이다. 스스로 고치지 않는다면 다른 사람이 이끌고 교육하기가 매우 힘들다. 나는 강사로 지낸 적이 있다. 오랫동안 여러 가지 방법으로 주위 사람들이 발전에 관심을 갖도록 도왔다. 하지만 성공 사례는 속이 상할 정도로 적었다.

엔젤투자자처럼 직원을 구하라

적합한 인재를 어떻게 찾을지를 두고 존 콜리슨◆은 이렇게 말했다.

"인재들의 공통점은 직업 커리어를 쌓는 초창기에 상당 부분 과소평가됐다는 것이다."

패트릭 콜리슨이 보충 설명을 했다.

"반드시 엔젤투자자처럼 생각해야 한다. 그래야 시장에서 가장 주목할 만한 인재를 찾아낼 수 있다."

매우 재미있는 비유다. 엔젤투자자처럼 직원을 찾아야 한다니.

인재를 물색할 때 스타트업 기업은 일류급 인재를 발굴하기 쉽지 않

◆ 존 콜리슨(John Collison): 그의 형제 패트릭 콜리슨(Patrick Collison)과 온라인 지불 결제 회사 '스트라이프(Stripe)'를 공동 창업했다.

다. 가장 직접적 원인은 스타트업 기업은 아직 그들에게 일류급 기업이라는 증명을 해 보이지 못하기 때문이다.

그럼 관점을 바꿔 생각해보자. 설령 당신이 일류급 인재라도 헤드헌터는 분명 당신을 찾아내려고 하지 않을 것이다. 당신에게 줄 임금이 턱없이 높기 때문이다. 당신은 이미 시장에서 증명됐기 때문에 훨씬 높은 임금을 지불해야 하는데 그럴 만한 여건이 되지 않는다. 그런데 그보다 더욱 중요한 사실이 있다. 증명된 일류급 인재는 한 회사에서 임금 이외에도 보이지 않는 대우를 부수적으로 받는다. 사원들의 존경 어린 시선, 동료들의 존중, 사장의 관용, 만족감 등이 그것이다. 그런 점들은 삶을 만족시키는 기본 요소다. 그런 대우를 해주는 회사를 떠난다는 것은 그들 처지에서는 거의 상상할 수도 없는 일이다.

이런 이유로 헤드헌터는 대개 현재 이류에 속해 있는 사람을 찾는다. 그들이 적당한 타깃이다. 삼류에 속한 사람들은 아무 능력이 없는 존재들이기 때문이다. 현재 이류 대우를 받는 사람 중에는 일류이지만 여러 이유로 인해 아직 인정받지 못한 인재들이 상당한 비율을 차지한다고 봐야 한다. 이 현상의 이면에는 다음과 같은 공식이 존재하는 것 같다. 첫째, 헤드헌팅 된 사람은 아마도 이류에 속해 있으면서 아직 일류는 아닌 인재일 수 있다. 둘째, 헤드헌팅 됐다는 사실만으로 우쭐거리면서 '자신의 가치가 마침내 드러났'고 생각한다면 분명 생각이 좀 부족한 사람이다. 그런 사람은 숙명적으로 이류밖에 안 된다.

어떤 기업의 중간급이나 고위급 임원이 회사를 떠날 때 수하의 동료들을 데리고 가기도 한다. 이런 현상에 대한 세밀한 연구에 따르면 원래 회사에 큰 문제가 없다면 회사를 이탈한 팀의 성공 확률은 그다지 높지 않다고 한다. 혹은 훨씬 처참한 결과를 맞이할 수도 있다. 왜 그럴까? 팀을 리드하는 사람은 기존 회사보다 훨씬 좋은 대우를 약속해야 하고 그리지 못한다면 그 자체로 진두력을 저하시킬 수 있기 때문이다. 또한 리드하는 사람은 이전 고용인과 경쟁해야 하기 때문이다. 그게 아니라면 이전 회사에 있던 기존 멤버가 뭘 하겠는가? 이런 현실은 다시 한번 스타트업 기업의 가치를 떨어뜨리게 된다. 그래서 최종적으로 이류와 삼류가 일류와 대전을 치르는 형국이 된다. 하지만 일류는 이류와 삼류에 대응하기보다는 앞을 향해 나아가는 국면이 펼쳐진다.

이처럼 스타트업 기업의 창업가는 인재를 구할 때 첩첩한 어려움을 겪는다. 높은 대우는 해줄 수 없으나 위대한 아이디어를 품고 있기 때문에 위대한 인재가 급히 필요하다. 하지만 상황이 상황이다 보니 찬밥 더운밥 가리지를 못하고 마구 먹어대다가 결국 설사를 하는 형국에 빠진다.

성공한 엔젤투자자처럼 직원을 구하려면 본질적으로 '발전적인 안목으로 사람을 볼 줄 알아야' 한다. 그렇다면 아직 미숙하고 여러 면에서 만족스럽지 못한 이류들은 어떤 품성을 기르고 어떤 상황을 겪어야 큰 인물로 성장할 수 있을까? 이런 사람들에게는 다음과 같은 특징이 있다.

- 강렬한 호기심
- 강한 자기 주도 학습 능력
- 새로운 것을 부단히 창조함
- 발전을 더욱 중시하는 유형
- 독립적 사고 능력
- 명백한 방법론

개인의 성장과 비즈니스 성장의 중요한 차이점은 개인의 성장에 우연성이 훨씬 적게 작용하고 운에 대한 의존성도 훨씬 적다는 것이다. 그래서 성장 중인 인재에 대한 투자에 인색해서는 안 된다. 한편 인재를 물색 중인 창업가가 엔젤투자자와 다른 점은 무엇일까? 바로 '투자'에 대한 관점이 다르다. 엔젤투자자는 돈을 투자하지만 창업가는 시간과 노력을 투자한다. 창업가는 시간과 노력을 들여 인재를 찾는다. 만일 인재를 발굴했다면 육성하고 더 나아가 진짜 인재를 선별해 내는 것이다. 물론 결코 쉽지 않은 과정이다.

위대한 아이디어 앞에서 벤처투자자는 약자일 수밖에 없는 것처럼 어마어마한 잠재력을 지닌 인재 앞에서 창업가 역시 약자일 수밖에 없다. 그래서 진실해야 하고 모든 방법을 동원해 돈을 벌어 인재와 함께할 자격을 갖춰야 한다. 만일 어느 날 당신이 이런 불평을 늘어놓는다고 치자. "내가 당신을 발견했고 당신을 키웠어. 내가 기회를 줬다고. 그런데 나를 배신해?" 이건 분명 당신이 뭔가 잘못했기 때문에 벌어진 일이다.

이런 옛말이 있다. "잘못에 대해 솔직하게 충고해주는 친구가 바로 좋은 스승이다." 사람들은 그저 선생님만 돼주지 친구는 되지 않는다. 이런 현실이 바로 인재를 잃는 근본 원인이다. 그렇다면 어떻게 해야 진정한 친구가 될 수 있을까? 이 문제에 대해 여기에서는 더 언급하지 않겠다. 사람마다 기질이 달라 행동 방식도 다르기 때문이다.

이와 관련해 '청년은 어떻게 스타트업 할 것인가'라는 와이 콤비네이터의 강의는 꽤 신선하다. 많은 사람이 강의 제목 때문에 혼란스러워한다. 스타트업을 구상 중이거나 지금 하고 있는 사람에게 적합한 강의라고 생각하는 것이다. 이는 자녀가 장래에 돈을 많이 벌려면 대학에서 경제학을 전공하게 해야 한다는 발상과 같다. 오로지 제목 하나 때문에 혼란스러워한다면 참 미련한 사람이다. 또 발전과 성장이 맞지 않는 사람이다.

학생들은 이 강의를 수강해야 한다. 대학생뿐 아니라 고등학생도 수강해야 한다. 언뜻 이해하기 어려운 주제라고 생각해 섣불리 포기하지 말고 수강해야 한다. 취직을 준비하는 사람도 수강해야 한다. 대기업에 들어갈 수 있을까? 혹은 스타트업 기업에 들어갈 수 있을까? 선택의 기회가 생긴다면 취직하고 싶은 스타트업 기업의 전망을 어떻게 판단할 수 있을까? 창업가가 믿을 만한 사람인지 어떻게 알 수 있을까? 바로 이런 궁금증에 답하기 위해 수강을 해야 한다.

투자자도 수강할 필요가 있다. 사실 부지런한 투자자들은 현재 이 강의를 수강하거나 여러 차례 수강한 바 있다. 부모들도 수강하면 좋다. 스타트업을 한 적이 없거나 더 이상 스타트업을 할 기회가 없더라도 최소한 이 강의를 통해 자녀들이 미래에 세상을 변화시키는 존재가 되려면 어떻게 성장해야 할지 제대로 알 수 있다.

스타트업 팀에는 전환이 필요하다

'외모로 사람을 판단해서는 안 된다'는 말은 언제나 시간이 많이 흐른 뒤에야 비로소 깨닫게 되는 '진리'다. 그 전에는 사람들은 늘 외모로 사람의 능력이나 품성을 평가한다. 내가 신둥팡[중국 최대의 사교육 업체-옮긴이]에 지원했던 해에 '선생님처럼 안 생겼다'는 평을 받았다. 나는 그길로 뛰쳐나가 안경을 구입했다. 안경을 쓰다 보니 진짜 근시가 돼버렸고 당구 실력도 형편없어지고 말았다.

평범해 보이는 아도라 청＊은 사람들에게 인지도가 높은 인물이 절대 아니었다. 그들 남매가 세운 홈조이는 중국 내에서도 크게 알려져 있지 않았다. 그래서 대부분의 사람들은, 아도라 청이 진행했던 '제품을 만들어 고객과 교류하며 성장한다'는 주제의 강연에도 딱히 큰 의미를 두지 않았다.

아마도 내가 오랫동안 강사를 해서 그런지 아도라 청은 한눈에 봐도 좋은 학생이라고 판단되는 사람이었다.

그들이 스타트업을 했던 사업은 가정 청소 O2O였다. 대학에는 가정 청소 서비스와 관련된 강의가 없을 것이다. 하지만 그런 제한은 이 남매의 행보를 막지 못했다.

> 바로 가서 청소 회사에 지원해 출근했습니다. 그리고 청소와 관련해 살 수 있는 책은 다 사서 읽었고, 관련 교육과정이 있으면 묻지도 따지지도 않고 등록했어요.
>
> 이 분야와 관련해 내가 찾은 회사들의 모든 자료를 연구했어요. 검색엔진에서 찾을 수 있는 자료 1,000건을 전부 한 번씩 읽었고요, 상장 기업이라

＊ 아도라 청(Adora Cheung): 남매인 에런 청(Aaron Cheung)과 O2O(Online To Offline) 청소 서비스의 시조인 홈조이(Homejoy, 2012. 7.~2015. 7.)의 공동 창업자. 홈조이의 주요 업무 형태는 온라인 방식으로 고객에게 청소 직원을 제공하는 서비스였다.

면 곧바로 투자 설명서를 찾아봤습니다.

회사 규모가 작을 때는 페이스북처럼 성장 팀(Growth Team)을 꾸릴 수도 없었습니다. 모든 것을 직접 나서서 자동이 아닌 수동으로 해야 했죠. 자동으로 했다면 누락이 있을 수도 있고 겉치레로만 비칠 수 있기 때문이에요. 회사가 커지고 돈을 벌게 됐다고 해서 즉시 큰돈을 들여 인터넷 광고를 하지는 않았어요. 가능성 있는 모든 루트를 나열한 뒤 하나씩 시도해봤죠. 한 가지 루트를 시도해 실패하면 원래로 돌아가 또 다른 루트를 시도했죠. 이러저러한 가능성을 두루 시도해봤습니다.

이런 방법은 딱 보면 모범생이 학교에서 단련한 기본 소양에 속한다. 진지하고 섬세하며 성실한 성품을 엿볼 수 있다. 그러다가 남매에게 알짜가 찾아왔다.

이것은 우리의 열세 번째 루트였다.

다시 말해 똑똑하고 근면한 남매도 열두 번이나 실패한 뒤에야 거우 제대로 된 루트 하나를 찾은 것이다.

나는 지금껏 수많은 팀을 겪었지만 그들은 맥락도 없이 그저 흉내만 내는 식으로 다음과 같은 말만 떠받들고 있었다.

- 우리는 믿음이 있는 팀이다.
- 우리는 이 방향에 절대로 문제가 있을 수 없다고 굳게 믿는다.
- 우리에게는 오직 꾸준한 지속만이 필요하다.

하지만 현실은 절대 그렇지 않다. 설령 '현실이 그렇다'손 치더라도 이런 팀에는 발전 가능성이 거의 없다.

결국 그들은 처음 가졌던 아이디어가 얼마나 부족했는지를 그저 증명받게 될 것이다. 물론 누군가는 그 아이디어의 전망을 밝게 봤을지 모르지만 앞에 놓인 첩첩산중에서 뭘 어떻게 할 수 있을까?

다시 청 씨 남매로 돌아가자. 그들은 2010년 와이 콤비네이터의 투자를 받게 된다. 구체적인 액수는 밝혀지지 않았다. 하지만 홈조이는 2012년이 되어서야 정식 운영을 개시했다. 투자를 유치한 2010년부터 운영을 개시한 2012년까지 2년 동안 무려 열두 차례나 전환을 맞았다. 그들이 보인 강인한 정신력에 진심으로 감탄했다. 인정할 수밖에 없는 부분이 또 있다. 믿음직스러운 아이디어가 바로 그것이다. 이건 의지만으로 뚝딱 만들어지는 게 결코 아니다.

그렇다면 언제 전환해야 할까? 정확한 답이 없다.

그렇다면 언제까지 꾸준히 지속해야 할까? 역시 정확한 답이 없다.

다만 한 가지 참고할 만한 점은 있다. 성장 속도가 얼마나 빠른지 살펴보는 것이다. 빠르지 않다면 신중할 필요가 있다.

미지의 문제 해결 방법

벤 호로위츠◆에 따르면 이렇다.

◆ 벤 호로위츠(Ben Horowitz): 창업가이자 엔젤투자자이자 소프트웨어 회사 옵스웨어(Opsware)의 공동 창업자. 『하드씽(The hard thing about hard things)』의 저자.

"중요한 결정을 내릴 때 여러 측면에서 생각할 줄 알아야 한다. 단순히 당신의 입장만 고려하지 말고, 당신과 대화를 나누는 상대방으로 제한하지도 말고 현장에 없는 사람도 염두에 둬야 한다. 다시 말해, 중요한 결정을 내릴 때는 기업 입장에서 출발하고 모든 직원의 관점을 자신의 관점으로 수용하는 능력을 발휘해야 한다. 그러지 않으면 당신의 결정에 부작용과 잠재적 리스크가 존재할 수밖에 없다. 이런 관점으로 결정을 내리기가 쉽지만은 않다. 일반적으로 당신은 결정을 내릴 때 엄청난 압박에 직면할 것이기 때문이다."

경영에 문제를 조장하는 최대의 근본 원인은 체계가 복잡해지면서 '기업의 전체적인 국면에 영향을 미치는 데' 있다.

좀 기가 막힌 내 경험을 말하면 이렇다.

어떤 팀에서 예쁘장한 여학생을 인턴으로 뽑았다. 그런데 인턴 기간이 만료되기도 전에 여학생의 무능함을 좀체 견딜 수가 없었다. 하는 수 없이 해고를 결정했다. 그리고 얼마 지나지 않아 팀에서 중요한 팀원이 이직을 했다. 아무리 만류해도 소용없었다. 시간이 흐르고 이직한 팀원과 해고당한 여학생이 혼인신고를 한다는 소문이 돌았다. 사람들은 모두 어안이 벙벙했다.

누가 상상이나 했을까? 팀 입장에서는 필요한 결정이었는데 그 결정이 생각지도 못한 엄청난 손실을 부른 것이다. 그 후 사람들은 이 경험이 주는 교훈을 이렇게 정리했다. 남녀를 막론하고 반드시 능력이 강한 사람을 찾아야 한다. '병신이 육갑한다'는 말이 있다. 능력이 부족한 사람이라도 충분한 동력이 있으면 다른 방면에서 자신의 부족함을 채운다는 것이다. 어쨌든 그 남녀 입장에서는 좋은 일이 됐다. 하지만 팀 입장에서는 참으로 끔찍한 재난이었다.

제대로 경영을 해본 사람이라면 이런 일에 대해 마찬가지 생각을 할 것이다. 중국에서 인터넷 블로그를 운영하는 누군가는 이런 입장을 밝히기도 했다.

"나는 시간이 흐를수록 '쇠귀에 경 읽기'가 뜻하는 바를 알겠다. 나는 동창 몇몇이 올바른 엔지니어 문화를 추진하려는 것을 알게 됐다. 나는 그들에게 그런 걸 추진할 필요 없이 똑똑한 사람들을 찾아서 그들과 함께하면 된다고 일러주었다. 왜냐하면 아직 수면 위로 드러나지도 않은 문제를 놓고 해결하려고 고민할 필요가 없기 때문이다. 과연 그렇게 했는지는 모르겠다."

알 수 없는 미지의 문제를 해결하는 방법은 처음부터 문제가 존재하지 않도록 하는 것이다. 이 이치를 대부분 사람은 잘 모른다. 그래서 이런 질문을 던지곤 한다. "여자 친구(혹은 아내)가 세상 물정을 전혀 모르는데 어떻게 하죠?" 그럼 처음부터 세상 물정을 잘 아는 사람인지 알아보고 만나면 된다.

원래 화제로 돌아와 경영의 난도를 낮추는 방법에는 호로위츠가 언급한 내용 외에도 가장 근본적인 방법이 두 가지 더 있다.

- **최고로 우수한 인재만을 뽑는다.**
- **최대한 소수 정예 팀의 상태를 유지한다.**

최고로 우수한 인재만을 뽑는 것은 절대다수의 팀에게 거의 불가능한 일이다. 그렇다고 불평만 하고 있을 수는 없다. 일단은 아이디어가 충분히 훌륭해야 한다. 창업가도 인격적으로 충분히 매력 있고 실질적 능력을 갖춰야 한다. 또한 사업은 여건이 제대로 갖춰진 곳에서 운영해야 한다. 이런 요소들이 바로 성공의 전제다.

최대한 소수 정예 팀을 유지하는 것도 매우 어렵다. 하지만 믿음을 가져야 한다. 충분히 증명된 사례가 이미 있다. 소수 정예 팀이야말로 능력을 제대로 발휘할 수 있는 단위다. 인스턴트 메신저 와츠앱(Whatsapp)이나 사진과 동영상 기반의 모바일 SNS인 인스타그램을 생각해보면 되겠다.

현명하게 직원을 해고하는 방법

와이 콤비네이터의 법률 자문위원인 캐럴린 레비(Carolynn Levy)는 직원 해고와 관련해 다섯 가지 조언을 했다.

- 첫째, 신속하게 처리하라.
- 둘째, 에둘러 말하지 말고 사과하지 말고 쓸데없는 말은 최대한 줄이고 솔직히 말하라. 되도록 제삼자가 현장에 함께 있도록 하라.
- 셋째, 지불해야 할 비용은 즉시 지불하라.
- 넷째, 여러 디지털 시스템을 통해 방문의 권한을 차단하라.
- 다섯째, 이미 현실화된 모든 주식을 즉시 다시 매수하라.

첫 번째 조언과 관련해 캐럴린 레비는 아주 재미있는 논리를 언급했다. "누군가를 해고하기 전에는 당신은 회사의 실제적 수장이 아니다."

이 말은 제대로 이해할 필요가 있다. 한 회사의 수장임을 과시하려고 몇 사람을 해고해야 한다는 말이 아니다. 훌륭한 아이디어를 현실화하기 위해 한 회사의 수장으로서 수많은 난관을 겪어내야 하는데 해고도 그중 하나라는 말이다. 게다가 해고해야 할 대상이 친구일 경우도 있다.

두 번째 조언인 '되도록 제삼자가 현장에 함께 있도록 하라'는 무척 중요한 원칙인데 어쩐지 심리적으로 거부감이 든다. 하지만 그렇기 때문에 특히 중요하다. 통상 누군가 '그렇게 하는 게 낫겠다'라는 말을 해주지 않는다면 직원을 해고할 때 제삼자를 현장에 끌어들이지는 않을 것이다. 하지만 세 번째 조언을 들여다보고 나면 제삼자가 얼마나 중요한 역할을 할지 깨달을 것이다. 최소한 제삼자는 집단 내부의 다른 구성원들에게 한 가지 정보는 정확히 전달해준다. 당신은 공정했다고 말이다. 물론 그 전제로 당신은 공정해야 한다.

세 번째와 다섯 번째는 모두 재무와 관련된 조언이다. 세 번째 조언은 두말할 필요도 없고 다섯 번째 조언 역시 즉시 실행해야 할 만큼 필수적이다. 설령 창업가가 그 일을 해결하려면 돈을 빌려야 하더라도 반드시 해야 하는 일이다. 회사에 아무 공도 세우지 못하고 심지어는 부작용만 가중하는 사람은 더 이상 회사 주식을 보유해서는 안 된다. 만일 주식을 계속 보유한다면 그야말로 어처구니없는 일이다.

앞의 다섯 가지 조언에서는 언급하지 않았지만 꼭 알려주고 싶은 중요한 내용이 있다.

'회사를 떠나는 사람이 당신의 경쟁자가 될 수도 있다. 그런 상황에 미리 심리적 준비를 하라.'

그들이 경쟁자가 되는 것은 절대로 고의가 아니다. 이유는 간단하다.

그들은 다른 일을 할 줄 모르기 때문이다.

그들이 회사를 나간 뒤 똑같은 유형의 회사를 차리거나 경쟁사에 고용돼서 그 전과 같은 임무를 수행할 확률이 99퍼센트이다. 그들은 자신도 모르는 사이에 이전 회사에 대해 알고 있는 모든 정보를 이용해 '경쟁 전략'을 세울 것이다. 물론 퇴직할 직원에게 '경업금지(競業禁止) 조항'에 사전 서명하라고 했겠지만 단언컨대 그건 쓸모가 없다. 퇴직한 직원의 취업을 근본적으로 막을 수 없기 때문이다. 그들은 다른 일을 할 줄 모르니까.

만일 다른 이유도 아니고 직원의 능력이 부족해서 해고했다면 그 직원은 더더욱 다른 사람들에게 당신이 잘못했음을 증명하려고 할 것이다. 자신에게 문제가 있다는 것을 인정하고 싶은 사람은 거의 없을 테니 말이다. 만일 그들 자신의 문제가 아니라면 그건 분명히 해고하는 당사자의 문제다. 당신은 나쁜 사람이고 폭군이고 직업의식이 없는 사람인 것이다. 그 점은 어쨌든 그들 입장에서는 당신에 대해 험담할 수 있는 동력이 된다. 그들이 험담하고 다닐 수 있는 동력은 자신은 옳고, 잘못되지 않았고 틀리지 않았다는 증명에서 비롯되기 때문이다.

앞에 언급한 상황은 다음 조언이 왜 중요한지를 설명해준다.

> **• 직원을 고용할 때 전 회사의 사장에게 이런저런 불만을 품은 사람에 대해서는 신중을 기하라.**

앞의 조언은 진정한 기업가가 될 잠재력 있는 사람이 왜 소수일 수밖에 없는지를 설명하기도 한다. 많은 경우에 사람들은 '알 수 없는' 지점에서 걸려 넘어져버리기 때문이다. 실제로 내가 모신 사장인 위민홍(俞敏

洪)은 자신이 해고한 사람으로 인해 공개 장소에서 여러 차례 모욕을 당했다. 그가 느꼈을 처참한 심정을 외부인은 절대로 상상할 수 없다. 하지만 그는 신중한 일 처리 방식을 취했고, 그것이 바로 그의 노련한 경영 능력일 것이다. 그래서 우리는 자주 그의 경영 능력에 감탄하곤 했다. 그가 기업가로서 성공하지 못했다면 그건 너무 불공평하다.

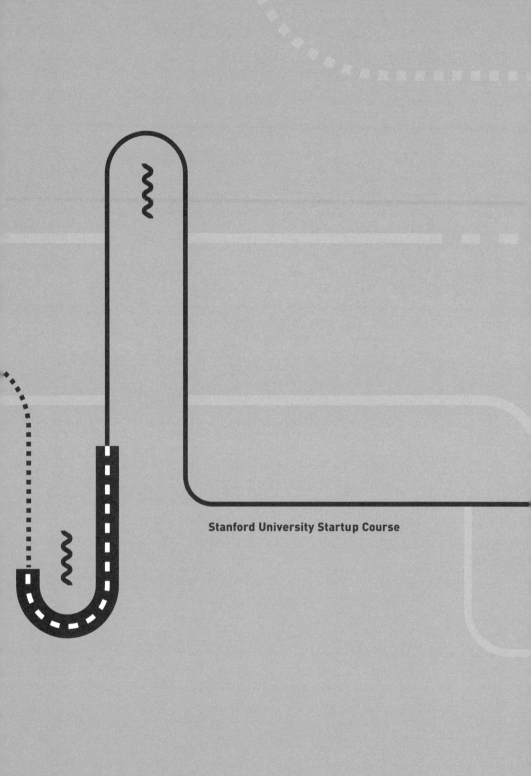

Stanford University Startup Course

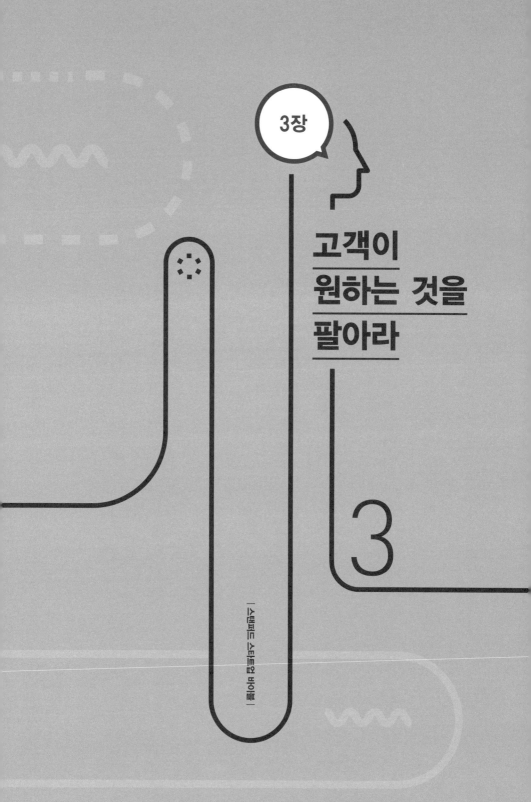

3장

고객이
원하는 것을
팔아라

3

영혼이 있는
제품을 만들어라

제품은 단순하게, 디테일은 정교하게 만들어야 한다.
먼저 위대한 제품이 있어야 위대한 성과도 기대할 수 있다.

고객을 제대로 알자

만일 고객을 제대로 안다면 당신이 만든 제품은 많은 사람이 죽을 때까지 사랑할 것이다. 반면 고객을 제대로 알지 못한다면 '도무지 알 수 없는' 수없이 많은 난관에 부딪히게 될 것이다. 예를 들자면 이런 것이다.

- 이렇게 멋진 제품을 어째서 사람들이 사용하지 않는 거지?
- 저 제품 좀 봐. 겉모양도 비호감인 데다 사용자 경험(User Experience)도 부정적인데 왜 많은 사람이 사용하는 거지?

또 다른 예도 있다.

- 이건 절대적으로 필요한 제품이야! 어, 그런데 반응이 왜 이래?

혹은 요즘 가장 핫한 제품을 봤을 때 이렇게 생각할 수도 있다.

- 이건 또 뭐지?

고객을 제대로 알기 위해 노력한 사례가 있다.

1990년대에 중국에서는 외국 유학이 필수적이었다. 유학 시험 응시 교육도 필수였다. 그 수요를 만족시킨 신둥팡은 결국 미국 나스닥에 상장됐다. 1990년대 초 베이징에는 무수히 많은 교육 기업이 있었고 신둥팡을 능가하는 기업들도 있었다.

나의 전 사장이자 신둥팡의 창업가인 위민홍은 내가 다른 사람들보다는 가까이에서 접한, '자신의 고객을 정확히 아는' 사람이다. 그는 학생들이 지능지수가 낮은 것도 아니고 의지가 없는 것도 아니라는 점을 알고 있었다. 다만 끊임없는 격려가 필요하고 이따금 좀 쉴 필요가 있음을 간파했다. 그래서 그는 강의실에서 성공학과 관련된 이야기를 자주 들려줬다. 물론 그 뒤로 20여 년이 흘렀고 그 이야기는 사람들이 귓등으로도 듣지 않는 그저 애정 어린 말로 치부됐다. 그 역시 이제는 강의 시간에 이따금 유머러스한 말이나 농담을 건네는 정도에 그치고 있다. 다른 강사들이 강의실에서 이런저런 농담을 늘어놓는 것을 묵인하기도 한다. 돈을 내고 수업을 받는 학생들은 재미있는지 하하거리며 이야기를 듣는다. 하지만 학생들은 강의가 끝나고 돌아가서는 학생의 본분을 다했다. 학생들은 늘 진심을 다해 노력했다. 그 결과 신둥팡에서 공부한 학생 중

적지 않은 수가 시험에서 줄곧 좋은 성적을 거뒀고, 유학을 갔다. 그러자 시장에서 반응이 오기 시작했다. 당시 칭화대학과 베이징대학의 학생들이 이런 말을 할 정도였다.

"신둥팡에 간다고 반드시 유학을 가는 것은 아니지. 하지만 신둥팡에 안 가면 절대로 유학은 못 가."

무슨 어근과 접두사와 접미사를 이용한 기억법이나 아무 쓸모없는 각종 시험공부 기술 같은 것은 여태껏 신둥팡의 핵심 경쟁력이 아니었다.

학생들과 관련된 어떤 토론 그룹에서 들은 예가 있다. 신빙성이 좀 떨어지기는 하지만 이해를 돕기 위해 잠깐 언급하고 넘어가겠다.

학교 주변 여관 주인들의 이야기다. 그들은 방을 구하는 학생들이 세든 방에서 그저 숙식만 해결하는 것이 아니라 공부하고 싶어 한다는 말을 주워들었다. 여관 주인들은 방에 있던 침대를 치우고 자습실로 개조했다. 그다음은? 그저 기다리는 것이다.

이처럼 창업가들은 고객에 대해 세밀한 부분까지 고려한다. 이런 깊이 있는 고민은 겉으로 드러나는 요구와 꽤 큰 격차를 드러낸다. 일반인들은 상상도 할 수 없는 영역이다.

여기에서 다시 이 방법론을 언급한다. '자신의 요구를 만족시키는 데서 시작하라!'

만일 자신에게 요구 사항이 있다면 그 요구를 만족시키는 데서부터 시작하는 것도 꽤 그럴 듯한 방법이다. 하지만 나의 요구 사항과 그 분야의 고객을 제대로 파악하는 것 사이에는 엄청난 격차가 존재한다.

그런가 하면 나의 요구 사항과 다른 사람의 요구 사항의 격차도 무척 크다. 앞에서 전자책과 관련된 내 사례를 언급했다. 나는 전자책에 내장

된 한 권에만 한정되지 않은 전체 자료와 텍스트 검색이 필요할 뿐 아니라 성능도 좋아야 했다. 하지만 다른 사람들에게는 그런 기능이 필요 없었던 것이다.

'나에게도 필요하고 다른 사람에게도 필요한 것'과 '매우 많은 사람에게 필요한 것'에도 엄청난 차이가 있다. 따라서 매우 많은 사람에게 필요한 것이라는 전제가 있어야 하고 또 이런 요구가 실제적이어야 스타트업 사업이 유지될 수 있다. 처음에는 썩 그럴싸해 보였는데 시간이 흐른 뒤에 불빛이 꺼져버린 서비스를 생각해보자. 구글의 뉴스 리드 서비스인 RSS가 그렇다. 물론 이 예시가 적절하지 않다고 생각하는 사람도 꽤 많을 것이다.

'내가 잘해낼 수 있을지, 다른 사람보다 잘할 수 있을지, 더 나아가 다른 사람의 10배로 잘해낼 수 있을지'는 훌륭한 스타트업 사업을 위한 필수 요구 사항일 것이다. 하지만 또 다른 문제점들이 있다. 해결 방안과 팀, 집행력, 끈기가 바로 그것이다.

엔젤투자자가 빠지는 최대 함정이 바로 '충동적 투자'다. 바로 앞에서 언급한 세 가지 사소한 질문을 자문하는 것은 나 스스로를 냉정하게 만드는 가장 단순하고 실용적인 방법이다. 사람마다 흥분하는 지점이 다르다. 나는 아주 쉽게 흥분하는 사람이다. 그래서 불필요한 흥분을 여과하는 방법으로 '자문'을 장착한 것이다.

그렇다면 어떻게 고객을 잘 알 수 있을까? 와이 콤비네이터 강의에서는 여러 가지 방법론을 제시한다.

- 모든 방법을 동원해 직접 고객을 찾아가라. 프로그래머가 좋아하는 오토 시스템을 취해서는 안 된다.
- 더 깊숙이 들어가면 고객의 진심을 얻는 조사를 할 수 있을 것이다.

· DAU◆나 리텐션율 등 각종 발전적 지표에 관심을 기울이자.

고객을 제대로 알지 못하면 고객의 요구에 부응할 아이디어가 생길 리 만무하다. 그렇다면 더 좋은 제품을 만들 수 없다. 더 빠른 성장도 기대할 수 없다. 스타트업을 할 때 발생하는 일련의 문제는 대개 '당신의 고객을 바로 알지 못했기 때문'일 공산이 크다.

자신의 요구를 만족시키는 데서 시작하는 것은 좋은 방법이다. 그런데 그다음에는 어떻게 할 것인가? '다른 사람의 요구를 만족시켜야' 하는데 이는 꽤나 까다로운 일이다. 쉽게 해낼 수 있는 일이 아니다.

내게는 사업 파트너가 한 명 있는데 그가 만든 제품은 마케팅이 전혀 필요 없었다. 처음에는 매일 고객을 몇 만 명씩 유치할 정도였다. 그 파트너가 자신의 사업 방법론을 내게 알려준 적이 있었다.

"내 생각은 이래. 일단 제품을 만든 뒤에 이런 점을 늘 감안하는 거지. 과연 전혀 모르는 사람이 자발적으로 그 제품을 사용할까? 혹은 몇몇 사람이 아닌 꽤 많은 사람이 그 제품을 사용할까? 그 제품을 주위 사람들에게 추천할까?"

그 파트너가 한 말은 내게 큰 자극이 되었다. 그 뒤로 나는 더 이상 내 영향력을 제품 판매의 수단으로 삼지 않았다.

과거에 나는 사회적 영향력을 꽤 중요하게 생각했다. 2013년 초 뉴원을 출시했을 때도 그랬다. 만일 이름 없는 개발자가 그렇게 초라한 제품을 개발했다면 아무도 눈여겨보지 않았을 것이라고 생각했다. 내 입장에

◆ DAU(Daily Active User): 일간 접속 사용자 수.

서는 나름 객관적 평가였다.

시간이 흐른 뒤 나는 사회적 영향력이 약점이 될 수도 있음을 발견했다. 사람들은 필자인 리샤오라이에게 매우 친절하다. 리샤오라이가 어떤 제품을 만들겠다고 하면 모두 와서 살펴본다. 혹시 제품을 이해하지 못했더라도 "좋네! 역시 리샤오라이가 또 해내겠구먼!" 하며 거든다. 반면 제품을 이해한 사람은 문제점을 발견하고도 아무 말 하지 않는다. 괜히 말했다가 내가 기분 나빠하면 얻는 것보다 잃는 게 더 많을까 봐 조용히 자리를 뜬다. 조용히 왔던 것처럼.

사람들의 요구를 만족시키기 위한 보편화된 방법론이 하나 더 있다. 어떤 제품을 만들든 한 번 더 물어보는 것이다. "더 본질적인 요구가 있을까?"

만일 고객에게 요구가 있다면 그 요구가 발생하게 된 본질적 이유는 무엇일까? 이 물음을 바탕으로 다음과 같은 생각을 할 수 있다.

- 고객이 요구하는 것을 얼른 줘버리는 것은 잘못된 행동이다.
- 대부분의 고객은 제품에 대해 전면적이고 깊이 있으며 장기적인 계산을 할 수 없다.

'고객은 바보다'라는 말이 있다. 일설에 의하면 스티브 잡스가 말했다는데 잘못된 소문이다. 그리고 이 말은 사실 천박한 견해다. 고객이 바보라면 이미 질이 한참이나 떨어진 제품에 마음을 빼앗겼을 것이다. 실제로 시장에는 품질이 떨어지는 제품이 엄청 많으니 말이다.

하지만 나는 이런 견해에 일면 동의한다. 사람이 천성적으로 지닌 약점을 충족시키는 제품들은 고객들에게 열렬한 환호를 받기 때문이다. 가령 당신이 고객을 좀 더 게으르게 만들 수 있다면 고객들은 당신을 더더욱 아끼게 될 것이다.

애플의 아이팟(iPod) 초기 모델은 5기가바이트라는 어머어마한 용량을 자랑하는 제품인데도 고객의 선곡에 제한을 두었다. 그러고는 마치 '소 잃고 외양간 고치는' 격으로 다음 조건을 만족시켰다고 분석했을 것이다.

- 사람들 욕심은 끝이 없다.
- 사람들은 누구나 어느 정도 호기심을 갖고 있다(따로 조작할 필요 없는 랜덤을 선호한다).

고객을 제대로 이해하는 방법론과 관련해서 나는 스탠퍼드대학 니르 이얄(Nir Eyal) 교수의 책 『훅: 습관을 만드는 신상품 개발 모델(Hooked: How to Build Habit-forming Products)』을 추천한다.

개발한 제품의 문제점을 어떻게 확인할 수 있을까?

누구나 자신이 개발한 제품이 막강한 흡인력을 갖기를 원한다. 굳세게 땅을 뚫고 올라오는 씨앗처럼 말이다. 땅 위에 큰 돌이 막고 있어도 강하고 끈질기게 자라서 하늘까지 솟아오르는 큰 나무처럼 되기를 바란다.

하지만 현실은 전혀 다르다. 직접 씨앗을 심었는데 씨앗이 아닌 경우도 많다. 설령 진짜 씨앗이더라도 씨앗에 물을 주고 애지중지 보살피며 성장하기를 기다려야 한다. 페이스북의 경우 이미 아이디어와 제품 면에서 대단하다는 검증이 이루어졌다. 그런데도 전문적인 '성장 팀'을 꾸려 세부 작업을 끊임없이 해야 한다. 지금껏 성장은 한 번도 자동적으로 진행된 적이 없고 자연적으로 이뤄지지도 않았다. 다시 말해 아주 힘겨운 작업을 해내야 하고 신속하게 완수해내야 한다.

스타트업 기업의 입장에서 성장은 유일한 생존 통로다. 중소기업이나 소규모 팀은 더더욱 그렇다. 모든 일을 자력으로 해내야 한다. 이와 관련해 소프트웨어 플랫폼을 기반으로 한 가정용 청소 서비스 기업이자 현재는 파산한 홈조이의 공동 창업자인 아도라 청은 쓸쓸한 말을 남겼다. "우리는 대기업이 아니다. 그 흔한 성장 팀도 없다. 그래서 모든 일을 스스로 책임지고 해결해야 했다." 맞다. 회사가 작을수록 스스로의 힘으로 성장해야 한다.

앨릭스 슐츠◆ 페이스북 부사장은 스타트업을 갓 시작한 회사에는 전문적인 성장 팀이 필요 없다고 한다. 회사의 모든 구성원이 회사의 성장을 책임져야 하기 때문이다. 또한 자신이 개발한 상품이 괜찮은지 알고 싶다면 가장 핵심적으로 살펴봐야 할 것은 딱 하나라고 한다. 바로 제품 '리텐션(Retention, 고객 유지)'이다.

리텐션은 분명 중요하다. 하지만 본질적인 관점에서 보자면 먼저 좋은 제품이 있어야 리텐션을 거론할 수 있다. 우수한 제품이라고 해서 자동적으로 리텐션율이 높은 것은 아니다. 실례로 페이스북은 우수한 제

◆ 앨릭스 슐츠(Alex Schultz): 페이스북 부사장.

품이었고 노력을 통해 리텐션율을 높였다. 아무리 페이스북이라고 해도 우수한 제품이 아니었다면 리텐션율이 높을 리 없었을 것이다. 성장 팀을 만들어 전문적으로 상황을 관찰할 필요도 없었을 것이다. 반대로 만일 리텐션율이 높지 않다면 제품에 문제가 있다는 반증이다.

이는 전례가 없는 '신선한' 논리가 아니다. 리텐션, 즉 고객 유지는 고객의 기대를 만족시키는 것보다 훨씬 중요하다. 왜냐하면 남아 있는 고객이 제품의 지지자로 변할 것이기 때문이다. 다시 말해 제품에 만족하는 데서 그치지 않고 제품에 대한 강렬한 지지자가 되어 엄청난 파급력을 발휘하게 된다는 것이다.

이런 점에서 앨릭스 슐츠는 다음과 같은 자문을 수시로 해야 한다고 조언한다.

"어느 순간에 신기한 느낌을 강하게 받는가?"

페이스북 고객이라면 페이스북에서 자신의 친구를 만났을 때 신기한 느낌이 들 것이다. 전 세계 숙박 공유 사이트인 에어비앤비의 고객이라면 원하는 집에 들어서는 순간일 것이다.

수많은 제품에는 단순하면서도 딱히 뭐라고 답을 내리기 힘든 문제점이 있다. 대다수 사람들의 생각은 평범하기 그지없기 때문에 아이디어라고 떡하니 내놓을 만한 것이 없다. 한편 사업가라고 해도 자기가 개발한 제품이 지극히 평범하고 심지어는 따분하고 답답하게 느껴지는 경우가 부지기수다.

하지만 단순하면서도 딱히 답을 내리기 힘든 문제점이 창업가의 길을 걷는 사람에게는 금광을 캐는 삽이 될 수 있다. 최소한 그런 문제점을 통해 자신의 제품이 아직 부족하다는 것을 알 수 있다. 또한 끊임없이 고민하고 문제점을 파고들어 제품을 점차 훌륭하게 변화시킬 수 있다. 물론 만약이기는 하지만 말이다.

단순하면서도 딱히 답을 내리기 힘든 문제점이 있는 제품들과 마찬가지로 평범한 제품도 고객에게 신기한 느낌을 주지 못한다. 따라서 고객의 기대치를 넘어설 수 없다.

그런 상황에서 다음 두 가지 특징이 드러난다면 그 제품에는 분명 문제가 있다.

- 리텐션율이 낮다.
- 성장이 더디다.

이 두 가지 특징은 투자자들이 가장 주목하는 부분이기도 하다. 못난 제품이 도리어 투자자의 시선을 끄는 경우를 자주 목격한다. 아마도 겉으로는 보잘것없어 보여도 그 속에 엄청난 무언가가 있기 때문일 것이다. 리텐션율을 높이고 성장을 무섭게 견인하고 더 나아가 데이터 도표에 가파른 상승 곡선을 그릴 그 무엇 말이다.

그렇다면 어떻게 영혼이 있는 제품을 만들 수 있을까? 다음 내용에서 바로 확인할 수 있다.

영혼이 있는 제품을 개발하라

우푸의 창업가 케빈 헤일은 와이 콤비네이터의 제2기 학생이었다. 그는 와이 콤비네이터에서 11만 8,000달러를 지원받아 우푸(www.wufoo. com)라는 웹 기반 문서 작성 프로그램을 개발했다. 그 뒤 2013년에는 설문 조사 툴 및 플랫폼을 제공하는 서베이몽키(Survey Monkey)에 우푸를 3,500만 달러에 매각했다. 투자 수익률이 무려 29,661퍼센트로 300배에 육박한다.

2011년 당시, 인터넷에 온라인 문서 작성을 모토로 한 사이트가 내거 등장했다. 왜 그런 상황이 벌어졌는지는 지금도 잘 모르겠다. 그래서 나는 중국에 설립된 설문 조사 사이트인 원쥐안싱(问卷星)을 인터넷에서 검색해봤다. 웹 자료 저장 사이트인 인터넷 아카이브(archive.org)에서 원쥐안싱의 역사를 살펴볼 수 있었다. 그 과정에서 중국의 설문 조사 사이트가 우푸보다 훨씬 이른 시기에 창립됐다는 점을 발견했다. 원쥐안싱과 우푸의 창업 모토는 거의 비슷하지만 결과는 천지 차이이다. 그런 결과를 초래한 이유는 제품의 문제에만 있는 것이 아니었다. 제품이 지닌 영혼의 문제였다.

소위 총기가 넘치는 사람들이 있다. 사람마다 특징이 다른데 그 차이는 어릴 때부터 존재하는 것도 같다. 놀기 좋아하는 사람의 경우, 좀 과장해서 말하면 재미있고 깜찍한 아이디어를 어떻게 매일매일 생각해 내는지 모르겠다. 내가 아는 한 친구는 자기 집에 있는 흔하디흔한 물건 하나하나에 이름을 붙이기까지 했다. 그런 사람이 만든 제품은 큰 사랑을 받는다. 게다가 사람들의 마음을 사로잡는다. 어디에 갖다 놓아도 사람들의 사랑을 받는다.

나는 한때 재미있고 깜찍한 아이디어가 샘솟는 것을 천부적인 능력이라고 생각했는데, 습관일 수도 있다는 점을 발견했다. 왜냐하면 나도 천성적으로는 그런 유형의 사람이 아니기 때문이다. 만일 그런 천성을 조금이라도 가졌다면 분명히 후천적으로 단련시킬 수 있다. 방법은 무척 간단하다. 자주 시간을 내서 단순한 과제를 한 가지 놓고 갈고닦는 것이다.

그 과제를 대부분의 사람은 재미없다고 느끼고, 그것에 매달리는 것이 멍청이 같아 보여도 쉼 없이 질문을 던지며 고민한다면 나중에 사람들이 놀랄 만한 큰일을 벌이게 된다. 이와 관련된 사례들이 있기는 하지만 대부분은 '조용히' 진행됐기 때문에 거론하기가 무척 애매하다. 그래도 오래도록 공개된 사례가 하나 있다. 바로 뉴원(knewone.com)이다. 뉴원은 품질 좋은 제품과 사용 후기를 공유하는 중국의 온라인 커뮤니티다.

고객이 사랑하는 제품에는 모두 아는 일반적 논리 외에 특별히 핵심적인 요소가 하나 있다. 제품의 창조자로서 '사람들이 좋아하는 사람'과 '재미있는 사람'이 돼야 한다는 점이다. 더 수준 높게 말하면 '영혼이 있는 사람이 되어 영혼이 있는 제품의 창조자가 돼야 한다'는 것이다.

불신보다 무지가 낫다

진짜 유용한 이치는 단순하면서 소박하다. 오직 소수의 사람만이 그 이치를 진심으로 믿는다. 반면 대부분의 사람은 뼛속 깊이 불신을 안고 있다.

이런 현상을 두고 투자자 앨프리드 린은 간디의 말을 인용했다. "믿음은 생각을 결정하고, 생각은 말을 결정하고, 말은 행동을 결정하고, 행동은 습관을 결정하고, 습관은 가치관을 결정하고, 가치관은 운명을 결정한다."

그럼 시선을 기업으로 돌려보자. 기업에 문화가 필요할까?

나는 당연히 있어야 한다는 입장이다. 이유는 간단하다. 일반적으로 존재는 영혼이 있어야 비로소 의미를 갖기 때문이다. 많은 기업이 내부에 문화가 있는 척 위선을 부리곤 하는데 그런 문화는 가짜다. 그런 기업에는 신뢰를 갖고 일하는 사람이 아무도 없다. 가짜 문화는 없는 것보다 더 끔찍하다.

자포스◆의 기업 문화는 소박하고 단순하다.

'당신의 고객이 비명을 지르게 하라.'

소박하고 단순한 이치일수록 관철하기가 어렵다.

고객에게 최고의 서비스를 제공하는 것으로는 부족하다는 관점을 뼛속 깊이 새기고 어떻게 해야 극치를 이룰 수 있는지 매 순간 생각해야 한다. 세상에 완벽한 제품은 없다. 하지만 온종일 그것만 생각하고 온종일 발전하려는 사람이 만든 제품은 좀 더 완벽해질 수 있다. 아직 완벽하지는 않더라도 다른 사람들은 감히 능가할 수 없는 수준에는 도달하게 된다.

기업의 팀 문화는 각양각색인데 한 가지 일치하는 점이 있다. 팀 규모와 상관없이 우수한 팀은 하나같이 원칙을 철저히 지킨다. 자신이 속한 팀 문화를 이해하고 신뢰하며 목숨 걸고 지킨다. 마치 원래 그래왔던 것처럼 아주 자연스럽게. 이는 매우 중요한 지점이다.

나는 내가 이끌었던 모든 팀에서 '부단히 학습하는 문화'를 주창해왔다. 나는 발전 없는 사람을 혐오한다. 제자리걸음만 하는 사람을 경멸한

◆ 자포스(Zappos): 미국 최대 온라인 신발 쇼핑몰.

다. 나는 호기심이 없는 사람을 싫어한다. 새로운 사물을 접하려 하지 않는 사람을 미워한다. 나는 자기 조절력이 부족한 사람이 못마땅하고 체면 때문에 억지 부리는 사람을 기피한다. 그런 사람에게는 앞날이 없다. 그런 사람에게 내 삶과 일을 망치는 기회를 줄 수는 없는 노릇이다. 이런 이유로 한때는 많은 사람이 나와 함께 있으면 스트레스를 받는다고도 했다. 심지어는 '집단 사직'이라는 돌발 상황이 벌어지기도 했다. 시간이 흐르면서 점차 깨달았다. 당시 내가 훌륭한 리더가 아니었기 때문에 주위 사람을 제대로 이끌지 못했다는 점을 말이다. 그래서 팀 구성원 모두가 우수한 사람은 아니었던 것이다. 시간이 흐르면서 내 주위에 우수한 사람이 많아졌고, 그럴수록 학습을 독려할 필요가 없어지는 장점이 생겼다. 다들 목숨 걸고 발전하려고 했기 때문이다.

조금 사소한 원칙도 정해놓을 필요는 있다. 나는 문제점에 대해 토론할 때 현상을 가지고 논하지 않고 앉아서 다른 사람의 의도를 곰곰이 따지는 사람을 싫어한다. 그런 사람은 스타트업에 적합하지 않다. 공무원이라면 모를까. 팀원에게서 이런 특징이 발견되면 경고도 필요 없다. 즉시 해고하면 된다.

만일 당신이 진정으로 신뢰하는 원칙이 있다면 그 원칙을 법으로 간주하고 다른 '법률이나 법규'와 충돌하지 않도록 해야 한다. 절대 '물이 너무 맑으면 고기가 없다'는 식의 두루뭉술하고 원칙 없는 이론을 내세워 경계를 모호하게 해서는 안 된다. 두루뭉술하고 원칙 없는 부분들은 상호작용을 일으켜 결국 혼란을 가중하기 때문이다.

누구에게 마케팅이 필요할까?

다음 내용은 특허 논쟁을 부르기 쉽기 때문에 신중을 기할 필요가 있다. 누군가 브라이언 체스키◆에게 물었다.

"에어비앤비◆◆는 마케팅 기업인가요, 기술 기업인가요?"

브라이언이 대답했다.

"우리는 기술 기업입니다. 또 지불 결제 기업이기도 하죠. 따라서 우리는 안전과 신뢰 문제에 대응할 수 있어야 합니다. 어쨌든 마케팅 기업이 아닌 것은 분명합니다."

브라이언은 기술 기업은 상관없지만 마케팅 기업이라는 타이틀은 꽤 치욕스러워하는 것 같다.

도대체 마케팅이 어떻다는 것일까?

와이 콤비네이터 강의는 '강력한 방법론'을 담고 있다. 전체 강의를 이끄는 방법론은 이미 반복적으로 강조한 바 있다.

- 스타트업에서 가장 중요한 세 가지: 제품, 제품, 제품
- 팀 성장에서 가장 중요한 세 가지: 문화, 문화, 문화
- 회사 운영에서 가장 중요한 세 가지: 직접 행동, 직접 행동, 직접 행동
- 스타트업 성공에서 가장 중요한 세 가지: 독점, 독점, 독점
- 스타트업에서 가장 중요하지 않은 세 가지: 마케팅, 마케팅, 마케팅

◆ 브라이언 체스키(Brian Chesky): 전 세계 숙박 공유 사이트 에어비앤비의 공동 창업자 겸 CEO. 리스크 관리자와 전략가를 지낸 바 있다.

◆◆ 에어비앤비(AirBNB): '침대를 빌려주고 아침밥을 함께한다(Air Bed and Breakfast)'의 줄임 말. 여행자에게 빈방을 제공하는 서비스 사이트. 고객은 사이트에서 빈방 정보를 검색하고 예약할 수 있다.

그중 독점과 관련해 '당신은 이미 독점하기 시작했는가'라는 질문에 브라이언은 대답을 회피했다. 하지만 에어비앤비가 최고가에 달하는 투자를 몇 차례 유치했음을 아는 사람은 다 안다. 앞에 언급한 것에 근접하는 방법론을 선호하는 투자자들은 독점 가능성과 그 근거가 보이지 않으면 절대로 달려들지 않는다.

마지막 강의에서 샘은 시장과 마케팅은 부차적이고 반드시 먼저 관심을 기울여야 하는 부분은 단연 제품이라고 말했다. 위대한 제품이 있은 뒤에야 위대한 결과가 뒤따를 수 있다는 것이다.

그렇다면 누구에게 마케팅이 필요할까? 바로 경쟁에 참여하는 기업들이다.

그런데 과연 마케팅은 필요할까? 경쟁 과정에서 순전히 마케팅에만 의존해서는 안 된다. 마케팅에 과도하게 의존하는 것은 역설적으로 독점적 지위에 있지 않다는 반증이 될 수 있다.

이런 방법론 체계에서 마케팅 기업이 되는 것은 전혀 매력적이지 않다. 미국에서 음식 배달 서비스를 제공하는 스타트업 회사인 도어대시(DoorDash)의 창업가 스탠리 탕(Stanley Tang) 역시 '마케팅 대가'라는 타이틀에서 벗어난 뒤로는 더 이상 마케팅을 언급하지 않았다. 그리고 폴 그레이엄의 방법론을 이어받기로 굳게 결심하고 다만 '규모가 안 나오는 일들을 해라(Do things that don't scale)'라는 말만 했을 뿐이다. 면밀히 생각해보면 이런 방법론의 목표는 처음부터 독점, 독점, 또 독점이다. 작은 독점에서 시작해 서서히 확장해서 거대한 독점을 이루는 것이다. 가장 잔인한 점은 여러 가지 시장화(비행정화)된 수단을 이용해 장기적으로 독점하는 것이다. 이것이야말로 소수의 사람만이 갈 수 있는 길이다.

감각적인 제품을 만들어라

모바일 결제 스타트업 기업 스퀘어(Square)의 전 COO인 키스 라보이스 (Keith Rabois)는 이렇게 말했다.

"감각적인 제품을 만들어야 한다."

나는 감각적인 제품을 좋아한다. 이는 뉴원을 창업할 때 배우고 또 발전시킨 습관이다. 지금의 개발자들은 여러 가지 도구를 이용해 자신이 개발한 제품을 모니터링한다. 고객들이 그 제품을 조회하고 살펴보는 모든 상황을 실시간으로 파악하는 것이다.

한번은 어떤 팀과 그들의 제품에 관해 이야기 나눌 기회가 있었다. 그때 내가 제일 보고 싶었던 것은 그들이 데이터를 분석하는 방법이었다. 만일 그들이 데이터조차 보여주지 않았다면 대화를 나눌 필요가 없었을 것이다. 어떤 팀의 데이터 분석 방법은 바로 내가 '분산 데이터베이스 (Distributed Database)'를 만든 가장 근본적인 근거가 됐다.

나 같은 문외한이 봐도 이상할 정도로, 꽤 많은 팀이 전혀 감각적이지 않은 제품을 고수하고 있었다. 그들은 장님만도 못했다. 그들의 제품은 완전히 목석같았다. 소수의 팀만이 자신들의 제품에 모니터링 인덱스 (Monitoring Index)를 설정해놓았다. 하지만 단세포동물처럼 어설프고 조잡하기 그지없었다. 극소수의 팀만이 아주 오랜 시간을 투자하고 엄청난 인내심을 들여 제품에 각양각색의 감각적 기능을 부여해간다. 그런 뒤 다시금 고차원적이면서도 아주 간단한 방식을 이용해 제품의 감각적 기능을 분석하고 처리하고 대응한다. 이것이야말로 생명력 있는 제품이다. 그러나 아직 충분하지 않다. 생명이 부여되었다면 영혼도 있어야 한다. 그렇지 않으면 한 분야에서 최고로 군림할 수 없다.

어떻게 해야 제품에 영혼을 불어넣을 수 있을까? 키스 라보이스는 이 문제에 대답을 내놓았다. 그는 미식축구 감독인 빌 왈시(Bill Walsh)의 저서 『스코어는 스스로를 책임진다: 나의 지도 철학(The Score Takes Care of Itself: My Philosophy of Leadership)』에서 한 단락을 인용했다.

> 만일 당신이 어느 날부터 갑자기 매일 새벽 세 시에 일어나 녹음 내용을 기록하기 시작했다고 생각해보자. 당신의 위장은 뒤틀릴 것이다. 불면증에 시달릴 것이고 유머 감각도 사라질 것이다. 어떤 일에 실수를 저지르지는 않을까 노심초사하게 될 것이다. 하지만 그런 과정을 겪은 뒤 당신은 어느 순간 정상 궤도를 밟게 될 것이다.

어떤 제품 매니저는 자신의 제품에 여러 가지 감각을 부여한 뒤 그 감각을 자기의 감각으로 간주했다. 그렇게 자신의 시간과 에너지를 고스란히 사용해 그 감각을 처리했다. 혼신을 다하는 제품 매니저가 만들어낸 제품은 영혼을 갖게 된다. 허튼소리가 아니다. 이는 내가 본 적 있는 베테랑 제품 매니저가 가장 일반적으로 하는 행동 습관이다.

표면을 꿰뚫어 본질을 파악하라

사용자 설문 조사(User Survey) 방법과 관련해 에멋 시어◆는 고객이 진심

◆ 에멋 시어(Emmett Shear): 게임 전용 인터넷 개인 방송 서비스 트위치(Twitch) 공동 창업자 겸 CEO.

으로 필요로 하는 제품을 만들려면 고객의 피드백을 제품 개발의 동력으로 삼아야 한다고 말한다.

폴 그레이엄이 말한 "당신의 고객을 제대로 알라"라는 관점과 일맥상통하는 말이다.

에멋 시어는 제품을 만드는 첫걸음으로 '고객이 요구하는 제품을 내가 직접 만드는 것이 가장 좋다'고 생각했다. 성공한 대부분의 제품 매니저와 같은 관점이다. 그렇게 하면 처음부터 최소한 한 사람의 진실한 고객은 확보할 수 있다.

하지만 제품을 만든 '나'는 그저 한 사람일 뿐이기 때문에 부족하다. 그래서 모든 방법을 동원해 더 많은 고객과 교류해야 한다. 관건은 '더욱 많은 핵심적 사용자들과 교류해야 한다'는 것이다.

사실 이건 고급 테크닉이라고 할 만한 것이 아니다. 모든 생각의 질은 표면을 꿰뚫어 본질을 파악할 때 향상된다.

에멋 시어에 따르면 트위치라는 환경에서 핵심적 사용자는 생중계자들이라고 한다. 자기들이 게임하는 것을 다른 사람에게 보여주는 것이다. 게임을 하는 고객들은 게임을 하지 않고 보기만 하는 사람들에 비해 트위치 입장에서 훨씬 중요하다.

에멋 시어는 사용자에게 '테크닉'과 관련해 하는 질문은 다른 일반적 질문과 같다고 보는 입장이다. '단도직입적인 질문 방식'을 취해서는 안 된다는 것이 한 가지 예다.

다시 말해 문제를 해결하고 탐색하는 데 있어 절대로 표면에 치우쳐서는 안 된다. 중국 로큰롤의 아버지이자 작곡가인 추이젠(崔健)의 노래 '한 자루의 칼(像一把刀子)'에 이런 가사가 나온다.

그때 내 마음은 한 자루의 칼 같았네. 내 마음은 당신의 입을 거쳐 당신의 마음 깊은 곳에 입맞춤하려 했지.

문제를 해결할 때 우리는 이런 태도를 취하려고 한다. 종종 문제의 목구멍을 거쳐 문제의 깊숙한 곳을 탐색해야 비로소 답을 찾을 수 있는 것이다. 마치 칼처럼 말이다.

나는 추이젠의 이 비유가 참 좋다. 절대다수의 사람들은 분명 칼 한 자루가 아니다. 예리한 칼도 절대 아니다. 다만 소수의 사람만이 예리한 안목을 지닌 듯 순간적으로 문제의 본질을 파악할 수 있다. 이는 오랜 시간 훈련해야 얻을 수 있고 매끄럽게 다듬을 수 있는 능력이다.

말하자면 우회하고 에두르는 표현은 사용자 설문 조사를 잘하는 핵심이다.

이 점을 심리학 도서를 자주 읽는 사람들은 더 잘 이해할 수 있을 것이다. 진실하고 가치 있는 피드백을 얻기 위해 심리학자들은 갖은 공을 들여 설문 문항을 설계한다. 최근 아주 흥미로운 예가 등장했다. 저명한 감정심리학자인 아서 아론(Arthur Aron)이 『뉴욕타임스』에 게재한 논문인 「누군가와 사랑에 빠지려면 이렇게 하세요(To Fall in Love with Anyone, Do This)」가 그것인데 아서 아론은 그 글에 서른여섯 가지 질문을 제시했다. 조건이 거의 비슷한 두 사람은 설령 낯선 사람들이었어도 모든 질문에 진지하게 함께 대답한 뒤 4분 동안 서로 응시하고 나면 다들 사랑에 빠졌다. 이 서른여섯 가지 질문을 상세히 읽고 다시 그 의미를 생각해본다면 질문이 얼마나 정교한지 분명 잘 알 수 있을 것이다. 한편 자신의 행동에 대해 새롭게 정의 내리는 것도 어떤 의미에서는 표면을 꿰뚫어 본질을 파악하는 한 과정일 수 있다.

마케팅은 반드시 직접 해야 할까?

종합적으로 봤을 때 와이 콤비네이터 스타트업 상의에서는 좋은 제품을 만들기 전에는 마케팅 분야를 고려해보는 것을 권장하지 않는다. 심지어 마케팅은 스타트업에서 제일 중요하지 않은 분야라고 반복해서 타이른다. 하지만 최종 평가에서는 마케팅을 중점적으로 이야기한다.

모순이 있는 것 같지만 사실은 전혀 그렇지 않다. 와이 콤비네이터의 창업 강의는 강력한 방법론 과정이지, 직업훈련 강의가 아니다. '구체적 상황에 걸맞은 구체적 분석'이라는 원칙을 일관되게 견지하는 것이다.

제품을 잘 만들고 또 그 제품을 더욱 훌륭하게 발전시켜서 가장 필요로 하고 가장 사랑받는 제품으로 가꾸는 것이 가장 본질적이고 가장 강력한 마케팅이다. 또한 당신의 고객을 제대로 아는 것이 가장 강력한 마케팅 수단이다. 나는 내심 이런 기본적 방법론을 지지하는 입장이다.

다음은 내가 2007년 쓴 「마케팅의 경지」라는 글이다.

대학을 졸업한 뒤 내 첫 번째 직업은 마케팅 관련 일이었다. 마케팅은 아주 신기한 일이다. 창조하지 않으면서 가치를 얻을 수 있다. 그래서 아주 빨리 이 일에 빠져든다. 무슨 제품이든 상관없이 판매하고 돈으로 교환한다. 그런 뒤 더 많은 제품을 사서 또 파는 것이다. 다른 마케팅 동료들도 당신 것과 같은 제품을 사지만 당신은 그들보다 훨씬 더 많이 팔아치운다고 치자. 왜 그럴까? 고객이 당신은 믿지만 다른 사람은 믿지 않기 때문이다. 아니면 당신을 훨씬 더 믿거나. 뛰어난 말재주가 매우 중요할 때도 있지만 전혀 소용없을 때도 있다. 처세술이 훨씬 많은 이윤을 가져올 수도 있고 당신이 가까스로 획득한 믿음을 순식간에 물거품으로 만들어버릴 수도 있다. 결국 어느 날 나는 깨달았다. 내가 다른 사람보다 더 비싸게 파는데도 더 많이 팔 수 있었던 것은 내가 꿈을 마케팅하기 때문이라는 사실을 말이다. 사람들이 제품을 구매하는 것은 제품을 통해 자신의 바람을 만족시키기 위해서다. 사람들이 품고 있는 바람은 사실 그들이 갖고 있는 꿈의 한 부분이 구체적으로 드러난 것이다. 그래서 나는 하루 종일 사람들이 품고 있는 꿈이 무엇인지 고민했다. 만일 개인의 꿈이 무엇인지 알면 결국 그들을 만족시킬 제품이나 제품의 어떤 기능을 만들어 낼 수 있기 때문이다. 이윽고 내 제품은 불티나게 팔렸다. 다른 동료들이 내 뒷모습을 바라보기만 해도 한숨을 짓고 부끄러워할 정도로 말이다.

그런데 갑자기 어느 날부터 나는 더 이상 비싸게 팔고 많이 판다는 사실에 어깨가 으쓱해지지 않게 됐다. 나는 그 일에 염증을 느끼고 말았다. 사람을 마주하면서 그 사람이 풀어내는 말 사이에 숨은 정보를 듣고, 그가 이루고 싶어 하는 욕망을 판단한 뒤 여러 방법을 동원해 그에게 돈을 들여 내 제품을 사야 하는 이유를 설명하는 과정 말이다. 혹은 돈을 들여 내 제품을 사야 할 이유를 느끼도록 하는 과정 말이다. 나는 그게 싫어졌다. 점점 더 싫어졌다. 마치 체격이 건장한 사람이 연약한 사람을 능욕하는 것 같은 느낌을 문득 받았기 때문이다. 물론 스스로 위로할 수는 있었다. 내가 판매하는 제품들은 분명 훌륭했으니 말이다. 그것은 틀림없는 사실이다. 하지만 그렇다손 치더라도 나의 이런 능력이 시시하게 느껴졌다.

게다가 내가 조심하지 않으면 나도 모르게 남용할 수도 있었다. 그뿐 아니라 내 마케팅 능력은 실력을 급속히 신장시키고자 하는 내 의지를 깡그리 무시했다. 처음에 나는 그저 어떤 한 고객을 앞에 두고 마케팅을 했을 뿐이다. 그런 뒤에는 좀 더 많은 사람을 대상으로 마케팅 활동을 벌였다. 또 그 뒤로는 나처럼 마케팅할 수 있는 사람을 양성하고 복제해 냈다. 그들은 더 많은 사람에게 제품을 판매했다.

나는 마케팅 분야에서 퇴직했다. 물론 더 중요한 이유가 있었다. 아버지가 중병에 걸려서다. 시간이 흐른 뒤 나는 민간 기업에 취직해 강사 생활을 했다. 그 6년 동안 나는 더 이상 내 마케팅 능력을 빌려 돈을 벌지 않았다. 최소한 직접적으로 마케팅을 해서 돈을 벌지는 않았다. 내 수업은 영어 시험을 겨냥한 것으로, 과목은 독해와 작문이었다. 하지만 결국에 나는 꿈을 마케팅하고 있다는 점을 발견했다. 학생들은 유학을 가고 싶어 했고 남보다 뛰어나고 싶어 했다. 나는 영어만 강의하고 작문만 강의하고 싶었지만 그들은 그걸 허용하지 않았다. 그들은 낮은 점수로 내게 벌줄 수 있었다. 어쨌든 나를 압박해 꿈을 마케팅하도록 할 수는 있을 터였다. 물론 그렇게 행동할 학생이 있을까 싶기는 하다. 어쨌든 나는 이를 악물고 스스로에게 말했다. "좋아. 너희들을 만족시켜주지!" 그렇다면 누가 내게 돈을 필요로 하도록 만들었을까? 그것은 아니다. 방금 말했던 것처럼 나는 직접적으로 돈을 받을 필요가 없는 그 일로 인해 다소나마 마음의 평안을 얻었다. 그리고 나는 그 일 속에서 몸부림을 치게 됐다. 주로 지식을 파는 일인데 최고의 학생 평가를 얻기 위해(사실은 나 자신을 보호하기 위해서다) 적당한 선에서 꿈을 팔았다. 그래도 '사람은 누구나 성공할 수 있다'는 식의 말도 안 되는 소리는 절대 하지 않았다. 다만 '섣불리 포기해서는 안 된다'는 말은 경우에 따라서는 일리 있게 받아들여졌다.

나는 또 퇴직했다. 하지만 뭔가를 하기는 해야 했다. 어느 날 잡스가 아이폰을 소개하는 강연을 보고 나는 큰 충격을 받았다. 그는 바지 주머니에서 아이폰을 꺼내 왼손에 든 뒤 천천히 팔을 뻗었다. 손바닥에 있던 아이폰을 관중에게 보여주고는 침묵했다. 정교한 디자인에 관중은 우레와 같은 박수를 보냈다. 박수 소리가 잠잠해지자 잡스는 또 다른 제스처를 취했다. 손바닥에 수직 방향으로 놓여 있던 아이폰을 수평으로 놓았다. 관중은 아이폰의 아름다운 액정 화면이 자동으로 90도 회전하는 장면을 봤다. 또 한 차례 박수가 울려 퍼졌다. 잡스는 여전히 아무 말도 없었다. 박수가 그치자 그는 오른손 손가락 두 개를 펴서 아이폰의 액정에 댔다. 손가락을 좁히자 화면이 축소됐다. 휘파람과 박수 소리가 끊이지 않았다. 그가 손가락을 벌리자 화면이 확대됐다. 관중은 흥분에 휩싸였다. 아주 오랫동안 천둥과 같은 박수가 울려 퍼졌다.

여러 해 동안 나는 머릿속에만 맴돌 뿐 뭐라 표현하기 힘든 것을 생각해왔다. 이제 나는 그 생각의 실체를 확실히 설명할 수 있게 됐다. '탁월한 마케팅'이 그것이다. 잡스는 탁월한 마케팅을 해냈다. 그가 해낸 일은 여느 마케터가 해낸 것과는 확연히 차이가 났다. 대부분의 마케터가 한 일은 이랬다. 제품을 사들인 뒤 조금 더 높은 가격으로 판매하는 것이다. 물론 훌륭한 마케터도 더러 있다. 그들이 한 일은 다른 사람들보다 더 많이 팔고 더 비싸게 파는 것이다. 하지만 탁월한 마케터는 다르다. 다른 사람을 '설득'하는 데 시간 낭비를 전혀 하지 않는다. 수요를 찾고, 만들어 내는 데 시간과 에너지를 사용한다. 진정한 수요 말이다. 그런 뒤 모든 사람이 원하고 좋아하는 제품이나 서비스를 만든다. 그 후에는 한 가지 일만

하면 된다. 내보이는 것이다.

'충분히 공부하라.'

이는 내가 읽은 영문 가운데 가장 유용한 구절이다. 이치는 모두 같다. 주식을 사기 전에 충분히 공부하라. 매입한 뒤에는 상관하지 않아도 된다. 글을 쓰기 전에 충분히 공부하라. 제대로 생각한 뒤에 그대로 쓰면 된다. 마케팅을 하기 전에 충분히 공부하라. 유용한 제품이나 서비스를 제대로 찾으면 그저 내보이면 된다.

타일러 보스메니◆의 논리도 이와 거의 비슷하다.

최대한 노력을 기울여 고객의 요구를 발견해야 한다. 고객의 문제를 깊이 이해하려는 노력이 위대한 마케팅의 비결이다.

당신이 훌륭한 제품을 만들더라도 연단에서 제품을 내보인 잡스에게 처럼 모든 사람이 열광하는 건 아니다. 어쩌면 당신은 원점으로 되돌아가 갖은 방법을 강구해 사람들을 설득해야 할지도 모른다.

쉽지 않은 일이다. 창업가 대부분이 선택하는 해결 방안은 매우 비슷하다. 마케팅 전문가를 찾는 것이다. 이는 가장 전형적인 '문제 회피'다. 가장 힘든 일을 남에게 맡겨 해결함으로써 문제점과 힘겨운 상황을 해소하려는 것은 약한 사람들의 일관된 선택이었다.

◆ 타일러 보스메니(Tyler Bosmeny): 교육 소프트웨어 전문 회사인 클레버(Clever) 공동 창업자 겸 CEO. 단순하고 통일된 응용프로그램 인터페이스(API)를 통해 교육기관이나 고객에게 종합적인 학생 데이터를 제공하는 것이 주된 업무다.

타일러 보스메니의 말은 이렇다.

내가 배운 바에 따르면 진정한 마케터는 창업가 자신이다.

맞다. 창업가인 당신이 하지 않으면 누가 하겠는가? 당신이 할 수 없으면 누가 할 수 있겠는가? 반드시 당신이 해야 하고 당신만이 할 수 있다. 다른 선택지도 없고 어떤 변명도 통하지 않는다.

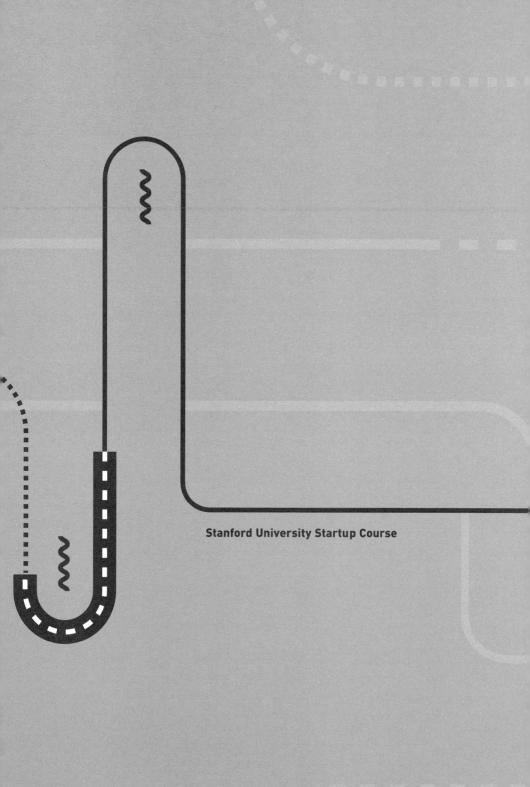

Stanford University Startup Course

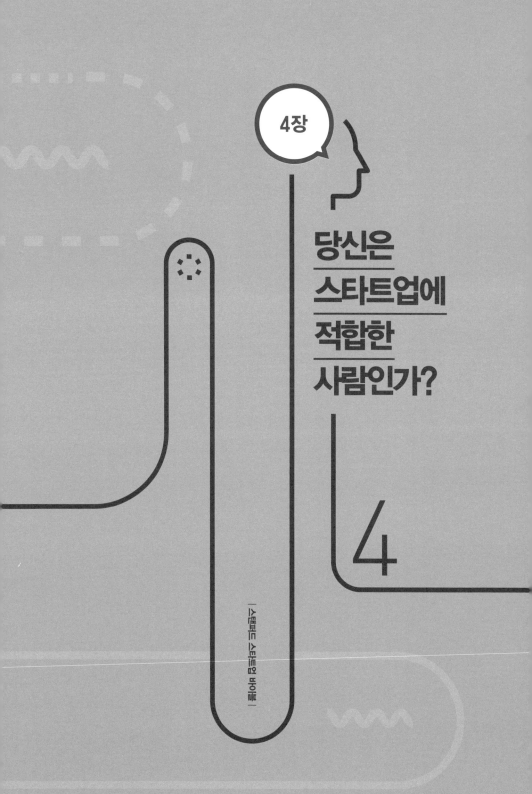

4장

당신은
스타트업에
적합한
사람인가?

4

창업가의
스타트업 유전자

스타트업 자체를 위한 스타트업이 돼서는 안 된다.
스타트업을 할 때는 창업가의 열정을 투자해야 한다. 스타트업이 문제점을
해결할 유일한 경로가 됐을 때 스타트업은 쉽게 성공할 수 있다.

창업가의 세상

같은 세상에 사는 사람이라도 각자 다른 세상에서 사는 것 같다.

부지런함에 대해 말해볼까 한다. 보통 사람들이 보기에 무척 부지런한 사람이 있다고 해보자. 그런데 '부지런한 사람' 일색인 세상이라면 '부지런하다'는 개념이 존재하기나 할까?

나는 부지런한 사람이라고 묘사되곤 했다. 간혹 나조차도 자신을 이렇게 평가했다. '사람들이 그렇게 보면 나는 정말 아주 부지런한 사람이겠지.' 하지만 현실은 어떨까? 사실 그건 부지런한 게 아니었다. '일을 다 끝내지 못한 상태를 못 견디고' 또 '내일 하면 된다는 생각에 반발감이 일고', '차라리 단숨에 끝내버리면 되지' 하는 생각에 휩싸여 있을 뿐이

었다.

집착은 또 어떨까? 남들이 보기에 집착이 아주 심한 사람이 있다. 하지만 '집착하는 사람'만 있는 세상에서 과연 '집착'이라는 낱말이 존재나 할까? 소위 집착이란 대개 현상에 관해 곰곰이 생각해 '다른 선택지가 없다'는 점을 깨닫고는 '이 선택만이 가장 합리적'이라는 결론을 내리고 그것에 집중하는 것이다. 집착이 심하지 않은 사람은 선택지가 너무 많기 때문에 어떤 선택은 포기해도 된다는 생각을 하는 것뿐이다.

사람들 개개인에게는 그들만의 세상이 있다.

다음에 열거된 내용에서 완벽한 '그들만의 세상'을 엿볼 수 있다.

- 그들은 큰 뜻을 품어 깊이 생각하고 멀리 내다본다.
- 그들은 창조를 창조하고 또 창조하며 혁신을 혁신하고 또 혁신한다.
- 그들은 삶을 사랑하고 오로지 더 아름다운 세상을 창조하는 데만 골몰한다.
- 그들은 논리 정연하고 완벽한 방법론이 있으며 끊임없이 자신을 완성해간다.
- 그들은 깊이 생각하는 데 능하고 자기만의 판단 방식이 있다.
- 그들은 데이터와 사실을 중시하고 중요한 지표에 관심을 갖고 모든 방법을 동원해 목표에 도달한다.
- 그들은 비유와 은유를 잘 활용하기 때문에 생동감 넘치는 표현과 생각을 해낸다.

나는 이번 장의 강의 내용을 반복해서 살펴보았다. 반복이 시간 낭비라고 생각하지 않았다. 완벽한 그들의 세상이 더없이 매혹적이기 때문이다. 더 나아가 나처럼 부단히 '다시 살아나는' 사람에게는 몹시 신기하고 흥미진진하게 다가온다. 소위 다시 살아난다는 것은 하나의 세계에서 또 다른 세계로 발을 들여놓는 것이다.

정교하게 비유할 수 있는 사람이 더욱 똑똑하다

와이 콤비네이터 창업 강의의 강연자들은 비유(Analogy)와 은유(Metaphor)를 사용하는 데 꽤 재능이 있다.

폴 그레이엄은 비유와 은유로 사람들에게 깊은 인상을 남겼다. 예를 들면 이렇다. "고객들은 마치 상어와 같다. 상어는 너무 멍청하다. 너무 멍청한 나머지 당신은 상어를 아예 속일 수조차 없다. 상어를 앞에 두고 투우사처럼 붉은 천을 휘둘러보라. 상어는 그것이 먹을 것인지 먹지 못할 것인지의 차이만 감지할 뿐이다."

한편 피터 틸은 이런 말을 했다. "행복한 결혼은 모두 비슷비슷하지만 불행한 결혼에는 저마다의 불행이 있다고 한다. 반면 비즈니스 세계는 그렇지 않다. 나는 모든 행복한 기업에는 저마다 다른 사정이 있다고 생각한다. 기업마다 다른 일을 하고 있기 때문이다. 그런가 하면 모든 쓸모없는 기업들은 오히려 똑같다. 그들은 경쟁이라는 똑같은 난처한 상황에서 벗어나지 못하기 때문이다."

이것은 두 개체를 서로 비교하는 단순한 형식의 역방향 비유다.

케빈 헤일은 새로운 고객을 데이트 상대에 비유했고 오래된 고객을 결혼 상대자에 비유했다.

마크 앤드리슨은 유한한 투자 능력을 구멍을 몇 개밖에 찍지 못하는 카드에 비유했다.

키스 라보이스는 가히 어마어마하게 많은 비유와 은유를 사용했다. 예를 들면 이렇다. "기업 하나를 세우는 것은 엔진 하나를 만드는 것과 같다. 기본 설계도를 그려야 하고 그런 다음에는 모델링을 시작한다. 모델링한 모형은 겉보기에 매우 아름답지만 그것을 현실화할 때는 보완과 수정 단계에 이르러서야 비로소 전체적으로 일체감을 유지할 수 있다."

또한 키스 라보이스는 '편집(Editing)'이라는 은유를 사용해 경영을 묘사했다. "내가 스퀘어라는 회사에서 배운 가장 중요한 개념이 바로 편집(경영)이다. 편집(경영)은 '자신의 일에 대해 어떻게 사고하는가'와 관련해 내가 14년 동안 경영 커리어를 쌓는 과정에서 접한 가장 훌륭한 비유다.

비유의 사고 과정은 대략 다음과 같다. 가령 X=A라고 하자.

1. 상대방에게 미지의 X를 정확히 해석해주기 위해
2. X와 유사하면서도 상대방이 분명히 알고 있는 A를 찾는다.
3. A를 정확히 해석하면
4. X는 굳이 설명하지 않아도 알 수 있게 된다.

이처럼 비유적 사고는 알고 있는 내용과 모르는 내용 사이의 격차를 뛰어넘는 유일한 수단이다. 초등학교 선생님들은 이런 식으로 설명하곤 한다. "지구의 구조는 삶아서 익힌 달걀과 비슷하다." 비유를 이용해 학생들이 알고 있는 내용(삶아서 익힌 달걀)에서 모르는 내용(지구의 구조)으로 건너뛸 수 있도록 돕는 것이다.

주위 사람을 자세히 관찰해보면 비유를 잘 활용할 줄 아는 사람은 극소수에 불과하다. 상대적으로 복잡한 능력을 필요로 하기 때문이다.

- 먼저 충분한 지식과 정보를 갖춰야 한다. 그래야 새로운 사물을 이해할 때 합리적이고 적당한 '대조물'을 찾을 수 있다.
- 가장 '비슷한' 것일 뿐 아니라 가장 적당한 것을 찾기 위해서는 '비슷하지 않은' 지점이 어디인지 정확하게 알아야 한다. 그래야 정보를 전달할 때 편차가 발생하는 것을 막을 수 있다.

'정교한 비유'를 창조하는 것은 매우 복잡한 과정이다. 그것에 들이는 에너지는 듣는 이가 이해하는 데 소모하는 에너지보다 훨씬 크다.

따라서 정교한 비유를 할 수 있는 사람은 정교한 비유를 이해할 수 있는 사람보다 훨씬 똑똑한 사람일 가능성이 높다. 한편 정교한 비유를 들어도 이해조차 못하는 사람은 상대적으로 꽤 무지한 것이다. 내가 말하는 똑똑함과 멍청함은 모두 변수이지 상수가 아니다. 나는 모든 사람에게 거대한 성장 잠재력이 있다고 믿는다. 자신이 포기하지만 않으면 말이다.

그런 이유로 나는 주위 사람들에게 시간만 있으면 온갖 책을 섭렵해야 한다고 조언한다. 다다익선이다. 왜 그럴까? 여러 책을 읽으면 한 개인이 새로운 사물을 접하는 능력(이해 능력의 한 종류)이 크게 향상되기 때문이다. 풍부한 경험과 광범위한 독서를 하는 사람은 훨씬 강력한 이해력을 갖추게 된다. 그들은 미지의 것을 만났을 때 자신이 쌓아온 지식에서 비유할 수 있는 정보를 신속하게 찾아낸다.

창업가가 기술을 이해하지 못할 수도 있을까?

기술을 잘 알고 있는 창업가는 아주 멋져 보인다. 그런데 걸출한 기업의 창업가들은 대부분 '엔지니어 출신'이 아니라는 점을 발견할 수 있다. 이는 도대체 무슨 상황일까?

먼저 재미있는 현상을 이야기해볼까 한다.

 • 현실적이지 않은 생각은 훨씬 훌륭하다.

다음 현상은 아주 엉뚱해 보이기까지 한다.

 • 한 문화의 예술적 스타일은 그 지역의 원자재 공급에 좌우된다.

현지의 석재(石材)가 좋으면 우수한 조각가가 등장할 가능성이 크다. 옥이 생산되지 않는 지역에서는 옥기 장인이 나올 가능성이 희박하다. 현지의 목재가 우수하면 훌륭한 목수가 배출된다. 대나무가 왕성하게 생산되는 지역에서는 위대한 자기 장인이 배출되기 어렵다.

다시 말하면 무엇인가를 배출하기 위해서는 현실적으로 사용할 수 있는 자원이 반드시 충족돼야 한다는 것이다. 한편 직접 손을 놀려 일하지 않는 사람은 이런 '구속'에서 꽤 자유롭다. 근거도 없이 제품을 제조해내는데 마치 '신기루'처럼 아름답고 매혹적인 경우가 많다.

앞에서 언급한 현상을 이해한다면 다음 내용이 꽤 그럴 듯하게 다가올 것이다.

위대한 장인은 성공한 사업가가 되기 힘들다. 그들의 사고방식은 기본적으로 눈앞에 보이는 현실에 국한돼 있기 때문이다. 반대로 성공한 사업가는 지금의 현실에 국한되기보다 미래에 속하는 '현실'을 본다.

사실 기술을 전혀 모르는 사람은 근본적으로 성공한 사업가가 될 수 없다. 그들의 사고방식이 현실에서 한참이나 벗어나 있어서 전혀 현실적이지 못하기 때문이다. 현재의 생존은 미래에 이룰 성장의 기초인데 말이다.

성공한 사업가는 기술을 모르는 것도, 조금만 아는 것도 아니다. 오히려 그들은 기술을 제대로 알고 있다. 또 모든 방법을 동원해 기술을 이해하고 싶어 한다. 기술의 한계를 이해하고 기술의 발전 방향을 이해하고 싶어 한다. 그들의 모든 계획은 현재 한정된 것들뿐 아니라 미래의 '현실'에 대한 분명하고 정확한 이해에 기초한다.

잡스 역시 직접 손을 움직여 회로를 설계하지 않았지만 컴퓨터 원리를 모르는 사람이 아니었다. '현재의 한계 속에서 사람들에게 가장 사랑받는 제품을 어떻게 만들지'를 가장 잘 알았던 사람이다. 게다가 그는 딱 예술가 스타일이었다. 마윈도 엔지니어가 아니었다. 그가 한 일 역시 기술적 활동이 아니었다. 마윈이 창업한 알리바바(阿里巴巴, Alibaba, 중국 전자상거래 업체)와 타오바오(淘宝, Taobao, 중국 최대 인터넷 쇼핑몰)는 모두 비즈니스, 인터넷 비즈니스에 속한다. 마윈은 비즈니스 천재이다.

창업가가 기술을 모르면 절대로 안 된다. 만일 당신이 기술을 잘 모르는 사람이라면 기술을 이해할 필요가 있다. 기술 파트너의 수준을 판단하고 당신의 사업에 필요한 기술은 무엇인지 알아야 한다. 그 기술에 어떤 한계가 있고 어떤 장점이 있는지도 알아야 한다. 장점은 얼마나 지속

될 수 있는지, 한계는 어느 시점에 극복할 수 있는지 등도 파악할 수 있어야 한다. 사업 관련 기술 공부를 애써 배우다 보면 그렇게 어렵지는 않다는 점을 발견할 것이다. 분명한 점은 기술를 공부하지 않는다면 당신은 도태될 수밖에 없다는 사실이다. 흔적조차 없이 말이다.

왜 똑똑한 투자자는 바보같이 보일까?

투자자 대부분은 분명 바보다

투자자 대부분은 스타트업을 한 경험이 없다. 따라서 스타트업에서 성공한 노하우를 언급할 필요가 없다. 그래서 스타트업에 대한 그들의 많고 많은 생각은 아예 쓸모가 없다. 또한 그들은 대부분 제품을 창조하는 사람이 아니다. 그들의 사고는 현실적인 근거가 없는 상상 위에 있어서 현실적이지 않다.

당신이 처음 만나는 투자자는 대부분 그저 '투자 매니저'일 뿐이다

물론 그들 중에도 소위 지능이 높은 사람이 많다. 하지만 그들은 무지하기도 하다. 비즈니스 커리어도 없고 창조 경력도 없으며 심지어는 많은 돈을 벌어본 적도 없다. 그들이 투척하려는 것은 자신의 돈도 아니고 그들이 관리하는 펀드도 아니다. 그들은 다만 일을 하고 있는 것뿐이다. 그들은 발 빠르게 움직이고 설득하는 역할을 한다. 그들에게는 정책 결정권도 거의 없다.

대부분의 스타트업 사업은 투자할 만한 것이 못 된다

엔젤투자나 벤처투자는 기본적으로 100배 이상의 수익을 내는 사업을 찾고 있다. 수익이 높아야 큰 위험을 감수할 가치가 있기 때문이다. 그렇지 않으면 오픈마켓에서 주식 투자를 하는 게 낫다. 100퍼센트 보장이 된다면 은행에 저축해서 이자를 '벌려고' 할 수도 있다. 실제로 대부분의 스타트업 사업은 기본적으로 기준 미달이다. 창업가 자신은 절대 그렇게 생각하지 않더라도 말이다.

절대다수의 사람이 기업가가 될 기본 소양을 갖추지 못했다

스타트업 사업을 한다고 해서 당신이 성공한 기업가가 될 수 있음을 증명하지는 못한다. 성공한 기업가는 그럴 만한 성격이나 지식을 갖추거나 운이 충분히 따라야 한다. 그러지 않으면 최종점에 이르지도 못한다. 성공은 확률이 낮은 일이다.

정말 똑똑한 투자자는 이미 당신을 걸러 내버렸을 공산이 크다

두 가지 상황이 있다. 먼저 당신은 훌륭한 인재도 아니고 사업 역량도 대단하지 않을 수 있다. 그래서 그들은 당신을 아예 걸러버린 것이다. 따라서 당신이 매일 보는 투자자는 투자자로서 자격이 없는 사람일 수 있다. 당신의 현재 수준과 딱 맞는 사람 말이다.

두 번째 상황은 비교적 드문 경우이지만 분명히 존재한다. 당신은 우수한 인재다. 하지만 똑똑한 투자자는 당신의 우수함을 보지 못한다. 당신의 아이디어는 엄청나게 대단하다. 하지만 똑똑한 투자자라고 해서 그걸 완벽하게 알아보는 것은 아니다.

전체적으로 봤을 때 투자자는 확실히 똑똑하다

그들은 훨씬 더 많은 제대로 된 자원을 장악하고 있다. 자본뿐이 아니다. 중요한 건 인맥이다. 자본을 바탕으로 맺은 인맥은 더욱 공고하고 효율이 높은 경우가 많다. 그들은 훨씬 많은 정보를 갖고 있고 훨씬 강력한 정보 처리 능력을 보유하며 훨씬 우수한 인적자원을 확보하고 있고 훨씬 강력한 종합적 능력을 갖추고 있다. 정말 안타까운 점은 그들이 '더욱 빠르게 발전한다'는 것이다. 물론 그들이 투자 분야에 첫발을 내디뎠을 때는 당신과 별 차이가 없었을 것이다. 하지만 시간이 흐르면서 그들은 더욱 많은 기회를 통해 더욱 많이 발전한다.

따라서 그들을 무시해서도 안 되고 미워해서도 안 된다. 만일 당신이 정말 성공한다면 당신 역시 그들과 동류가 되기 때문이다. 심지어 처음부터 그렇게 되는 것이 당신의 목표였을 수도 있다.

똑똑한 투자자는 절대 실수하지 않고 무엇이든 다 알고 무엇에든 성공하는 그런 사람이 아니다. 다만 학습 능력이 강하고 리스크 관리 원칙을 철저히 지키며 부단히 미래를 탐색하는 사람이다. 그들은 직접 스타트업을 하는 사람이 아니다. 스타트업을 한 적이 있을 수 있지만 대부분의 경우에 그들은 위대한 기업의 탄생과 성장과 성숙과 좌절과 약진을 거쳐 성공에 이르는 과정을 지켜보는 '증인'이다.

투자자는 약한 집단이다

론 콘웨이는 자신이 구글에 투자했던 경험을 언급한 적 있다.

많은 사람이 하나의 웹사이트를 선호한다면 어떤 좋은 제품이 그 웹페이지에 있는 것이 분명하며, 다른 웹사이트들 역시 그 웹사이트를 따라 하게 될 것이다. 그것이 바로 웹사이트 개발과 관련된 가장 일차적인 구상과 동기다. 그래서 나는 데이비드◆에게 그런 엔지니어를 좀 만나보고 싶다고 말했다. 그러자 데이비드는 그들이 잘 준비되기 전에는 그들을 만날 수 없을 것이라고 했다. 그래서 나는 매달 그들에게 전화를 걸었다. 5개월이 지난 뒤 나는 마침내 래리 페이지◆◆와 세르게이 브린◆◆◆ 앞에서 오디션을 할 기회를 얻었다. 그들은 꽤 전략적이었다. 그들은 내게 이렇게 말했다. "만일 당신이 세쿼이아 캐피털을 유치할 수 있다면 당신에게 투자 기회를 주겠습니다." 당시 나는 세쿼이아 캐피털이 뭔지도 몰랐다. 세쿼이아는 야후의 투자자였다. 우리가 정보에 한발 늦은 것이다. 하지만 우리는 야후와 거래할 수 있었기 때문에 나는 구글에 투자할 기회를 얻게 됐다.

앞에 나온 내용 중 마지막 구절에 주의할 필요가 있다.

나는 구글에 투자할 기회를 얻게 됐다.

그 앞에는 이런 문구가 있다.

◆ 데이비드: 데이비드 체리턴(David Cheriton). 스탠퍼드대학 교수. 구글의 첫 번째 투자자.
◆◆ 래리 페이지(Larry Page): 컴퓨터 엔지니어. 기술혁신가이자 기업가. 구글의 창업가.
◆◆◆ 세르게이 브린(Sergey Brin): 러시아계 미국인 기업가. 영화 제작자. 구글의 창업가. 현 구글 이사 겸 기술 부문 사장.

(5개월이 지난 뒤) 나는 마침내 래리 페이지와 세르게이 브린 앞에서 오디션을 할 기회를 얻었다.

이는 아주 실제적인 서술이다. 자기 자신을 우두커니 벽 앞에 세워놓을 사람은 없다. 어쩌면 투자자로서 부끄러운 과거일 수 있다. 그래서 말하지 않으려면 안 할 수 있겠지만 기왕 했으니 진실을 말하는 것이다.

위대한 프로젝트 앞에서 투자자는 약한 집단이다. 투자자는 창업가에게 자신의 가치를 증명해야 하고 그러지 않으면 기회를 잃을 수 있기 때문이다. 돈만으로는 부족하다. 심지어는 돈이 전혀 필요 없기도 하다. 모든 투자자는 훌륭한 사업에 목말라 있다. 게다가 훌륭한 사업은 다 돈이 된다. 돈을 못 번다고 해도 그건 잠시뿐이다.

투자자는 창업가에게 경고한다. 스타트업은 그리 간단하지도 않고 사람들이 생각하는 것만큼 명예롭지도 않다고 말이다. 창업가가 된다는 것은 실로 고통스러운 일이며 전혀 멋지지 않은 일이라고 경고한다.

위대한 창조자든 위대한 투자자든 다 같은 존재라는 생각이 든다. 그들의 실제 삶은 사람들이 생각하는 것만큼 명예롭지 않다. 그들의 사업 방식은 사람들이 상상하는 것과 달리 그다지 멋지지도 않다. 투자자는 특히 더하다.

다른 사람은 어떨지 모르겠지만 어쨌든 나는 엔젤투자자라는 역할을 수행할 때 전혀 멋지지 않았다. 늘 훌륭한 사업을 만나기 위해 애를 써야 했다. 극히 드문 일이긴 하지만 비굴함도 기꺼이 감내했다. 훌륭한 사업은 몹시 희귀하기 때문이다. 매일 훌륭한 사업을 만날 수만 있다면 나는 매일 공손한 태도를 취할 것이다. 이건 절대 농담이 아니다. 세상을 변화시키고 미래를 변화시킬 수 있는 아이디어를 앞에 두고 공경하지 않고 초조해지지 않을 도리가 없다. 그래서 내가 정말 그 사업에 참여할 자격이 있는지 늘 걱정한다.

우리가 종종 듣는 이야기가 있다.

"투자자는 몇 마디와 몇 분 안에 심지어는 순식간에 거액의 수표에 서명한다."

사실 이는 투자자가 기회를 쟁취하기 위해서 공작새처럼 뽐내는 것일 뿐이다. 사람에 따라서는 이 말을 다르게 이해하겠지만 말이다.

나는 투자자 대부분이 나와 비슷한 생각을 한다고 믿는다. 위대한 아이디어를 앞에 두고 우리는 흥분하고 그 사업에 참여하고 싶어 안달이 난다. 이 세상에는 매일 훌륭한 연극이 상연된다. 하지만 정작 자기 자신이 무대 위에서 다른 사람과 함께 즐길 기회는 얼마나 될까? 자신을 증명하기 위해 노력하지 않는다면 단 한 차례의 기회도 거머쥐지 못할 것이다. 그런 채로 한평생이 흘러가버릴 것이다.

창업가는 실패했을 때 자신의 실패 경험을 이야기하고 반성하려고 한다. 그렇다면 투자자는 어떨까? 투자자는 비참 그 자체다. 그들은 하소연할 데도 없다. 설령 하소연을 하더라도 이득 될 것이 하나도 없다. 자신의 명예에도 엄청난 타격을 받는다. 그저 이를 악물고 혈기를 억누를 수밖에 없다.

현실적으로 미래를 사고하라

박스(Box)의 CEO인 에런 레비는 위대한 회사를 세우고 싶어 하는 사람들에게 본인의 입장에서 현실적으로 실현 가능한 조언을 했다. 그 조언에서 가장 핵심이 되는 말은 이렇다.

"새로운 가용 기술(New Enabling Technologies)을 부단히 발굴하든지 주류 추세에 발맞추든지 해야 한다."

'Enabling Technologies'란 과거에는 불가능했던 일을 현재 가능하게 만드는 기술로서 '가용 기술' 정도가 될 것이다. 예를 들자면 모바일 장치의 위치 인식이 바로 그런 기술이다. 2014년 중국에서 출시된, 지리적 위치를 기반으로 한 모바일 채팅 애플리케이션 모모(陌陌, Momo)는 가용 기술을 이용해 과거에는 불가능했던 일을 가능하게 했다.

이어서 레비는 이런 말도 했다.

"비즈니스 모델 차원에서 가용 기술이 당신에게 어떤 영향력을 미칠까? 경제적 가능성이나 기술적 가능성을 막론하고 불가능했던 일이 어떻게 10년에서 15년 사이에 실현될 수 있을까? 만일 당신이 1990년대, 심지어 1980년대의 기술 관련 논문을 열람한다면 의미 있는 현상을 발견할 수 있을 것이다. 우리가 개발한 모든 기술은 10년, 20년, 30년 전 사람들이 연구 개발을 시도한 기술의 반복이라는 점을 말이다. 당시에는 자본이 너무 많이 들어서 실현 불가능했고, 실현 가능한 방법도 없었다. 그런 현상이 끊임없이 일어나는 것을 확인할 수 있다. 5년 혹은 10년 전만 해도 요원했던 일이 눈앞에 실제로 펼쳐지고 있는 것이다."

그의 말이 시사하는 바가 있다.

먼저, 미래를 예측하는 것이 그리 어려운 일이 아니라는 점이다.

5년 전, 10년 전, 심지어 30년 전 사람들이 어떻게 미래를 자유롭게 상상했는지를 돌아보면 잘 알 수 있다. 아름다운 미래를 상상하며 꿈에 부푼 사람이 꽤 많았다. 자신도 모르는 사이 비현실적인 사람이 되었지만 말이다. 황당무계한 사람에게는 분명한 특징이 있으니, 그들은 늘 핵심만 보고 이내 흥분하고 그로 인해 모든 한계를 아예 무시해버린다.

다음으로, 문제를 해결하기 위해서는 여러 조건이 두루 성숙해야 한다는 것이다. 한 가지 해결점만 알아서는 불가능하다. 여러 면에서 완벽히 성숙하기 위해서는 긴 시간이 필요하다. 몇 년, 아니 수십 년이 필요하다.

성공한 기업가는 문제를 제대로 이해하고 효율을 높이는 사람이다. 그들의 공통된 특징은 바로 합리적인 시기에 합리적인 일을 했다는 데 있다.

내가 싫어하다 못해 극단적으로 혐오하는 말이 있다. '하늘이 준 때는 지리상의 이로움만 못하고, 지리상의 이로움은 사람들 사이의 화합만 못하다.' 전달할 만한 어떠한 지식이나 경험이 담겨 있지 않기 때문이다.

나는 이른바 '현재를 살자'는 말은 너무 뜬금없는 제안이라고 생각한다. 누구라도 현재를 살고 싶지 않겠는가? 이건 선택의 여지가 없는 사안이다.

그래서 나는 다음과 같은 결론을 좋아하고 또 인정한다.

소수의 사람이 미래에 대한 현실적 고민을 끊임없이 한다. 그렇게 먼 미래가 아니기도 하다. 그저 오늘이라는 현실이 내일 어떻게 변화할지 하는 고민이다. 그래서 그들은 문제를 분석하고 해결 방안을 찾을 때 더욱 주도면밀하게 고민한다. 그들은 '기술 혁파(Breaking Technology)'를 이해할 뿐 아니라 훨씬 많은 다른 분야와의 결합에도 숙련되어 있다. 또 인내심을 갖고 기다릴 줄도 알고 전체적으로 평가할 줄도 안다. 일단 미래에 변화 가능성이 있다는 점을 발견하면 곧바로 돌진한다.

반면 다수의 사람은 그렇지 않다. 그들은 문제의 이면에 있는 면면을 보지 못하고 어떤 일부분에만 관심을 둔다. 그래서 사람들이 더욱 흥분할 만한 결론을 도출하고 마는 것이다. 이런 예시는 수없이 많다. 앞에서 모모의 예를 언급했으니 조금만 생각해보면 쉽게 알 수 있다. 위치 기반 서비스(LBS, Location Based Services)를 토대로 한 일부 애플리케이션과 서비스가 얼마나 처참하게 전몰했는지 말이다. 사람들이 흥분할 것만 생각하고 다각도로 고민하지 못한 결과다.

투자권에서 생활한 2년은 내게 가장 즐거운 시간이었다. 누가 봐도 무지한 이들도 진지하게 미래를 고민했고 결론적으로는 그런 이유로 인해 더 이상 무지하지 않을 수 있었기 때문이다. 바로 내 경우가 그렇다.

돈은 가장 중요하지 않은 자원

돈이 있어야 투자할 수 있다. 하지만 투자자가 지닌 가치는 돈만이 아니다. 돈은 투자자에게 가장 중요하지 않은 자원이다.

많은 투자자가 이런 허풍을 치곤 한다. "우리는 엄청나게 많은 자원을 갖고 있습니다!" 그들이 말하는 자원이란 대개 인맥을 의미한다. 그것 역시 기본적으로는 아무 쓸모없다. 벤처투자의 관점에서 봤을 때 비즈니스 인맥에 의존하는 사업은 매우 위험하고 벤처투자라는 모델에 적합하지 않기 때문이다.

투자자에게 가장 중요한 자원은 돈도, 인맥도 아니다. 그렇다면 무엇일까? 노하우와 지혜다.

에런 레비가 창업한 박스는 2015년 초에 상장됐는데 14달러로 개장한 당일에 23.23달러로 마감했고 시가는 약 27억 달러였다.

에런 레비는 서던캘리포니아대학에서 논문을 쓰는 과정에서 클라우드 스토리지(Cloud Storage)라는 분야에 엄청난 기회가 숨어 있음을 발견했다. 이윽고 그는 듀크대학에서 공부하던 고등학교 동창인 딜런 스미스(Dylan Smith)를 찾아냈고 두 사람은 스타트업에 돌입했다.

두 사람은 대단히 똑똑한 인물이다. 대학에서 얼마나 많은 사람이 논문을 쓰는지는 모르겠지만 에런 레비처럼 논문을 쓰는 과정에서 제대로 된 비즈니스 기회를 잡은 사람이 몇 명이나 될까? 딜런 스미스는 훨씬 놀라웠다. 초기 착수금이 2만 달러였는데 그건 그가 게임 사이트에서 카드 게임에 승리해 얻은 돈이었다.

최초의 엔젤투자 금액은 적지 않은 35만 달러(2005년 가을)였다. 마크 큐번◆에게서 온 자금이었다. 마크 큐번도 대단한 인물이다. 스물네 살에 텍사스 주의 댈러스 시로 이사해 처음에는 바텐더로 일했다. 그 후 소프트웨어 회사에 취직해 판매 일을 했는데 바로 해고됐다. 그는 소프트웨어 회사를 설립한 뒤 1990년에 매각했는데 납세 후 금액이 200만 달러

◆ 마크 큐번(Mark Cuban): 과학기술 분야 창업가. 인디애나대학 비즈니스학 학사 학위 이수. 컴퓨터 컨설팅 회사 마이크로솔루션스(MicroSolutions) 창업가. 고선명 텔레비전(HDTV) 방송국인 HDNet 창업가이자 CEO. 미국 프로 농구 NBA 댈러스 매버릭스의 구단주.

였다. 1995년 마크 큐번은 인터넷 라디오 회사 오디오넷(Audionet)을 설립했다가 1998년에 회사 명칭을 브로드캐스트(Broadcast.com)로 바꿨다. 1999년에는 회사를 57억 달러에 야후에 매각했다.

에런 레비가 마크 큐번에게 이메일을 보내 비즈니스 계획을 알렸을 때 마크 큐번은 상대방이 누군지도 몰랐다. 하지만 빠르게 답신했고 또 신속하게 투자를 결정했다. 경험이 풍부한 늙은 상어가 피 냄새를 맡은 것이다. 재미있는 사실은 큐번은 미국의 유명 벤처 자본금 모금 TV 프로그램인 '샤크탱크(Shark Tank)'에 출연 중인 몇 안 되는 샤크(투자자) 중 한 명이었다는 점이다. 절대 초짜 투자자가 아니었다.

물론 보도되지 않은 이야기가 많지만, 접촉 과정에서 이 노련한 상어는 끊임없이 레비와 스미스에게 상당한 교훈을 주었음을 짐작할 수 있다.

그다음으로는 유명한 미국 벤처투자 기업 드레이퍼 피셔 저벳슨(DFJ, Draper Fisher Jurvetson)의 CEO인 조시 스타인(Josh Stein)에게서 투자를 받았다. 조시 스타인은 투자를 결정한 뒤 박스의 사무실에 자주 들렀다. 그러던 어느 날 그는 벽에 붙은 데이터를 발견하고는 '박스라는 기업의 고객은 훨씬 강한 점성이 있다'는 결론을 내렸다. 그래서 있는 힘을 다해 박스가 기업에 서비스를 제공하는 업체로 전환하도록 이끌었다.

조시 스타인은 레비가 보지 못한 기회를 포착하고 박스를 다른 발전 방향으로 밀고 나갔다. 이런 이유로 박스는 고속 성장을 구가하게 됐고 주식시장에 상장됐다.

이것이 바로 투자자가 지녀야 할 가장 중요한 가치이자 자원이다.

• 투자자는 노하우가 필요하다.

- 투자자는 지혜가 필요하다.
- 투자자는 안목과 통찰력이 필요하다.

독자적인 행보는 어떻게 취해야 좋을까?

미국의 비즈니스 기반 소셜네트워크서비스인 링크트인(LinkedIn)의 공동 창업자인 리드 호프먼은 두 가지 재미있는 말을 했다. 첫 번째는 팬옵티콘(Panopticon)으로 좀 억지스럽게 번역하면 '원형 교소도'쯤 되겠다. 이 단어의 유래를 알고 싶다면 한 시간쯤 소모해야 할 것이다. 재미있거나 유용한 개념들은 이처럼 시간을 들여 이해해야 비로소 응용이 가능해진다. 소위 똑똑하다는 것은 그 사람 두뇌에 명백하고 올바르며 타당한 개념이 충분히 있다는 점을 의미한다. 그렇기 때문에 그는 고효율의 생각을 해낼 수 있는 것이다. 리드 호프먼은 또 "내가 이 단어를 사용한 이유는 이곳이 스탠퍼드이기 때문이다. 그렇지 않은가?"라고 일부러 말하기도 했다. 이 얼마나 정교한 아첨인가!

리드 호프먼이 사용한 또 한 단어는 바로 컨트레어리언(Contrarian)이다. 역시 다소 억지스런 감은 있지만 내 관점에서 해석한다면 '독자적'쯤이 되겠다. 독자적인 사람이 되는 것은 그리 어렵지 않다. 어려운 점은 정확하게 독자적이어야 한다는 것이다.

이치는 아주 간단하다. 독자적인 사람이 많지 않고 또 정확하게 독자적인 사람이 더욱 적은 이유는 뭘까?

리드 호프먼은 자신의 생각을 이렇게 밝혔다.

- 똑똑한 사람과 토론한 뒤 그 똑똑한 사람이 인정하지 않는 지점을 곰곰이 고민하라.
- 바보에게서 나온 독자성에는 아무 가치가 없다.

바보와 중요한 문제를 놓고 토론하지 마라. 이는 정말 마음 아픈 결론이다. 원래 우리가 딱히 토론할 게 없는 이유는 똑똑한 사람들이 중요한 문제에 관해 우리와 아예 토론하지 않기 때문이다. 현재로서는 이 말이 무척 가슴 아프게 들리지만 어쨌든 나는 개인적으로 발전을 믿는 사람이기에 또 한편으로는 기대감을 갖는다.

리드 호프먼의 생각은 똑똑한 사람들 속에서 독자적인 존재가 되기 위해 몸부림쳐야 한다는 것이다. 똑똑한 사람이 절대 인정하지 않는 뭔가를 찾은 뒤 절대 불가능하지 않음을 입증하는 것이다. 만일 그것을 찾았다면 그 분야에서 당신은 보기 드물게 독자적인 사람이 된다.

이것이 바로 리드 호프먼의 가장 대단한 점이다. 첫 번째로 그는 독자적이면서 똑똑한 사람이 되려고 몸부림친다. 그다음으로 그는 스타들을 사귄다. 실리콘밸리에서는 모든 사람이 그를 좋아한다. 그에 대해 악담하는 사람이 없다. 이것이 바로 그의 독보적 능력이다.

스타트업 강의의 가장 큰 가치는 대단한 사람들이 자신들의 생각과 방법론을 진심으로 공유한다는 것이다. 물론 어떤 방법론은 곧바로 이해하거나 응용할 수 없지만 한 가지는 분명하다. 그런 방법론은 단련과 시련을 거쳐야 한다는 것이다. 더 중요한 점은 그런 방법론은 진실하다는 것이다.

내일은 어떤 일이 벌어질까?

지속할 것인가, 아니면 탄력적으로 전환할 것인가?

신뢰할 것인가, 아니면 두려워할 것인가?

내부에 관심을 기울일 것인가, 아니면 외부에 관심을 기울일 것인가?

모험을 선택할 것인가, 아니면 리스크를 회피할 것인가?

현재를 중시할 것인가, 아니면 미래를 내다볼 것인가?

이것들은 모두 창업가들이 부단히 선택해야 하는 문제다. 정해진 답도 없다. 하지만 이것 아니면 저것이라는 식의 선택이어서는 안 된다는 점은 분명하다. 구체적인 선택에 앞서 상황을 살펴봐야 한다. 리드 호프먼은 이에 대한 자신의 입장을 다음과 같이 밝혔다.

- 20퍼센트는 이렇게 하고, 80퍼센트는 저렇게 한다.

하지만 현재 창업의 길을 걷고 있는 사람의 입장에서는 다음의 가능성이 더 높아 보인다.

- 10퍼센트는 이렇게, 30퍼센트는 저렇게, 60퍼센트는 어떻게 해야 할지 모른다.

어떻게 해야 할지 모르는 사람은 이렇게 말할 수도 있다. "음, 상황을 좀 봐야지." 도대체 어떤 상황을 봐야 할까?

만일 미래의 모든 상황을 알 수 있다면 망설이거나 주저할 필요가 없다. 모두 정확하고 간단명료하게 비교할 수 있기 때문이다. 선택을 해야 하는 이유는 미지의 요소가 존재하기 때문이다. 그래서 어떻게 할지에 대한 판단은 내일 일에 대한 창업가의 판단에 달려 있다.

내가 창업가들과 한담을 나눌 때 가장 자주 언급하는 화제는 '내일은 어떤 일이 벌어질까'다. 하지만 창업가 대부분은 내일에 대해 생각하기를 꺼린다. 정말 맥 빠진다. 미래를 예측하는 것 자체가 어리석다는 게 그들 입장이다.

초등학교 4학년 때 어느 날 선생님이 '나의 꿈'에 대해 글을 써 오라고 했다. 이튿날 숙제를 걷을 때 나는 내지 않았다. 글을 쓰지 않았기 때문이다. 선생님은 불같이 화를 내셨고 그 후과는 실로 어마어마했다. 나와 친구 몇 명은 '문학반'이라는 팻말이 문에 붙은 교실로 끌려가 선생님의 가르침을 들어야 했다. 선생님은 밑도 끝도 없는 고음을 자랑하며 우리를 꾸짖었다. 우리가 게으름을 부려 숙제를 하지 않았다는 것이다. 하지만 나는 그 몇 명의 '상습범'들과는 다르다고 생각했다. 그래서 선생님의 꾸짖음을 견디지 못하고 큰 소리로 말하고 말았다. "선생님, 전 숙제를 하려고 했어요. 하지만 아무리 생각해봐도 제게는 꿈이 없어요! 그런데 어떻게 써요."

큼지막한 교실에는 선생님 몇 명이 또 다른 학생들을 꾸짖고 있었다. 그런 와중에 내뱉은 내 말은 마치 거대한 블랙홀 같았다. 순식간에 모든 음성이 빨려 들어가 온 세상이 두려울 정도로 조용해지는 듯했다.

그 몇 초 전에 선생님들에게 꾸중을 듣던 아이들은 내게 고마워해야 했다. 왜냐하면 몇 초 뒤에 그들은 '무죄 석방'됐고 나 혼자만 남아 그 선생님들에게 교대로 폭격을 받았기 때문이다. 나는 참다못해 내 입장을 변론했는데 말대꾸했다는 이유로 훨씬 심한 꾸중을 받았다. 결국 선생님들은 화가 폭발해 비장의 무기를 내놓았다. "가! 가서 부모님 모셔 와! 이런 꼴을 본 적이 없으실 거야!"

얼마 뒤 아버지가 교실로 들어왔다. 아버지는 그곳에 앉아 아무 말도 하지 않고 선생님들의 '꾸중'을 들었다. 얼마나 지났을까? 마침내 선생님들은 말을 멈췄다. 교실에는 쥐 죽은 듯 정적이 흘렀다. 아버지가 담배를 꺼내 불을 붙이고 흡 하고 숨을 한껏 들이마신 뒤 하늘을 향해 뱉었다.

담배 연기가 다 흩어지고 나자 아버지가 입을 열었다. "선생님, 제가 질문을 하나 해도 되겠습니까?" 선생님은 주저 없이 대답했다. "그러시죠." 곧이어 아버지는 또박또박 물었다. "당신의 꿈은 뭡니까?" 나는 그때 선생님이 지은 표정을 영원히 잊을 수가 없다.

아버지는 또 다른 선생님에게 질문을 던졌다. "당신은요?" "당신은 어떤가요?" "당신 꿈은요?"

조용했다.

이윽고 아버지는 일어서서 나를 바라보며 말했다. "집에 가자."

꽤 많은 사람이 모르는 점이 있다. 현재 우리가 받는 교육이 우리에게 어떤 영향을 미치는지를 말이다. 꿈에 관한 헛된 교육의 핵심은 꿈을 '자신의 미래'에 대한 예측에 놓게 하는 것이다. 그런 다음 판에 박힌 듯한 인상에 딱 맞는 허구적 이미지를 생각해 내도록 압박한다. 넌더리가 나는 상황이다. 동시에 이런 교육은 다른 중요한 요소를 무시한다. 사람이 너무 어릴 때는 경험도 제한적이고 논리적 능력도 부족하며 상상력도 부족해서 아예 '현실적인 상상'을 할 수 없다는 점을 말이다.

우리는 애초부터 이런 교육을 받아야 했다.

휴대전화에 위치 추적 기능이 있어서 이를 바탕으로 내일은 또 다른 발전이 있을 것이다. 휴대폰 액정이 갈수록 커지면서 내일은 또 다른 변화가 있을 것이다. 스마트폰 보급률이 일정 수준에 도달하면서 내일은 또 달라질 것이다. 스마트폰의 편리성이 일정 수준에 도달하면서 내일은 또 다른 변화가 생길 것이다. 더 이상 컴퓨터가 필요하지 않은 사람이 많아지면서 유일한 스마트 기기는 스마트폰이 되었고 그런 이유로 내일은 또 다른 변화가 있을 것이다. 휴대폰 로밍 서비스로 인해 '근처 혹은 인근'이라는 개념에 변화가 생겼고 이런 이유로 앞으로 변화가 생길 것이다.

이 세상의 내일은 완전히 예측 불가능한 것이 아니다. 나는 매일 일기 예보를 듣는 그 많은 사람들이 왜 불가지론을 고수하는지 도통 이해가 안 간다. 불가지론이란 사물의 본질이나 실재의 참모습을 사람의 경험으로는 인식할 수 없다는 이론이다. 그래서 철저한 불가지론자는 스타트업에 적합하지 않다. 그들은 기껏해야 생존에만 능할 뿐 자기 생각을 그대로 고수한 채 빠르게 성장할 수 없기 때문이다.

어떤 의미에서는 똑똑한 사람이란 정확한 개념을 충분히 축적하고 그 관계를 이해한 뒤 굉장히 많은 시간을 들여 미래를 생각하고 연구하는 사람이다.

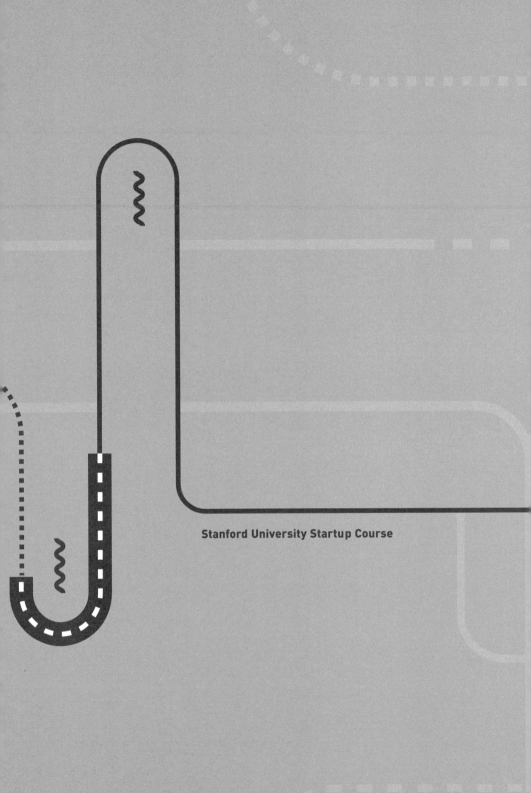

Stanford University Startup Course

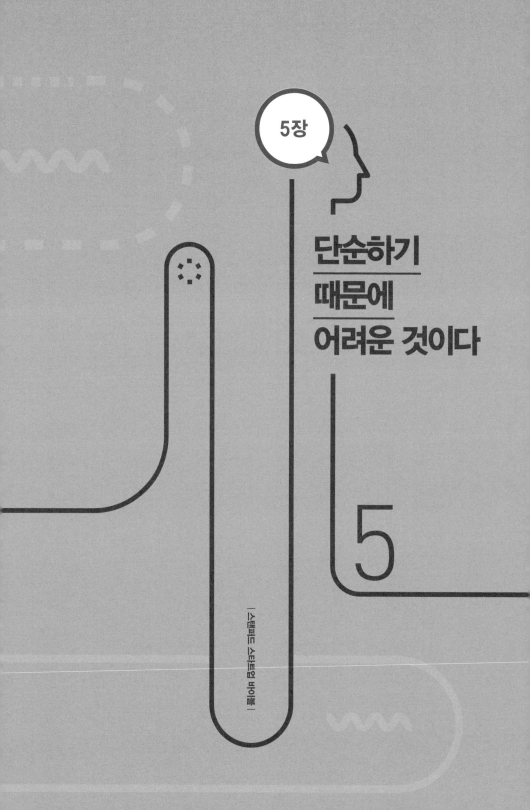

5장

단순하기
때문에
어려운 것이다

5

스탠퍼드 스타트업 바이블

집행은 왜 그렇게
어려울까?

쓸모 있는 이치는 단순하기 때문에 어렵다.

합리적 비합리성

경영은 왜 그렇게 어려울까? 스퀘어의 전 최고운영책임자 키스 라보이스는 그 이유를 언급했다.

> • 경영이 어려울 수밖에 없는 근본적인 이유는 집단이 합리적이지 않기 때문이다.

만일 개개인이 거시경제학이나 게임 이론 교재에 나오는 말처럼 '합리적 개체'라면 거의 모든 조직에는 경영이 필요하지 않을 것이다. 가장 기본적이고 합리적인 규정만 있으면 된다. 개개인은 '규정에 근거해 일을 처리하면' 된다.

　현실은 어떨까? 사람들은 누구나 비합리적이다.

　하지만 사람들이 비합리적이라는 논리는 사람들이 실제적인 메커니즘을 이해하도록 돕기에는 역부족이다. 경제학자이자 조지메이슨대학 경제학과 교수인 브라이언 캐플란(Bryan Caplan)은 2001년에 한 가지 개념을 제시했다. '합리적 비합리성(Rational Irrationality)'으로, 한 가지 문제를 해석하는 데 주로 사용했다. 인생, 특히 정치와 종교 분야에 왜 비합리적 행위가 보편적으로 존재하는가에 대해서였다. 이론적으로 봤을 때 모든 개체는 마땅히 합리적이어야 한다. 하지만 현실은 반대 현상을 보이고 있다◆.

　브라이언 캐플란은 경제학 이론에 따라 비합리성 역시 수요와 공급 곡선 이론과 맞닿는 면이 있다고 본다. 비합리적 행위가 유발하는 비용이 낮아질 때 비합리적 행위의 수요는 더욱 높아지고, 실수로 유발되는 비용이 제로에 가까울 때 비합리적 행위의 수요는 무한대로 높아진다고 생각했다.

　비합리적 행위가 빚는 실수에 드는 비용이 매우 낮을 때(실제로는 비용이 아주 낮지는 않을 수 있다. 다만 '감정적으로 비용이 낮다'고 느껴지면 충분하다) 사람들은 자신에게 관대해진다. 그러면서 자신이 합리적인지에 대해 별 관심을 두지 않게 된다. 이는 대부분의 사람이 그다지 무지하지 않으면서도 왜 종종 논리적 오류를 범하고 감정적 편견에 영향을 받고 정서에 좌우되는지를 해석해준다. 동시에 왜 '양질의 교육을 받은' 사람들이 여전히 별자

◆ Bryan Caplan, 『The Myth of the Rational Voter: Why Democracies Choose Bad Policies』, 2007.

리 따위를 신나게 이야기하는지를 해석해준다. 실수는 실수일 뿐이다. 딱히 비용이 들지 않는다. 인간이라는 동물에게 전혀 무해하다. 최소한 느낌은 그렇다.

21세기에 접어들면서 심리학은 가장 중요한 과학의 하나가 되었다. 심리학의 발전으로 인해 사람들은 이 세상을 다시금 새롭게 인식하게 됐다. 그런 이유로 경영자들은 시시각각 심리학적 지식에 관심을 두고 새로운 내용을 익혀야 한다. 소통과 경영에 지대한 영향을 미치기 때문이다.

만일 '합리적 비합리성'이라는 개념을 정확히 이해한다면 자신을 견딜 수 없게 만드는 일들을 쉽게 이해할 수 있다. 또한 좀 더 효율적인 해결 방안을 쉽게 찾을 수도 있을 것이다. 만일 업무 중에 팀 구성원이 비합리적 행위를 한다면 먼저 취해야 할 행동은 곧장 가서 충고하거나 비판하는 것이 아니다. 일단 그런 행위가 불러올 시행착오에 드는 비용이 너무 낮지는 않은지 생각해볼 필요가 있다. 만일 비판하거나 충고하지 않고 비합리적 행위를 고치고 싶다면 비합리적 행위로 인해 유발되는 비용을 높이는 방법을 고안하면 된다. 그러면 알아서 비합리적 행위를 중단할 것이다.

편집자처럼 운영하라

키스 라보이스는 꽤 인상적인 은유를 제시했다.

운영은 편집자처럼 하라. 또한 기업이나 팀을 꾸리는 것은 고효율의 엔진을 만드는 것과 같다.

그가 능숙하게 구사하는 또 다른 비유가 있다.

대부분의 문제는 어쩌면 감기와도 같다. 스스로 좋아질 수 있는 것이다.

팀의 조직자이자 경영자로서 그가 사람들과 함께 만들고 공유하고자 하는 점은 '생각의 구조'이다. 그리고 별로 신경 쓰지 않아도 되는 감기인지, 치명적인 중증인지를 구분 짓는 데에 생각의 구조를 사용하는 것이다.

나는 학습을 통해 새로운 생각의 구조나 모델을 얻을 수 있다고 본다. 이런 의미에서 보자면 위대한 기업가는 분명 뛰어난 생각의 구조를 갖고 있다. 신기하게 느껴지는 개념이나 비유, 방법론 역시 '생각의 구조'라고 일컬을 수 있다. 그런 개념이나 비유나 방법론을 받아들여 소화하고 반복적으로 깊이 헤아림으로써 생각의 구조를 사용하는 것을 소위 말해 '환골탈태'라고 한다. 물론 나는 이런 비유를 그다지 좋아하지 않는다. 덮어놓고 믿게 하기 때문이다. 어쨌든 이런 과정은 마치 운영 시스템을 업그레이드하는 것과 같다. 가끔은 기존의 운영 시스템을 버리고 훨씬 좋은 운영 시스템으로 갈아타는 것과 같기도 하다.

일단 편집자(여기에서는 운영자를 뜻함)가 해야 할 첫 번째는 단순화다. 운영자는 반복할 수 있는 한두 가지로 일을 단순화해야 한다고 키스 라보이스는 보고 있다.

편집자(운영자)에게 가장 중요한 일은 단순화, 단순화, 또 단순화다. 이는 부차적 요소를 무시할 줄 알아야 한다는 것을 의미한다. 팀을 위해 단순화하고 합리적으로 일을 처리하는 것이다. 일을 간소화할수록 상황은 훨씬 좋아진다. 사람들은 복잡한 제안을 이해하지 못하거나 기억하지 못한다. 그래서 두어 가지 요점으로 정리하고 수월하게 다시 말할 수 있는 구조를 이용하면 어려운 관점도 술술 말할 수 있다. 그리고 이해한 관점을 자기 말로 바꿔 다른 사람과 편하게 이야기 나눌 수도 있을 것이다. 또한 퇴근 후에도 자기만의 언어로 기억해 표현해 낼 것이다.

여기서 핵심은 '반복 가능'이다. 바꿔 말하면 모든 작업 과정에서 반복하는 절차가 필요하고 단순화와 최적화가 필요하다. 그러면 사람들이 애쓰지 않아도 잘해낼 수 있는 상황에 이를 수 있다. 개인은 저마다 고효율의 엔진을 장착한 우수한 부품이 된다.

학교 다닐 때 좋은 국어 선생님을 만났다면 자기 자신이 얼마나 세련되지 않은 말을 쉴 새 없이 늘어놓는지를 거듭 알아챌 수 있을 것이다. 키스 라보이스는 훌륭한 국어 선생님처럼 이렇게 충고하고 있다.

간결하고 간결하고 또 간결하라. 복잡한 일을 간결하게 해내라.

두 번째는 본질을 이해하는 것이다. 어떤 일의 본질은 끊임없이 질문하는 과정을 거쳐야 이해하게 된다. 예를 들자면 이런 질문이다. '그 일을 해내는 데 6일, 또는 7일이면 될까? 우리의 경쟁 잠재력은 어디에 있을까?' 이와 같이 당신은 투자자 관점에서 자문할 수 있다. 질문하는 과정에서 아마도 부단히 노력하게 될 것이다.

지금까지 언급한 내용은 당신의 표현(업무 과정)을 더욱 간결하게 하는 데 목적이 있다. 이제 언급하려는 내용은 당신의 생각(업무상의 임무)을 더욱 간결하게 하기 위함이다. 중요하지 않은 임무나 과정을 제거하는 것이다. 생각이 간결해지면 효율이 30퍼센트, 50퍼센트까지 상승할 수 있다.

세 번째는 자원 분배다. 다시 말해 편집 구조다. 편집자들은 일률적으로 같은 일을 하지 않는다. 그들은 편집진을 중동 지역에 배치해 그 지역의 핫뉴스를 보도한 뒤 다시 그들을 실리콘밸리로 이주시키거나 발 빠르게 스포츠 분야로 이동시킨다. 상명하달이든 하명상달이든 조직의 자원이 효율적으로 분배되는 것이다.

네 번째는 모든 방법을 동원해 붉은 잉크의 사용을 줄이는 것이다. 처음에 편집자는 빨간 펜으로 동그라미를 치거나 줄을 그어 불필요한 부분을 뺀다. 그 뒤 반복적인 소통을 통해 작가와 편집자의 관계는 더욱 긴밀해진다. 일하는 사람들 사이의 호흡도 갈수록 잘 맞는다. 최종적으로는 더 이상 붉은 잉크를 사용하지 않아도 된다.

다섯 번째는 작품을 이루는 요소를 일치시키는 것이다. 기업의 광고나 제품 포장, 심지어는 채용 웹페이지가 동일한 사람의 손에서 이루어졌다고 사람들이 생각하도록 해야 한다. 책을 저술한 적이 있다면 그 작업이 얼마나 어려운지 알 것이다. 물론 100퍼센트 일치를 이루지는 못하더라도 최대한 그렇게 되도록 노력해야 한다.

편집자는 콘텐츠 창조자도 아니고 최대 가치 창조자도 아니다. 이런 면을 보면 운영자를 편집자에 빗댄 비유가 아주 적절해 보인다. 운영자가 딱 그런 특징을 지니고 있기 때문이다. 전체 강의를 반복해서 수강하는 과정에서 강사들이 내놓은 정교한 비유에 놀라기도 하고 그들이 내놓는 개념에 꽤 구미가 당겼다. 가령 키스 라보이스가 언급했던 앤디 그로브*가 제시한 개념인 '일과 목표와 임무 사이의 성숙도(Task Relevant Maturity) 높이기'가 바로 그것이다.

키스 라보이스는 직원을 구할 때 최대한 글쓰기를 즐기는 사람을 구하라고 한다. 글을 곧잘 쓰는지, 글쓰기를 즐기는지를 살피라고 한다. 글쓰기를 통해 개인의 '편집' 능력, 즉 운영의 성숙도가 충분히 드러날 것이라고 보았다. 물론 이 두 가지는 운영과 관련성이 별로 없어 보이지만 본질적으로는 긴밀한 관계가 있다. 믿고 안 믿고는 당신에게 달려 있다. 글을 쓸 줄 알고 또 글을 자주 쓰는 사람은 업무 효율이나 업무 수준이 상대적으로 높다. 게다가 훨씬 근면하고 성장도 빠르다.

'편집'은 하나의 비유일 뿐이지만 그 본체인 '운영'과의 대응 관계에서 꽤 직접적인 판단의 근거를 제공한다. 그것도 꽤 '체계적'이다. 그래서 청중이 운영의 본질을 이해하는 데 큰 도움을 주고 있다. 발생할 수 있는 문제점이라면 편집이라는 작업을 이해하지 못하는 사람들이 이해의 어려움을 겪을 수 있다는 점일 것이다. 왜냐하면 두뇌 속에서의 해석은 통상 이미 아는 내용을 바탕으로 미지의 내용을 유추하는 과정이다. 하지만 운영을 쉽게 이해하기 위해 예로 든 편집의 기본 개념이 전혀 잡혀 있지 않다면 이해하는 데 곤란을 겪을 수밖에 없다.

종종 '제품을 만들려면 뺄 줄 알아야 한다'는 말을 들었을 것이다. 이런 비유는 최악이다. 비유 대상과 비유 실체 사이에 충분한 상관성이나

◆ 앤디 그로브(Andy Grove): 미국 기업가. 인텔의 전 이사장이자 CEO.

분명한 관계가 없기 때문이다.

편집이라는 비유는 꽤 괜찮아 보인다. 편집에서 빼는 과정은 의미 전달을 전제하고 간결화하는 것이기 때문이다. 간결화의 장점은 누구나 다 알고 있다.

'빼기'라는 최악의 비유 때문에 나는 수많은 제품 매니저가 과감하고 패기 있게 중요한 부분을 베어 내버리고도 당당하게 말을 늘어놓는 상황을 목격한다. 이는 생각의 모델이 초래한 행위의 함정이다. 다른 이들도 빼기에 성공했기 때문에 그렇게 했다는 건 설득력 있는 이유가 될 수 없다.

그렇게 단순하지만은 않은 일

존재감을 과시하기 위해 복잡한 지식과 구조를 좋아하는 반면 아주 단순한 이치를 따르지 않는 사람들이 있다. 단호히 지켜야 할 필요를 알면서도 여태껏 그러지 않은 것이다. 또는 점차적으로 심화 발전시키는 것이 이치임을 알면서도 늘 단번에 이루어질 것이라고 생각한다.

• 대부분의 유용한 이치는 단순하기 때문에 어렵다.

자세히 관찰해보면 이내 알 수 있는 점이 있다. 즉 단순한 것의 중첩으로 구성된 단순하지 않은 개념이 더 이상 단순하지 않아 대부분의 사람이 이해하고 응용할 수 있는 범위를 한참이나 넘어서버렸다는 사실을 말이다.

속도는 매우 간단한 개념이다. 가속도는 속도라는 간단한 개념을 한 차례 반복하고 거듭한 것일 뿐이다. 이율은 훨씬 간단한 개념이다. 복리는 이율이라는 간단한 개념을 한 번 반복하고 거듭한 것일 뿐이다. 상황이 이렇다 보니 사람들은 이미 알고 있는 대상을 놓고도 여태껏 한 번도 응용해본 적이 없다고 생각한다. 그들은 '1년 365일 동안 매일 조금씩 발전하는' 소수의 사람과 제자리걸음하는 자신 사이에 존재하는 차이점이나 거리감을 인정하려 들지 않는다.

그렇다면 이분법은 어려운 개념일까? 그렇게 어렵지 않다. 하지만 거듭해 사용하려면 학습과 훈련이 필요하다.

단순한 방법은 우리에게 무척 유용한 결론을 주기도 한다.

또 키스 라보이스는 단순하지만은 않은 내용을 언급했다. '하나의 중요한 개념은 그에 대응하는 지표를 갖는다(One important concept is pairing indicators).'

어떤 수치를 놓고 그 수치에 일방적으로 대응해서는 안 된다. 수치를 능률적으로 활용하지 않으면 다른 중요한 것이 희생되는 대가를 치러야 한다. 예를 들어 지불 결제 분야의 금융 서비스는 부수적으로 발생하는 리스크를 감수해야 한다. 그래서 리스크 관리 팀에 아주 쉬운 한 가지 목표가 주어진다. 리스크 관리 팀에 미납 비율을 낮추라는 목표를 준다. 이 목표는 언뜻 아무 문제점이 없는 것처럼 보인다. 리스크 관리 팀원들은 모든 고객을 의심하는 태도를 가질 수 있다. 그들은 회수할 수 없는 빚의 규모를 최대한 줄이기 위해 끊임없이 고객에게 전화를 걸어 고객이 추가 정보를 더 많이 제공하도록 독촉할 것이다. 결국 세계적으로 가장 낮은 미납률을 달성할 수 있을 것이다. 하지만 그와 동시에 가장 낮은 고객 만족도를 감수해야 한다.

'운영'이란 엔진을 만든 뒤 부단히 최적화하는 과정이다. 그렇다면 '능률적 활용'의 핵심은 각종 지표를 부단히 감독하고 조정하는 데 있다. 이에 대해 키스 라보이스는 다음과 같이 충고한다.

어떤 수치를 놓고 그 수치에 대해 일방적으로 대응하지 마라.

한 가지 지표만 보고, 한 가지 지표에만 근거해 능률적 활용을 꾀하는 것은 아주 쉬운 일이다. 하지만 그렇게 해서는 안 된다. 상황은 조금 단순하거나 조금 복잡한 게 아니다. 그렇게 단순하지 않다는 말이다. 관련 지표를 같이 생각해봐야 한다. 말은 쉽지만 해내기는 어렵다. 이런 충고에 대한 이해와 응용이 '복리'라는 개념을 이해하고 응용하는 것보다 훨씬 어렵다.

'어떤 수치를 놓고 그 수치에 대해 일방적으로 대응하지 마라'는 관점과 일맥상통하는 글이 2015년 5월 6일 중국의 『타이미디어(鈦媒體)』에 실렸다. '텐야의 오만으로 인해 떠나는 오랜 직원이 말하는 텐야의 16년'이라는 제목의 글이다. 텐야(天涯, Tianya)는 중국 인터넷 토론 사이트다.

2010년 10월 5일 '샤오웨웨(小月月)' 사건은 텐야에서 발단이 됐다. 3주 전 조회 수가 4,600만을 돌파했고 네티즌 댓글은 10만 5,000여 건에 달했다. 그 밖에도 샤오웨웨와 관련된 파생품인 인터넷 게시판, 카페, 칼럼, 삽화가 속속 등장했다. 심지어 한 네티즌은 샤오웨웨를 따르는 '바이웨족

(族)'과 '바이웨교(敎)' 같은 집단을 만들기도 했다. 샤오웨웨는 어이없는 기록을 갱신했고 샤오웨웨의 엽기 행각으로 과자 오레오나 바나나껍질 등은 비호감이 돼버렸다.

이 지점에서 톈야의 행보를 살펴볼 필요가 있다. 생존을 위해 고객을 끄는 행위는 누구나 이해할 수 있다. 물론 대로로 나가 호객 행위를 할 수는 없는 노릇이다. 하지만 인터넷 접속량이나 네티즌의 이목을 끌려는 목적의 비슷한 댓글이 톈야에서 가장 눈에 띄는 부분에 핵심적인 콘텐츠로 업데이트됐다. 분명 이런 댓글은 어마어마한 주목을 끌 수 있다. 하지만 다른 각도에서 봤을 때 과연 BMW 자동차가 톈야의 플랫폼에서 광고를 하게 될까? 중국 최대 주얼리 브랜드인 초우타이푹(Chow Tai Fook)은 또 어떨까? 오레오는?

이렇게 해서는 결국 고객도 잃고 기회는 당신을 기다리지 않고 떠나버릴 것이다.

물론 인터넷 접속량은 중요한 지표다. 가장 중요한 지표가 될 가능성도 매우 높다. 하지만 최고 품질을 기반으로 하는 접속량이 아니라면 무익하고 심지어 유해하기까지 할 것이다. '어떤 수치를 놓고 그 수치에 대해 일방적으로 대응하지 마라'라는 말은 쉽게 생각할 게 아니다. 또한 마음에 두지 않으면 엄청난 대가를 치를 수도 있다.

'통각점'이란 무엇일까?

제품 매니저의 일관된 목표는 '통각점을 해결'하는 것이다. 나는 개인적으로는 데이비드 하이네마이어 핸슨♦의 표현을 훨씬 좋아한다. 바로 '가려움(the itch)'이다. 반드시 긁어야만 시원하고 편안해지는 가려운 곳 말이다.

좋은 제품은 좋은 경험을 제공한다. 또 일단 사용하기 시작하면 그것 없이는 지낼 수 없을 지경이 된다. 인터넷상의 검색엔진이나 휴대전화의 내비게이션 소프트웨어, 우리가 이미 컴퓨터에서 습관적으로 쓰는 복사나 붙여넣기 등이 그 예다. 실제로 개인용컴퓨터(PC) 사용자 중 맥(Mac) 운영체제로 갈아탄 뒤 '잘라내기' 기능이 따로 없다는 점을 알고서 번거로움을 느낀 경우가 꽤 있다. '잘라내기' 기능의 편리성에 너무 익숙해 있는 것이다.

재미있는 것은 그런 기능이나 제품이 일단 현실화되면 꽤 간단해 보인다는 사실이다. 애초에 그것을 현실화하기가 얼마나 어려웠는지는 더이상 상상할 수 없게 된다. 왜 이렇게 '반드시 필요한' 기능이 그토록 오랫동안 현실화되지 않았을까 싶기도 한다. 아마도 다른 조건이 충분히 성숙되지 않았거나 현실화되기 전에는 그런 구상을 아예 못 했기 때문일 것이다.

♦ 데이비드 하이네마이어 핸슨(David Heinemeier Hansson): 덴마크 프로그래머. 코펜하겐 경영대학원 졸업 후 미국으로 이민. 웹 애플리케이션을 만드는 프로그래밍 프레임워크인 루비온레일즈(Ruby on Rails)의 개발자. 웹 기반 소프트웨어 업체 37signals의 파트너.

진실로 매우 어려운 일에 대해 호세인 라만◆은 이런 말을 했다.

꿈을 실현하려면 여러 분야에서 극한의 우월성을 보여야 한다.

외부 조건이 성숙했다 하더라도 원하는 바를 달성할 수 있는 사람은
극소수다. 그 순간이 되었을 때 여러 분야에서 준비가 살돼 있는 사람이
극소수이기 때문이다. 이는 '운'으로는 안 되는 일이다. 축적이 필요하다.
그는 또 이런 말도 했다.

우리는 아주 일찌감치 이 여정을 시작했다.

'아주 일찌감치'라는 건 얼마나 이른 때를 말하는 걸까? 호세인 라만과
알렉산더 애슬리◆◆는 스탠퍼드대학에서 공부할 때 만났다. 1999년 휴
대형 오디오 제품의 선도적 개발 업체인 앨리프(Aliph)를 공동 창업했는
데 실리콘밸리에서 이름을 알린 건 2007년 1월이었다. 소비자가전전시
회(CES)에서 그들의 조본 블루투스 이어폰을 전시한 때였다.

그렇다면 어떻게 통각점을 찾았을까? 운을 고려하지 않는다면 신뢰할
만한 답은 한 가지뿐이다. 축적이다. 해당 분야에서 장기적으로 쌓은 것
들에 의지해 무엇이 가장 중요한 문제인지, 무엇이 필요한 조건인지, 어
떤 기술이 있어야 현실화할 수 있는지를 알아내는 것이다.

◆ 호세인 라만(Hosain Rahman): 소비 기술과 웨어러블 기기 기업 조본(Jawbone)의 공동 창업자 겸 CEO.
◆◆ 알렉산더 애슬리(Alexander Asseily): 조본의 공동 창업자. 기업의 핵심 제품 연구 개발 책임자.

아주 일찌감치 축적하기 시작했다면 실현할 수 있을까? 꼭 그렇다고 할 수는 없다. 한 가지 조건이 더 충족돼야 한다. '방향'이 그것이다.

'세상이 어떻게 운행되는지 고민하라.' 스타트업 강의 전체에서 시종일관 등장하는 이론이다. 비슷한 내용으로 샘은 "어디든 멀리 내다보기는 쉽지 않다"라고 말했다. 그리고 시간이 흘러 에런 레비는 "당신은 이런 현상이 끊임없이 일어나는 것을 볼 수 있을 것이다. 5년 혹은 10년 전만 해도 요원해 보이던 것이 문득 당신 앞에 실제로 등장하는 것이다"라고 했다.

만일 창업가에게 축적이 없다면 미래를 생각할 능력이 없는 것이다. 그렇다면 방향도 없다. 결국 축적 역시 유용할 수 없게 된다. 창업가가 향후 5년 혹은 10년에 대해 성숙하고 신뢰성 있는 전망을 할 수 없다면 그의 아이디어는 100배, 아니 1,000배의 보답을 얻는 것이 되지 못한다. 결국 투자자는 실망하게 될 것이다.

창업가가 투자자를 선택할 때도 마찬가지의 판단 근거를 사용한다. 투자자와 미래에 대해 대화를 나누면서 그의 안목을 판단하는 것이다. 안목이 없는 투자자의 직업 수명은 훨씬 짧다. 그들은 한두 기간에만 수명이 붙어 있을 뿐이다. 만일 당신이 안목 있는 창업가라면 그런 투자자는 피해야 함을 알 것이다.

안목 있는 창업가가 소수라면 안목 있는 투자자는 극소수다. 바로 이런 이유로 인해 최강의 안목을 지닌 극소수의 투자자끼리는 관계가 매우 긴밀하다. 그들은 서로 아끼기까지 한다. 또한 이 때문에 그들이 장악한 자원은 헤아릴 수 없을 정도로 많다. 최강의 안목과 긴밀한 관계는 언제 어디서나 호응하기 때문이다.

전문가의 가치

와이 콤비네이터 제17회 강의의 첫 부분은 좀 지루한 감이 있긴 한데, 거기에 이런 내용이 나온다. 한 변호사가 법률 분야의 일은 반드시 전문가에게 맡겨야 한다고 장황하게 늘어놓는다. 그런 뒤에 '말을 안 해도 언젠가는 알게 될 것 같은 느낌이 드는 사실' 몇 가지를 언급해서 사람들이 새삼 주목하게 한다.

가령 2년 전 한 기업의 주소지에 문제가 생겼다. 당시 이 기업은 자금을 모집 중이었다. 기업 측은 사소한 실수를 바로잡기 위해 법률사무소 네 곳을 찾아갔고 결국 50만 달러를 들여 겨우 일을 해결했다. 결론적으로 보자면 법률적 혼선으로 인해 기업 주소지를 미국 동부의 델라웨어 주로 등록하지 못했고 수십 만 달러를 더 소모해야 했다.

> 중국 민간 병원의 80퍼센트를 장악하고 있는 것으로 알려진 푸텐계[莆田系, 푸텐 출신의 민간 의료 사업자의 총칭—옮긴이]의 마케팅 방식을 전 세계가 사용하고 있다. '심각한 병은 치료할 수 있는데 거기에는 돈을 들여야 한다.'

다시 원점으로 돌아가자. 정보를 얻는 중요한 원칙은 바로 양질의 정보원에서 정보를 취득하는 것이다. 즉, 중요한 정보를 얻으려면 평상시에 모든 방법을 동원해 양질의 정보원에 관심을 기울여야 한다. 와이 콤비네이터의 이번 스타트업 강의는 양질의 정보원이다. 우리는 뜻하지 않게도 미국에서 스타트업을 한다면 델라웨어 주에 가는 게 가장 낫다는 점을 알게 됐다. 이렇게 간단하다.

전문가의 대부분은 사실 '돌팔이 전문가'다.

절대다수의 투자자가 전문가가 아니라는 점에 주의해야 한다. 그들은 투자 분야의 전문가도 아니고 또 스타트업 분야를 언급할 만한 인물도 아니다.

 • **극소수의 사람만이 제대로 된 아이디어를 갖는다.**

더욱 걱정스러운 점은 함부로 이래라저래라 하기를 좋아하는 '돌팔이 전문가'가 성실하다는 것이다. 그들은 자기 능력의 범위를 모르고 늘 진심을 다한다. 그 출발점은 '당신에게 이미 돈을 투자했으니 나는 당신을 도와야 한다. 그것이 나를 돕는 일이기도 하다'는 생각이다. 따라서 투자자를 선택하는 것은 매우 중요한 일이다.

우리는 제대로 된 진짜 전문가에게 찬사를 아끼지 않는다. 경외감마저 느낀다. 지식을 얻고 노하우를 쌓고 지혜를 총결산하는 데에는 지름길이 없고, 오로지 장기적 축적에 의해서만 가능하다는 점을 우리는 알기 때문이다.

창업가는 두 가지 분야에서만큼은 제대로 된 전문가에게 의탁해야 한다. 법과 재무다. 이런 점에서 와이 콤비네이터는 분명 대단하다. 그들이 직접투자를 한 기업 중 '클러키(Clerky)'는 스타트업 기업이 법과 관련된 사무를 처리하는 데 도움을 준다. 또한 '젠페이롤(ZenPayroll)'은 스타트업 기업이 재무상의 사무를 처리하는 데 도움을 준다. 이것이 바로 아주 완벽한 스타트업 투자 전략이다.

전략 자문과 관련된 분야는 판단을 내리기가 쉽지 않다. 그러나 법과 재무는 꽤 성숙된 분야로, 전문가인지 아닌지는 상대방이 걸어온 기록만 봐도 알 수 있다. 비교적 판단이 용이하다. 법무 전문가를 찾는 방법은 꽤 간단하다. 직접 찾으면 된다. 지인을 통하면 서비스 비용을 낮출 수도 없고 별도의 서비스를 얻을 수도 없다. 법무 관계자의 입장에서 그들에게 주어진 시간은 유한한 반면 해야 할 일은 산더미처럼 많다(최선을 다할 수밖에 없다). 그래서 상황은 매우 단순하다. 전제는 단 하나, 직업의식이 투철하면 된다. 한편 기업 내부의 재무는 지인이나 지인이 소개하는 사람을 선택하는 게 낫다. 신뢰가 가장 중요하기 때문이다.

하나를 들으면 열을 아는 똑똑한 사람의 능력

클레버(Clever)의 공동 창업자 겸 CEO인 타일러 보스메니는 이렇게 말했다.

> 예측의 과정은 누가 당신의 전화를 받기(당신의 제품을 받기) 원하는지 확실히 하는 것이다. 확산이론가인 에버렛 로저스(Everett M. Rogers)는 기술수용 주기곡선(Technology Adoption Life Cycle Curve)을 발명했다. 이 종형 곡선에는 새로운 것을 경험하기 원하는 혁신 수용자(Innovator, 2.5퍼센트), 선각 수용자(Early Adoptors, 13.5퍼센트), 전기 다수 수용자(Early Majority, 34퍼센트), 후기 다수 수용자(Late Majority, 34퍼센트), 그리고 지각 수용자(Laggard, 16퍼센트)가 포함돼 있다. 갓 설립된 기업 입장에서 초기 마케팅을 이해하기란 그리 어렵지 않다. 한편 곡선에 나타난 혁신 수용자는 당신의 잠재적 고객이다. 이는 참 우울한 소리다. 2.5퍼센트만이 잠재 고객이라니. 하지만 다른 측면에서 볼 필요가 있다고 생각한다. 2.5퍼센트의 고객만 보유한 기업은 자사 제품을 사용하는 고객만 수용하고 생각하면 되니 말

이다. 당신은 마케팅이 숫자 게임으로 변할 수 있다는 사실을 이내 깨닫게 된다. 만일 당신이 스타트업 초기에 제품을 팔고 싶고 2.5퍼센트의 잠재 고객을 확보하고 싶다면 많은 사람에게 전화해서 그들에게 당신의 제품을 소개해야 한다.

한편 하나를 들으면 열을 아는 능력이 무척 중요하다. 『논어(論語)』「술이(述而)」에서 공자는 다음과 같이 이야기했다.

주제의 한 방면을 보여주면 다른 세 방면을 스스로 알아야지, 그리하지 못하면 반복해서 가르치지 않는다(擧一隅, 不以三隅反, 則不復也).

이 능력을 쌓기 위해 혼자 훈련할 때는 다음 한마디만 끊임없이 자문하면 된다.

 • 그럼, 이런 이치는 어느 부분에 활용할 수 있을까?

하나를 들으면 열을 아는 능력 역시 일종의 비유 능력이다.
대부분의 사람에게는 이런 능력이 부족하다. 스타트업 강의의 전 과정을 반복해서 들으면서 나는 어렸을 적 반복 학습했던 여러 가지 성어가 자꾸 떠올랐다.
각주구검(刻舟求劍), 한단학보(邯鄲學步), 정저지와(井底之蛙), 동시효빈(東施效顰), 엽공호룡(葉公好龍), 일엽장목(一葉障目), 수적석천(水滴石穿), 화사첨족(畵蛇添足) 등이 그것이다.

이 성어들은 모두 스타트업 강의 전 과정에서 반복해서 강조한 것들이다. 어렸을 때 공부해본 적이 있고 또 듣고 웃은 적이 있는 것들이다. 하지만 지속적으로 반복되고 있으면서도 또 자꾸 잊어버리는 것들이기도 하다.

앞에 언급했던 기술수용 주기곡선과 관련된 한 가지 개념이 있는데 바로 과대광고 곡선(Hype Cycle)이다.

이처럼 새로운 개념을 배운 뒤 반복해서 자문하는 것도 좋겠다.

 • 그럼, 이 개념(이치)은 어느 부분에 활용할 수 있을까?

습작은 좋은 습관이다

와이 콤비네이터의 이사장 샘 올트먼은 이런 말을 했다.

"많은 창업가가 좀 더 일찍 하지 못했다고 후회하는 일이 두 가지 있다. 첫째, 어떻게 일했는지 쓰고 둘째, 그렇게 일한 이유를 쓰는 것이다. 이 두 가지는 매우 중요하다. 만일 당신이 다른 사람보다 먼저 이 일을 해내면 당신은 엄청난 우위를 점하게 된다."

나도 경험한 바 있는 실수다. 나는 이런 생각을 한 적이 있다.

 • 대부분의 일은 인내심을 갖고 한 번 말하면 모든 사람이 잘 알아들을 것이다.

이 때문에 엄청난 대가를 치렀다. 생각해보자. 당신의 파트너나 핵심 직원이 당신의 의도를 내내 다른 관점에서 이해하고 있었다는 사실을 반년 뒤에야 알았다고 치자. 그러면 어떤 상황이 벌어질까?

우수한 기업을 만드는 것은 좋은 제품을 만드는 것보다 몇 배나 어렵다. 대부분의 사람이 평생 이런 경험을 하지 못한다. 왜냐하면 좋은 제품을 만들기까지 한 걸음 떼기도 쉽지 않기 때문이다.

컴퓨터에서 비롯된 인터넷은 관리가 필요 없다. 왜 그럴까? 컴퓨터 운영체제가 일률적이지 않더라도(같은 운영체제일지라도 버전은 다르다) 똑같은 프로토콜을 이용하면 소통(데이터 전송)할 수 있기 때문이다.

하지만 사람으로 구성된 조직은 상대적으로 거의 표준화돼 있지 않다. 각자의 운영체제(생각)가 다르고, 버전 번호(경력)가 다르고, 메모리(지식과 경험)가 다르다. 더욱 치명적인 것은 개인 간에 표준화를 위한 협의가 없다는 점이다. 출력(표현)에도 저마다의 방식이 있고, 입력(듣고 읽음) 방식도 다르며, 처리(이해) 역시나 각자 다른 선별 메커니즘(사람은 자신이 원하는 것만 듣고 볼 수 있다)을 갖고 있다. 상호 소통이 원활하지 않을 때도 컴퓨터처럼 잘못을 명확히 지적할 수 없다. 예컨대 한쪽이 완벽히 이해하지 못했을 때(메모리가 모자람)에도 아는 척할 수 있다. 완벽하게 처리하지 못할 때(하드디스크가 가득 참음) 역시나 체면 때문에 죽자 살자 하려들 것이다.

샘 올트먼에 따르면 이렇다.

- 당신은 업무 방법과 업무 이유를 글로 써야 한다.
- 그 내용을 웹사이트 위키(Wiki)나 사람들이 잘 볼 수 있는 곳에 게재해야 한다.
- 또한 당신은 창업가로서 규범을 제정해야 한다.

샘이 사용한 은유는 '법률(Law)'이다. 사실 다른 은유도 사용할 수 있다. 바로 '합의(Protocol)'다.

처음부터 창업가는 부단히 왜(Why)와 어떻게(How)를 글로 써봐야 한다. 내 경험상으로는 무엇(What)도 쓸 필요가 있다. 그리고 모든 사람이 언제든 볼 수 있는 곳에 제시해야 한다. 이와 관련해 요즘 기업들이 가장 손쉽게 사용하는 것은 아마도 위키 시스템일 것이다.

"만일 당신이 다른 사람보다 먼저 이 일을 해내면 당신은 엄청난 우위를 점하게 된다."

물론 이런 말을 많은 사람이 인정하는 바는 아니다. 내가 참여한 적이 있는 팀에서도 정도의 차이는 있지만 명문화하는 작업을 하려고 했을 때 이러저러한 저지를 당했다. 그들은 그 일이 필요하지 않다고 생각했고 심지어는 시간 낭비라고 여겼다. 그래서 이런 점이 나중에 내게는 팀이 성공 경험이 있는지를 판단하는 근거가 되기도 했다. 일을 제대로 해낸 적이 있는 팀과 창업가들은 '듣기만 해도 이 일이 얼마나 중요한지 딱 알아챘다'.

샘은 인적자원 문제와 관련해 한 가지 테스트를 제안한 적이 있다.

내가 한 기업에 들어가서 효율 저하를 초래하는 문제를 해결하게 되었을 때 나는 창업가에게 이런 질문을 던졌다. "제가 이 회사에서 임의로 직원 열 명을 뽑아 그들에게 현재 회사에서 가장 중요한 세 가지 목표가 무엇인지 물을 겁니다. 그들은 모두 똑같은 대답을 할까요?" 거의 100퍼센트의 창업가들이 이렇게 말했다. "그럼요. 분명 그럴 겁니다." 실제로 나는 그렇게 해봤다. 하지만 회사에서 가장 중요한 세 가지 목표에 대해 비슷한 답을 내놓은 직원은 아무도 없었다. 창업가들은 그 사실을 믿기 힘들어했다.

와이 콤비네이터의 마음에 들었던 창업가들조차도 믿기 힘들어했던 사실이다.

심리적 동요를 어떻게 피할까?

왜 사람은 심리적으로 쉽게 동요할까? 왜 마지막까지 이성을 유지하는 사람이 적을까?

이 점에 대해 뇌 과학자들은 이성적이고 논리적인 사고를 주도하는 대뇌피질은 마지막이 되어서야 활성화되고 그 이전에는 정서를 통제하는 좀 더 깊은 곳의 뇌세포가 활성화되기 때문이라고 추측했다. 그래서 분노, 공포, 기쁨 등 정서가 유발될 때 대뇌피질에는 혈액과 산소 공급이 부족해진다. 그래서 생각의 질적인 면에 심각한 영향을 미치게 되는 것이다. 통상 '머리가 텅 비어버렸다'고 표현하듯이 말이다. 이런 상황을 맞닥뜨렸을 때의 해결 방안은 아주 단순하다.

- **여러 차례 깊은 호흡을 하라.**

감정이 이성에 영향을 미칠 수 있음을 안 뒤에는 자신도 모르게 주도적으로 감정을 통제하고 대뇌피질의 기능을 십분 발휘할 수 있게 된다.

오랜 시간이 지나면 대뇌피질은 단련되어 더욱 강력해지고 쉽게 활성화된다. 그리고 감정이 통제를 크게 벗어날 확률도 자연스럽게 낮아진다. 결국 이성은 하나의 습관일 뿐이다.

불안하고 혼란스러운 세상에서 감정 없이 생활하기는 불가능하다. 감정이 있으면 반드시 반응하게 된다. 그것은 곧 대뇌피질이 제대로 발달하기 힘들다는 점을 의미한다. 좀 더 알기 쉽게 말하면 고등동물이라고 할 수 없는 것이다. 심지어는 하등동물만도 못할 수 있다.

악어는 냉혈동물이고 분명 인정사정이 없다. 물론 악어가 사냥감을 통째로 삼킬 때 눈물을 흘리기도 하지만 파충류로서 '감정'은 전혀 없다. 눈물을 흘리는 건 동정심이 있어서가 아니다.

악어 입장에서 악어가 인식할 수 있는 범위는 악어의 세계다. 사방 수십 미터가 고작이다. 일단 침입자가 등장하면 악어는 다음의 다섯 가지 반응만 보인다(5F).

- 침입자가 자신보다 몸집이 크면 그것이 무엇이든 뺑소니친다(Flee).
- 침입자가 동성 악어라면 싸운다(Fight).
- 침입자가 이성 악어이고 시기가 괜찮다면 교배한다(Fuck).
- 침입자의 몸집이 자기보다 작거나 동종이 아니면 잡아먹는다(Feed).
- 침입자가 위 네 가지 범주에 속하지 않는다면 제자리에서 꿈쩍도 하지 않고 아무런 반응도 보이지 않는다(Freeze).

악어의 세상은 단순하다. 평생 자신을 깜짝 놀라게 할 만한 상황을 만날 일이 없다. 악어의 세상은 매우 순박하다. 그래서 악어의 대뇌는 기본적으로 '기억' 능력이 없다. 사실 악어에게 대뇌 같은 물건은 쓸모가 없다. 앞에서 언급한 다섯 가지 '본능적 반응'은 단순하고 직접적이며 효과적이다. 또한 순식간에 해낼 수 있는 반응이다. 악어에게는 이 정도면 충분하다. 그렇게 악어들은 중생대에서 현재까지 2억 년 동안 내내 꽤 괜찮게 지내왔다.

물론 악어가 인간보다 하등동물임에는 분명하지만 악어의 전략은 고등동물인 인간이 자세히 살펴보고 공부해볼 만하다.

- **해야 할 일만 하면 다른 일은 무시해도 된다.**

누군가 당신을 배신해 불같이 화가 났다면 어떻게 하겠는가? 그에 대한 확실한 선택은 다음과 같다.

- **아무것도 안 하면 된다.**

당신의 삶을 지속하면서 계속 전진하면 된다. 사실 이것이 가장 어려운 선택이다.

이보다 더욱 쉬운 선택은 다음과 같다.

- **원망**
- **보복**

그런데 이런 일에 시간과 에너지를 낭비함으로써 정작 자신을 더욱 발전시키고 가다듬는 데는 사용하지 못하는 것이 가치 있을까?

몇 년 전, 나는 한 청년에게 충고한 적이 있다. 아마도 회사를 사직한 누군가는 경쟁자가 된 그날부터 한동안 온갖 수단을 동원해 한때는 동료였던 이들을 모욕하고 모함할 것이다. 그런 사람에 대해서는 '무반응'으로 일관해야 한다. 이유는 간단하다. 발전하기에 여념이 없는 사람에게는 그런 일 따위로 괴로워할 틈이 없다. 몇 년 뒤 그 청년이 가슴을 쓸어내리며 이런 말을 했다. "그때 그 말을 들은 게 참 다행이었어요. 지금 돌아보니 그 사람은 자기가 무슨 행동을 하고 있는지도 몰랐던 것 같아요. 만일 당시에 그 사람과 사투를 벌였다면 나는 아마도 일찌감치 이름도 없는 사람이 돼버렸을 겁니다."

이 똑똑함이 깃든 말이 정답이다.

- 바보와 싸울 필요가 없다.
- 바보들은 당신을 자기 수준으로 끌어내려 그들이 장기적으로 축적한 풍부한 경험을 이용해 순식간에 당신을 격파해버릴 것이기 때문이다.

감정을 통제하는 것은 어쩌면 꽤 쉬운 일이다. 기본적으로 기술을 통해 얻을 수 있는 습관이다. 그 기술이란 바로 감정을 새로운 방향으로 돌리는 것이다(Redirect). 다시 말해 감정을 다른 방향이나 방식으로 해소하는 것이다.

나는 이 기술을 영화에서 배웠다. 쿠엔틴 타란티노 감독의 「펄프 픽션」이라는 영화인데 그가 감독한 두 번째 작품이자 대표작이다. 브루스 윌리스가 역을 맡은 부치 쿨리지는 자신으로 인해 깜짝 놀란 애인을 다

정히 위로한 뒤 집을 나선다. 다음 장면에서 그는 자동차 안에서 핸들을 치면서 큰 소리로 거칠게 욕을 퍼붓는다. 그런 뒤 마음을 가다듬고 생명의 위험을 무릅쓰고 아버지가 남긴 중요한 금시계를 되찾으러 간다. 이것이 바로 '다시 방향을 확정'하는 예다.

이런 경험이 몇 차례 쌓이면 당신은 감정을 통제하는 일이 꽤 쉽다는 점을 깨닫는다. 얼마 지나지 않아 당신 주위의 지인들도 당신의 침착함에 놀라워하고 이내 경외심을 품을 것이다.

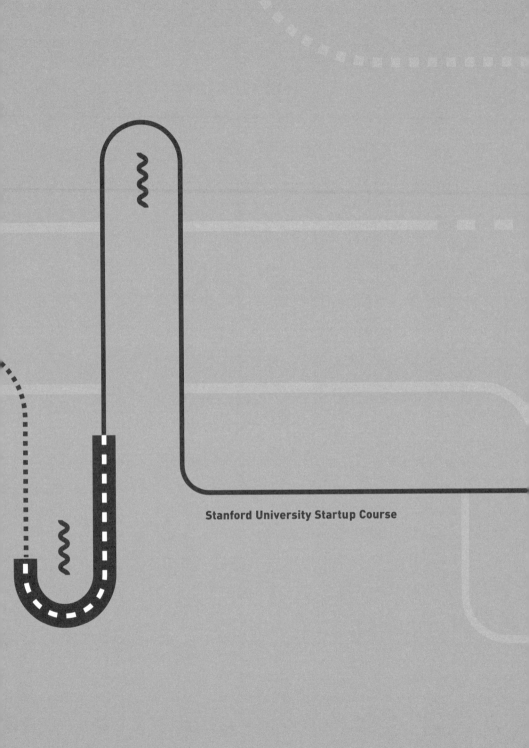

Stanford University Startup Course

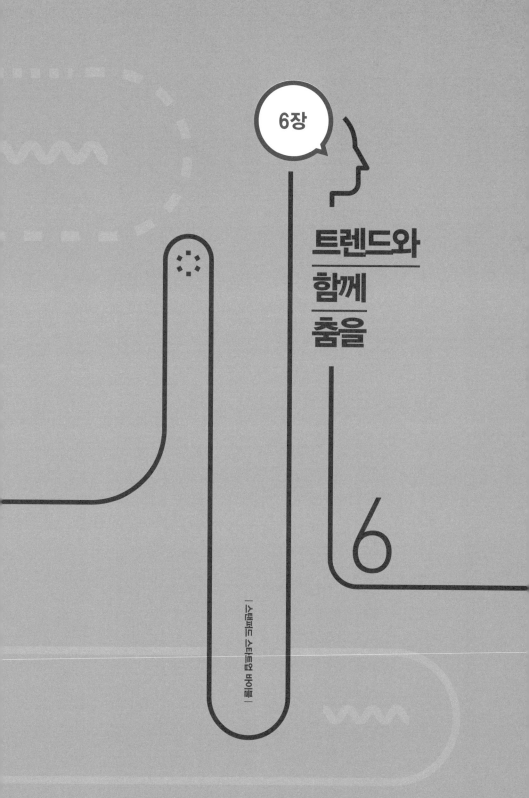

6장

트렌드와
함께
춤을

6

| 스탠퍼드 스타트업 바이블 |

스타트업 기업의
성공과 실패

독점을 위할 때 경쟁을 피할 수 있는 확실한 방법은 '최고로 잘하는 것'이다.

복잡한 생각은 정확하게 표현하기 힘들다

이상적인 비즈니스 모델(독점기업)을 어떻게 창조할지와 관련해 베스트
셀러 『제로 투 원』의 저자이자 페이팔의 공동 창업자인 피터 틸은 한 가
지 관찰과 세 가지 전략으로 정리했다.

한 가지 관찰은 이렇다.

- 21세기 들어 많은 기업이 단독으로는 돈을 벌 수 없는 이런저런 기술을 종
  합해 독점적 우위를 형성했다.

세 가지 전략은 이렇다(순서에는 선후차가 없다).

- 작은 분야나 독점할 가치가 없다고 여긴 시장에서 시작한다.
- 2인자보다 10배는 더 우수해야 한다.
- 후발 주자의 장점을 잘 이용한다.

　자세히 들여다보면 한 가지 관찰은 또 하나의 전략이기도 하다. 경계를 넘어 통합하는 일이다. 그래서 내 생각에 피터 틸은 사람들에게 네 가지 전략적 제안을 하는 것 같다.

　이 내용을 나는 이해하기가 꽤 편했다. 생각이 복잡하고 치밀한 사람들은 결국 다수의 사람이 절대 따라갈 수 없는 가치판단의 체계(혹은 모델)를 갖게 된다. 반면 그들이 내린 결론은 평범하기 그지없거나 황당해 보인다. 그래서 그들이 다른 사람을 향해야 할 때, 즉 두뇌가 그들보다 훨씬 단순한 사람들에게 생각의 결과를 전달할 때 큰 어려움을 겪는다. 그들이 내뱉은 말의 속뜻이 겉으로 드러나는 것과 완전히 같지 않을 수도 있기 때문이다. 그래서 늘 오해를 빚게 된다. 한편 생각을 정확하게 전달하기 위해 그들은 종종 한 가지 문제를 놓고 여러 측면에서 해석한다. 하지만 이런 행동은 두뇌가 단순한 사람들에게 어려움을 가중시킨다. 하나의 일을 이해하기 위해 수많은 일을 알아야 하기 때문이다.

　피터 틸은 생각의 능력을 이용해 사람들이 무심코 내뱉은 거짓말을 식별하는 데 탁월한 재능이 있다. 이는 독립적으로 생각할 줄 아는 사람들의 특징이기도 하다. 피터 틸 역시 자신만의 고정된 생각의 모델이 있는 전형적인 인물이다. 그의 입장에서 모든 비즈니스 모델을 검증할 수 있는 '요술 거울'은 이렇다.

· X × Y=?

겉만 번드레한 변명은 이런 단순한 공식 앞에서 정체가 드러난다.

『괴짜 경제학(Freakonomics)』의 저자 스티븐 레빗은 이와 관련된 한 가지 예시를 들어 미국 범죄율이 해를 거듭할수록 하락 추세를 보이는 이유는 오랫동안 사람들이 생각했던 것과 전혀 다르다는 사실을 입증했다. 진짜 이유는 30여 년 전 미국 법률이 여성의 낙태를 허용한 데서 시작됐다는 것이다. 성장 환경이 좋지 않거나 양질의 교육을 받지 못해 범죄자가 될 확률이 높은 인간들이 태어나기 전에 제거됐다는 논리다. 이처럼 과학 발전의 역할 중 하나는 바로 '부주의한 거짓말'을 식별하고 폭로하는 데 있다.

그렇다. 닥터 하우스도 수차례 말했다.

 · **사람들은 거짓말을 다 안다.**

경계를 넘어 문턱 높은 일을 하라

어떻게 독점할 것인가? 피터 틸이 어떻게 말해도 경쟁조차 모르는 학생들은 제대로 이해하기 힘들 것이다. 그가 말하는 경쟁과 독점은 경제학 서적에서 언급하는 경쟁과 독점과 같은 의미일까? 물론 그 스스로도 경제학자들은 무척 쓸모없는 말을 한다고 언급했다.

문답 시간에 그는 이렇게 말했다.

이 말은 사람마다 다르게 이해한다. 그 점을 감안해 나는 반나절 궁리한 끝에 10년 전 학생들에게 강의한 GRE 작문 중에서 협력과 경쟁에 관한 타이틀을 생각해 냈다. GRE는 미국을 비롯한 영어권 국가들의 대학원과 경영대학원에 입학하려는 학생들을 평가하는 시험이다. 당시 나는 극단적인 예를 한 가지 들었다.

능력이 출중한 사람 입장에서는 경쟁과 협력이 존재하지 않는다. 가령 아인슈타인은 다른 사람과 협력하고 싶어 했다. 하지만 문제는 그와 협력할 만한 자격이 누구에게 있는가 하는 것이다. 그럴 만한 자격이 있는 사람이 없었다. 물론 그와 경쟁하고 싶은 사람은 있었다. 하지만 그 누가 아인슈타인의 경쟁 상대가 될 수 있을까?

나는 '아인슈타인'을 어떤 한 명의 정상급 인물로 바꿔봤다. 그리고 생각해보니 피터 틸이 언급한 세 가지 전략 중 '2인자보다 10배는 더 우수해야 한다'가 가장 좋은 전략 같다. 소위 독점은 경쟁력이 절대 경지에 다다른 것이다. "그 밖에도 당신은 자신의 독점이 얼마나 유지될 수 있을지 생각해야 한다"라는 피터 틸의 말을 이내 이해할 수 있다. 설령 남들보다 10배나 강하더라도 부단히 발전해야 한다는 것이다.

독점은 영원한 경쟁 속에서 순간적으로 최고에 이른 상태이다. 그 밖에 독점을 이루는 중요한 전략은 경계를 넘어 독점적인 일을 하는 것이다. 남들이 한 가지 일을 할 때 당신은 몇 가지 일을 한데 놓고 최고의 상황을 만드는 것이다. 만일 다른 사람이 어떤 분야에서 독점하고 있고 당신이 그를 능가하지 못한다고 치자. 그러면 당신은 그 분야의 지식과 기능을 다른 분야로 가져가 새로운 분야의 지식, 기술과 결합해 최강의 세력을 형성하면 된다. 이런 방식은 일부 창업가들의 공감대를 얻기까지 했다. 경계를 넘어 문턱이 높은 일을 해야 하고 더 나아가 경쟁자가 손 놓고 당신을 바라만 보도록 해야 한다.

린스타트업을 신뢰해도 될까?

온라인과 오프라인이 결합된 O2O 형태의 홈조이는 린스타트업의 성공 사례였다. 홈조이의 창업가는 최소 기능 제품을 만든 다음 고객 반응을 얻어 꾸준히 제품을 개선해 성공했다.

누군가 글로벌 전자 결제 서비스 업체인 페이팔의 창업가 피터 틸에게 린스타트업 방식에 관해 질문했을 때 그는 대답할 가치도 없다는 듯 응했다.

"개인적으로는 린스타트업(Lean Startup)에 무척 회의적입니다."

이론을 잘 기억하는 사람이라면 이 말을 듣고 아마도 심각한 고민에 빠질 것이다. 도대체 어느 쪽 말을 들어야 할지 감이 잡히지 않기 때문이다.

A라는 사람의 강연을 들을 때는 '와! 딱 맞는 말이네!'라고 생각한다. 하지만 B라는 사람의 강연을 들을 때도 '와! 역시 이거야!' 싶다.

그런 다음 곰곰이 생각해보면 '어, 왜 두 사람 말이 다르지?' 하는 의문이 든다.

나는 책 『시간을 친구처럼 대하라(把时间当作朋友)』에서 내 생각이 발전되는 과정을 언급했다. 스물여섯 살 전후로 몇 년 동안 나는 생각의 혼란이 가중되는 상황을 꽤 많이 경험했다. 내가 얻은 결론은 '아이고! 내가 정말 제대로 생각할 줄 몰랐구나'였다. 그래서 그길로 도서관에 가서 비판적 사고와 관련된 책을 찾아 읽으면서 연구했다. 그렇게 몇 년의 시간을 보낸 뒤에야 사고의 체계를 한 단계 발전시켜 주관 있는 생각을 할 수 있었다.

린스타트업 방법론을 맹신하는 사람들은 기본적으로 '불가지론자'들이다. 그들은 미래는 예측할 수 없다고 본다. 미래를 예측할 수 없고 또 예측하더라도 점진적 검증이 필수적이라는 생각이 린스타트업 방법론 추종자들의 기본적인 세계관이다.

어떤 의미에서는 그들의 관점이 맞을 수도 있다. 하지만 이 세상에는 그들과 다른 부류의 사람들도 존재한다. 가령 피터 틸 같은 사람 말이다. 그는 말했다. "나는 좀 확신이 안 선다." 꽤 예의를 차려 한 말이다. 린스타트업을 맹신하는 세계관에 대해 피터 틸은 꽤 회의적인 입장을 보인다. 물론 피터 틸의 견해가 린스타트업 방법론에 장점이라고는 전혀 없음을 뜻하는 것은 아니다.

피터 틸은 전형적으로 '멀리 내다보고 생각하기'에 익숙한 사람이다. 그런 사람 눈에는 미래가 상대적으로 선명하다. '알 수 없는' 대상이 절대 아니다. 그리고 보니 피터 틸은 체스의 달인이다. 체스의 달인답게 그는 한 치 앞이 안 보이는 상황에서도 7, 8보를 내다볼 것이다. 그러니 생각이 다를 수밖에 없다. 인정할 수밖에 없는 사실이 또 있다. 위대한 회사는 '원대한 구상'을 가지고 있다는 점이다.

한편 우리는 그 반대의 경우를 목격하기도 한다. 파일 셰어 서비스를 지원하는 웹사이트인 박스넷(Box.net)의 CEO 에런 레비는 이런 말을 했다.

"현재 24만 개의 기업들이 우리 제품을 사용하고 있다. 그 이유는 우리가 비즈니스 모델을 만들고 소프트웨어를 설계했기 때문이다. 또 우리가 업계에 필요한 해결 방안을 새로 구상했기 때문이다. 결론적으로 우리가 꽤 중요한 제품을 개발했다는 점이 증명됐다."

이런 사람들에게는 시행착오가 필요 없다. 그들에게 필요한 것은 진지한 고민이다. 그런 뒤 생각해 낸 것을 직접적으로 표적에 명중시키는 것이다. 그들은 더욱 명확하게 미래를 내다본다.

이렇게 이해하면 될 것 같다. 성공이나 발전으로 향하는 길의 첫 번째 단계에서는 린스타트업 방법론에 의지할 수밖에 없다. 그때에 한해서는 불가지론자이든 아니든 상관없이 세상은 모두에게 미지의 영역이기 때문이다.

린스타트업 방법론을 운영하면 더 빠르고 더 효율적이며 더 안전하게 성장할 수 있을 것이다. 하지만 그 과정에서 세상(혹은 비즈니스 세계)을 이해하는 능력을 길러야 한다. 그러면 세상의 규칙을 더욱 정확히 볼 수 있다. 그리고 나면 어느 순간 성숙해질 것이다. 아마도 그 전보다 훨씬 진지하고 분명하게 미래를 내다볼 수 있는 능력을 갖게 될 것이다.

트렌드와 함께 성장하라

페이스북의 부사장 앨릭스는 검색엔진 최적화(SEO)를 진행할 때 얼마나 수월했는지 언급한 바 있다. 예를 들어 '흰색 바탕의 웹페이지에 수없이 많은 흰색 글자를 채워 넣는 것'처럼 무척 손쉬운 작업이었다. 하지만 이런 손쉬운 작업에서도 차이점을 만들어 내야 했다. 처음에는 모든 게 수월했다. 그래서 배울 의지가 있는 사람이라면 누구나 다 배울 수 있었다. 하지만 검색엔진 최적화 작업이 점점 복잡해졌다. 그 기술을 배우기 위해 많은 사람이 몰려들었지만 그중에 우수한 실력을 갖춘 인재가 된 사람은 극소수뿐이었다.

중국 최대의 인터넷 쇼핑몰 타오바오가 약진할 때 중국에서 타오바오 상점을 여는 건 매우 간단했고 또 전부 무료였다. 기존의 상점 주인들이 와서 한번 보고는 "별것 아니네!"라고 할 정도로 간단했다. 심지어 타오바오 상점을 상대할 가치가 없다고도 생각했다. 하지만 타오바오가 성장하면서 타오바오 상점을 연 사람들도 부단히 성장했다. 그들은 어떻게 하면 상점을 눈에 띄게 꾸밀지, 제품의 검색 순위를 어떻게 올릴지, 어떻게 해야 전환율(Conversion Rate)을 높일 수 있을지 연구했다. 그리고 연구 과정에서 각종 이론을 도출하고 부단히 검증했다.

마침내 어느 날 모두가 놀랄 상황이 발생했다. 타오바오 상점을 열어 이렇게 돈을 벌 수 있다니! 그러자 상인들이 너도나도 몰려들어 나눠 먹으려고 했다. 하지만 문턱은 이미 너무 높아져버렸다. 타오바오 자체는 여전히 무료로 개점할 수 있지만 후발 주자들의 제품은 하위에 머물러 전환율을 따라갈 수가 없었다. 할 수 없이 어마어마한 돈을 투자해야 했다. 그들은 오프라인 상점보다 타오바오 상점을 개점하는 것이 더 실행하기 어렵다는 것을 깨달았다. 임대료는 없지만 그 외 다른 원가가 훨씬 높았기 때문이다. 사실 그들은 납세를 하고 있었다. 후발 주자로서의 손해를 감내할 수밖에 없는 납세 아닌 납세, '후발 주자 세금' 말이다.

사람들은 '노력 자체는 별로 중요하지 않은 것 같아'라는 순박한 생각을 한다. 엄청난 노력에 비해 그에 상응하는 보답을 얻지 못하는 것처럼 느껴지기 때문이다. 그래서 사람들은 또 다른 극단으로 치우치기도 한다. 성공을 운에 맡기는 것이다. 그러다가는 또 덤덤해진다. 운이란 관리할 수 없는 것이기 때문이다. 이건 심리적 위안에 불과하다. 운은 완벽히 통제 불가능한 것이 아니기 때문이다.

놀랄 만한 성과를 거둔 사람들을 자세히 관찰하면 다른 사람들과 확연히 다른 점을 발견할 수 있다.

 • 그들은 온갖 수를 짜내 트렌드를 연구하고 찾아낸다.

그들은 내일 무슨 일이 벌어지고 무엇이 생길지를 수없이 생각한다. 앨릭스처럼 취미를 즐기거나 마음의 소리에 귀를 기울이다가 한순간에 트렌드 속으로 들어서는 사람은 행운아다.

그런가 하면 행운에 의존하지 않는 부류들이 있다. 그들은 관찰과 생각에 의존하고 경험과 교훈을 종합하며 계속된 변화와 발전에 의거해서 최종적으로 자신이 참여할 트렌드를 찾는다. 만일 그 판단이 정확하다면 트렌드는 분명 등장할 것이다. 그다음에 그들은 그 트렌드와 함께 성장할 수 있다. 그렇게 되면 비약적 발전은 떼어놓은 당상이다. 스스로 날개를 단 것이나 매한가지다.

현재 트렌드 연구와 관련된 상황은 다음과 같다.

첫째, 반드시 미래에 대해 생각해봐야 한다. 하지만 대부분의 사람은 미래에 대해 고민하지 않는다.

둘째, 미래를 정확하게 예측하는 사람은 아주 드물다. 대부분의 '꿈'은

탁상공론일 뿐이다.

셋째, 트렌드를 제대로 찾는 사람은 극히 드물다.

넷째, 이미 트렌드의 한복판에 서 있으면서 대세의 옷자락을 꽉 붙잡고 죽어도 놓지 않는 사람도 극소수다. 신속하고 거센 트렌드 속에서 강력한 학습 능력을 갖추지 못하면 이내 내팽개쳐질 수밖에 없기 때문이다.

마지막으로, 가시적인 성과를 앞에 두고도 의연하고 침착한 생각을 유지할 수 있는 사람이 얼마나 될까? 하지만 그렇게 침착하지 않으면 도태될 수도 있고 마지막까지 갈 수조차 없다.

지금까지 10년 동안 나는 지인 몇 명이 부동산 분야에서 활개 치는 모습을 목격했다. 그리고 근 몇 년 동안 또 지인 몇 명이 인터넷 분야에서 맹위를 떨치며 성장하는 모습도 봤다. 또 절친한 친구 몇 명이 벤처투자 분야에서 능력을 십분 발휘하는 모습도 지켜봤다. 그들에게는 공통점이 있었다. 그들은 원래 강력한 능력의 소유자들이었는데 또 다른 강력한 능력을 지니고 있었다.

- 빠르게 발전하는 트렌드를 찾는 능력
- 해당 분야에서 빠르게 학습하고 실천하는 능력

이런 능력이 있는 사람들은 트렌드와 함께 성장할 수 있다.

운도 무척 중요하다. 하지만 대부분의 사람이 모르는 것이 있는데, 그들에게 있는 엄청난 운은 그들이 잡은 것이다.

핵심은 스스로 운을 창조하는 사람은 여전히 열심히 노력하고 거기에 또 노력을 더한다는 것이다. 앨릭스의 맺음말이 참 걸작이다.

"정말 일을 제대로 할 줄 알고 소수의 그들처럼 노력에 또 노력을 더한다면 성공은 뜻대로 이루어질 것이다."

스타트업에서 지리적 위치의 중요성

링크트인의 창업가 리드 호프먼은 스타트업 기업이 위치한 지역의 중요성을 언급했다.

왜 지리적 위치가 그리 중요할까? 왜 보스턴이나 뉴욕이 아닌 실리콘밸리일까? 이 문제는 수년간 많은 사람을 곤혹스럽게 했다. 뉴욕은 금융의 중심지다. 월가는 뉴욕 시 맨해튼 남부에 위치한 거리로 세계의 거대 자본을 움직이는 곳이다. 그렇다면 월가가 뉴욕을 잉태했을까, 아니면 뉴욕이 월가를 잉태했을까? 어쨌든 뉴욕에 월가가 있는 건 분명하다. 그렇다면 보스턴은? 그곳에는 전미, 심지어 전 세계 일류 대학들이 밀집해 있다. 하버드대학과 매사추세츠공과대학이 있다. 그렇다고 보스턴이 차세대 실리콘밸리가 될 수는 없다.

꼭 읽어볼 만한 책이 있다. 『총, 균, 쇠(Guns, Germs, and Steel)』가 바로 그 책이다. 1997년 출판된 이 책으로 저자 재러드 다이아몬드◆는 1998년 퓰리처상을 수상했다. 2005년 내셔널지오그래픽협회는 이 책을 바탕으로 다큐멘터리영화를 제작해 미국 공영방송(PBS)에서 방영했다.

◆ 재러드 다이아몬드(Jared Diamond): 미국 진화생물학자, 생리학자, 생물지리학자이자 작가. 미국예술과학아카데미와 미국과학아카데미 회원.

이 책에서 우리는 역사적 사건에 대한 다양한 해석을 접할 수 있다. 더 중요한 것은 그 해석이 그 전에 들었던 것보다 훨씬 합리적이라는 점이다. 이 책의 부제목은 '인류사회의 운명'인데 '세계의 불평등 이해'라고 하는 것이 훨씬 적합할 듯하다. 캘리포니아대학 로스앤젤레스 캠퍼스의 교수인 재러드 다이아몬드는 1만 3,000년 전 세계 각지의 발전 수준이 거의 비슷했음을 상세히 설명한 뒤 발전 속도의 차이가 어디에서 비롯됐는지에 대해 해석했다. 그 답은 바로 자원이 균등하게 분포하지 않은 데 있었다.

가령 강철을 생산하는 지역은 칼이나 창으로 대표되는 무기의 시대에 우위를 점했고 훨씬 거대한 국가의 영토를 확보했다. 웅대한 서사를 자랑하는 이 책은 일상적 재미를 주지는 않아도 책에 등장하는 과학적 방법론이 이목을 집중시키고 공부할 가치를 부여한다. 이 책에서 지리적 위치의 중요성을 얼핏 짐작할 수 있다.

리드 호프먼의 해석 역시 대체적으로는 비슷하다. 사람, 기술, 사상, 인맥, 자본 등 여러 가지 원인에 근거해 실리콘밸리는 스타트업을 하기에 최적의 자원을 축적해놓았다.

또 리드 호프먼은 재미있는 현상을 제기했다. 미국의 공동 구매 소셜 상거래 업체인 그루폰(Groupon)처럼 기업 운영을 중시하는 기업은 실리콘밸리에서 등장할 수 없다. 실리콘밸리는 인력 축적 모델을 선호하지 않기 때문이다. 그루폰이 실리콘밸리에 뛰어들어 스타트업을 했다면 아마 시리즈 A 투자스타트업 기업이 벤처캐피털에서 첫 번째로 받는 투자-옮긴이도 유치하지 못했을 것이다.

최근의 일례로 소셜네트워크서비스 '익약(Yik Yak)'이 있다. 익약은 위치를 기반으로 한 익명 SNS로서 '보급과 확대'를 위해 전력을 다했다. 이는 실리콘밸리의 기업이 절대 하지 않는 일이다. 스타트업을 한 현지에서 벗어나면 자칫 몰락할 수 있기 때문이다. 결국 신에 익약은 실리콘밸리의 기업인 시크릿(Secret)에 의해 제압당하고 말았다. 시크릿 역시 익명 SNS로 휴대전화에 연락처가 저장된 지인들과 익명으로 소통하는 기존 서비스 모델에서 익약과 같은 위치 기반으로 서비스 모델을 피벗[Pivot, 사업 아이템의 수정-옮긴이]했던 것이다.

지리적 위치에는 그곳만의 생명과 영혼이 있다. 대개 도시에는 그 도시만의 분위기가 있다. 지역 특유의 '페로몬'을 내뿜는 것이다.

베이징 수험생들의 TOEFL, GRE 성적은 다른 도시 수험생들보다 정말 높을까? 왜 그럴까?

- 베이징 수험생의 평균 지능지수가 훨씬 높아서일까?
- 베이징 신둥팡의 교육 능력이 훨씬 뛰어나서일까?

이 두 가지 해석을 뒷받침할 만한 통계 자료는 없다. 더 가능성 있는 해석은 베이징의 신둥팡이 특유의 페로몬을 내뿜어 그곳에서 매일 엄청난 수의 학생들이 죽을 듯이 시험 기술을 배운다는 것이다. 그 기술이 유용한지는 신경 쓰지 않는다. 항상 누군가는 열심히 하고 또 누군가는 똑똑해서 그들 중 누군가 언제나 좋은 성적을 내기 때문이다. 그 지역에서는 훨씬 많은 사람이 '너도 하는데 나도 해야지'라는 태도에 입각해 전투에 가담한다. 그렇게 페로몬 농도가 점점 진해지고 그에 따라 영향력도 훨씬 커지는 것이다.

실리콘밸리에 월가를 만드는 것도 마찬가지로 불가능한 일이다. 분위기 자체가 안 된다.

이런 현상의 이면에 있는 이치는 같다. 스타트업은 시험보다 훨씬 엄격하고 진지한 일이다. 이처럼 중요한 요소는 당연히 특별 대우를 받아야 한다. 투자자 또한 마찬가지다. 지역이라는 요소를 무시하는 것은 적절하지 않다. 베이징, 선전, 항저우, 상하이 등 주요 도시에서 스타트업을 한 창업가들의 '기질'을 관찰해보면 서로 다른 점을 꽤 많이 발견할 수 있다. 베이징에는 바이두, 360, 신랑, 소후가 있고 선전에는 텅쉰이 있고 항저우에는 알리바바가 있고 상하이에는 씨트립이 있다. 이 기업들 역시 현지의 스타트업 기질에 영향을 받았다. 기존 대기업들에서 출현한 스타트업 팀이 얼마나 많을지 생각해보면 그 대기업들이 현지에서 얼마나 지대한 영향력을 행사하는지 이내 알 수 있다.

중국 시인인 훠쥐(火炬)는 꽤 재미있는 글을 썼다. '이 글을 계기로 베이징과 상하이 스타트업 환경 전쟁을 종결짓도록 힘쓰자(力爭以本篇終結北京上海創業環境之爭)'라는 제목인데 진지하게 읽어볼 만한 내용이다. 특히 나는 글 내용 중 다음 문장에 동의한다.

"O2O 방식의 스타트업은 상하이에서 더욱 우위를 점할 것이다."

최근 중국 각지의 정부에서도 이런 호소에 응해 앞다퉈 '종합 창업 서비스 플랫폼'이나 '창업 투자 펀드' '스타트업 개발 지구'를 세우고 있다. 아마도 일부 지방정부는 이런 식으로 스타트업의 지리적 환경 문제를 해결할 수 없다는 점을 잘 알 것이다. 뉴욕이나 보스턴이나 브루클린이 실리콘밸리를 복제해보려고 여러 해 동안 무척 노력했으나 실현되지 못한 현실을 보면 어느 정도 알 수 있다. 그렇다면 어떻게 돌파구를 찾을 것인가? 글 한 편에 그 내용을 다 쓸 수는 없으나 다음과 같은 질문으로 주의를 환기할 수는 있겠다.

'벤처캐피털이 스타트업보디 상대적으로 지리적 위치의 제한을 덜 받는 이유는 무엇일까?'

단 한마디로 사업 설명을 할 수 있을까?

와이 콤비네이터의 파트너인 마이클 세이벨⁕은 투자자에게 사업 설명을 하는 방법을 논할 때 맘테스트(Mom Test)를 언급했다. 서구에서 '컴퓨터를 잘 못 다루는 엄마들에게 얼마나 편리하고 유용한지를 알아보는 테스트'로 쓰인다. IT 관련 신제품이나 소프트웨어가 그 대상이다.

- 당신이 현재 무엇을 하고 있는지 설명하라.
- 단 한마디로 상대를 이해시킬 수 없다면 다시 써라.

이 말을 듣고 어느 정도의 중국인들은 당나라 시인 백거이와 관련된 '노구능해(老嫗能解)'라는 고사성어를 떠올릴 것이다. '노구능해'는 '늙은 할머니도 이해할 수 있다'는 뜻이다. 백거이가 시를 지을 때마다 노인들에게 읽어주고 그들이 이해하면 글을 썼다는 데서 유래했다. 사실 모든 할머니가 무지한 건 아니다. 오래 살고 많은 것을 보면서 영특해진 경우도

⁕ 마이클 세이벨(Michael Seibel): 예일대학에서 정치학을 전공했다. 모바일 비디오 공유 애플리케이션인 소셜캠(Socialcam)과 미국의 생중계 사이트 저스틴 TV(Justin.tv)의 공동 창업자 겸 CEO.

가끔은 있다. 그렇지 않으면 늙은 할머니가 이백에게 '공을 들여 열심히 노력하면 절굿공이도 갈아서 바늘을 만들 수 있다'는 이치를 말해줄 수는 없었을 것이다. 당나라의 대시인 이백은 어렸을 때 노는 데 정신이 팔려 있었는데 우연찮게 만난 할머니의 이 말을 듣고 공부를 게을리하지 않게 됐다고 한다.

단순한 예시 한 가지만으로 복잡한 이야기를 정확하게 설명한다는 건 실로 어려운 일이다. 예전에 영화나 잡지를 보면서 나는 그런 능력은 애써 훈련해서 습득해야 한다고 생각했다. 영화 평론의 베테랑들은 늘 한 마디 말로 정교하게 설명했기 때문이다. 게다가 최상의 고수들은 정말 놀랍게도 그렇게 하면서도 동시에 절대로 스포일러가 되지 않았다. 반면 우리는 지인에게 영화 한 편을 추천할 때 늘 이렇게 시작한다.

와우! 정말 대단한 영화야!

그런 뒤 영화의 전체 내용을 말하고 싶어 안달이 난다.

어떤 사람들은 충분히 이목을 끌 수 있는 상황에서도 장황한 말 대신 단 한마디 말로 본질을 개괄한다. 또 최대한 힌트도 주지 않는다(물론 힌트를 준다고 죄가 되지는 않는다).

시간이 흐른 뒤 나는 책을 계속 집필하면서 '한마디 말이면 책 한 권 쓰기 충분하다'는 점을 깨달을 수 있었다.

- 내가 쓴 책 『시간을 친구처럼 대하라』는 책 제목 한 문장에 내용이 개괄돼 있다. '당신이 근본적으로 시간을 관리하지 못한다면 먼저 자기 자신을 관리해야 한다!'

하지만 사업, 특히 혁신 사업을 묘사하면서는 이런 경험을 했다.

- 한마디 말로 정확히 설명하기는 실로 너무 어려운 일이다.
- 할머니들에게 정확히 설명하기란 더욱 힘들다.

생각해보자. 내가 참여한 스타트업 사업은 이랬다.

- 이 사업은 블록체인(Blockchain) 기술에 바탕을 두고 저작권 가치 평가
와 저작권 배포를 진행하는 탈중심화 서비스다.

어려운 개념이 여럿 등장하는 문구는 나이 든 일반 여성들이 얼른 이
해하기 쉽지 않다. 아주 똑똑한 사람들도 꽤 많은 시간을 들여 연구해야
알 수 있을 정도다. 그래서 마이클 세이벨은 상대방이 아무것도 이해하
지 못한다고 가정해야 한다고 강조했다.

"당신은 내가 아무것도 모르고 어떤 것도 완벽하게 이해하지 못한다
고 간주해야 한다."

내가 살펴본 바에 따르면 역으로 투자자가 갈고닦아야 할 영역이 있
기도 하다. 투자자가 먼저 스스로를 비우고 전반적으로 수용한 다음에
생각하고 마지막에 합리적 결론을 추출해야 한다. 수많은 사람 가운데
그 수준에 도달한 사람은 극히 드물다.

나는 1장에서 일본의 선사 난닌젠구의 일화를 언급했다. 난닌젠구는
방문자에게 이렇게 말했다. "당신은 마치 이 잔과 같습니다. 그 속에는
자신의 생각과 주장이 가득 차 있으니까요. 당신이 먼저 잔을 비워 내지

않으면 내가 어떻게 당신에게 선을 말할 수 있겠습니까?"

난닌젠구의 사례는 다른 각도에서 지리적 위치가 왜 중요한지를 설명하고 있다. 다시 말해 실리콘밸리에서는 투자자가 젖 먹던 힘까지 다 짜내 '자신의 잔을 다 비워 냈다'고 해도 이미 많은 일을 알고 있다. 무엇이 '탈중심화'인지 또 무엇이 '블록체인 기술'인지 등을 말이다. 거기에 숨은 깊은 의미를 속속들이 알고 있는 것이다. 그는 '저작권 평가와 분산'의 핵심이 어디에 있는지를 아는 것이다. 이는 곧 실리콘밸리라는 울타리 안에서 최근 사람들이 매일 토론하는 문제다. 보스턴에서 이 개념을 알고 있는 사람은 거의 없을 것이다. 중국의 헤이룽장 성 하이린 시(임의로 사용한 지명. 다른 도시로 바꿔도 상관없다)에는 더더욱 없을 것이다.

나는 최근에 '즈비모(知筆墨, zhibimo.com)'를 어떻게 한마디로 정확하게 설명할지 생각해봤다.

- 즈비모는 고객을 위한 기업으로 독창성과 체계성을 중점에 둔 자체 출판 플랫폼을 고객에게 제공하며 또한 고객의 발전을 위해 필요한 양분을 제공한다.

마침표는 한 번만 사용했지만 분명 꽤 긴 문장이다. 한마디만으로 정확하게 설명하기란 쉬운 일이 아니다. 단 한마디가 아닌 '긴 문장'인데도 과연 사람들이 얼른 즈비모의 가치를 알 수 있을지 매우 의문스럽다.

돌아서면 더 이상 물이 아니다

내가 어렸을 때 중국 교과서에는 '섭공호룡(葉公好龍)' 이야기가 실려 있었다.

> 섭공 자고가 용을 얼마나 좋아했던지 갈고리에도 용을 그렸고 끝에도 용을 그렸고 집 안 곳곳에도 용 문양을 새겨 꾸몄습니다. 하늘의 용이 소문을 듣고 그에게 내려와서 머리는 창틀에 대고 꼬리는 대청에 늘어뜨린 채 슬며시 안을 들여다보았습니다. 섭공은 이를 보고 모든 것을 버리고 달아났습니다. 정신을 잃고 얼굴빛이 파랗게 질려버릴 정도였습니다. 이처럼 섭공은 용을 좋아한 것이 아니었습니다. 용과 비슷하지만 용이 아닌 것을 좋아했던 것입니다.
>
> 『신서(新序)』「잡사오(雜事五)」

섭공과 같은 창업가가 많다. 진짜 용이 나타나면 아예 얼굴도 마주하지 못한다. 어떤 창업가들에게는 스타트업이 그저 현실적이지 않은 환상일 뿐이다. 실제에 근거를 둔 건실한 판단 자체가 불가능하다.

샘 올트먼은 마지막 강의에서 다시 한번 다음과 같은 발언을 했다.

> 창업가는 멀리 내다보는 생각을 잘 하지 못한다.

한편 그는 첫 번째 장에서 이렇게 말했다.

장기적 생각을 할 줄 안다는 것은 매우 드문 일이다.

사실 성공할 수 있다면 10년도 아주 짧은 기간이다. 평생을 노력해도 어떤 일을 이루어내기 힘들기 때문이다.

여러 가지 요인으로 인해 급속히 성장한 회사의 창업가를 가까이에서 관찰해보면 그들의 엄청난 변화에 감탄사가 절로 나온다. 성공은 마치 블랙홀 같다. 블랙홀에는 모든 물체를 스파게티처럼 길게 잡아 늘이는 엄청난 능력이 있다. 그런 것처럼 성공도 사람을 엄청나게 성장시킨다.

당신이 성공하고 나면 당신을 미워하는 사람은 더욱 많아지고 좋아하는 사람은 점차 줄어들 것이다. 우정은 원한으로 변하고 원한은 이제 영영 우정으로 변하기 어려워진다. 어떻게 하더라도 당신은 평범한 무리의 표적이 될 것이다. 당신이 좋은 일을 많이 하더라도 콧방귀 뀌는 사람이 있을 것이며, 심지어는 욕을 퍼붓고 싶어 안달이 난 사람도 생길 것이다.

흔치 않은 일이지만 몇 년 전에 1992년생 고3 학생이 나를 찾아왔다. 학생은 일을 꽤 잘했다. 하지만 돈을 제대로 간수하지 못해 이윤을 전부 날리고 말았다. 그래서 나는 그 학생에게 약간의 돈을 투자했다. 실제로 그 학생은 해마다 100~200만 달러를 벌어들였다. 대학을 졸업할 즈음인 2015년에는 기업 가치가 무려 1,000만 달러까지 급등했다.

내가 학생에게 투자한 이듬해에 그 학생의 파트너가 떠나버리는 일이 발생했다. 그 후 파트너는 그와 똑같은 일을 하고 있었다. 물론 그 사람 역시 다른 일은 할 수 없다. 파트너가 떠난 뒤 나는 차후에 발생할 모든 상황에 대해 미리 경고했다. 사방에서 내막이 폭로되고, 유언비어가 퍼지며, 종종 트집을 잡아 말썽을 피우게 될 것이라고 말이다.

내 한마디 조언을 요약하면 이렇다.

 · 상대하지 마라.

3년 뒤 우리는 그 일에 관해 이야기를 나눴다. 그는 몹시 한탄스러워했지만 다행히도 그 일에 전혀 개의치 않게 됐다. 그러지 않았다면 현재 이뤄놓은 성과는 존재하지 않았을 것이다. 그런 경험을 겪은 뒤 그는 '외부의 영향을 받지 않는 것'이 얼마나 중요한지를 제대로 알게 됐다.

외부의 간섭에 맞닥뜨렸을 때 평정심을 유지하는 건 실로 어려운 일이다. 블랙홀에 진입하거나 특이점을 통과하는 것과 같다. 하지만 만일 미래의 성공을 예견할 수 있다면 훨씬 냉정할 수 있을 것이다.

창업가는 자기만의 통찰력을 키워야 한다. 그렇다고 몇 년 안에 회사를 팔아치운 뒤 투자를 해야겠다는 그런 생각을 온종일 하라는 건 아니다. 이는 너무 식상한 생각이다. 최근 중국에서 유행하는 추세가 있는데 바로 스타트업에서 실패하면 투자회사에 가서 투자 매니저를 하는 것이다. 통찰력을 기르기는 무척 어렵다. 하지만 아주 간단한 시작점이 있는데 바로 처음부터 다음 내용을 알면 된다.

· 한 발을 내디딘 이후 모든 것이 달라질 것이고 더 이상 되돌아볼 수 없다.
· 돌아섰을 때는 이제 더 이상 뭍이 아니다.

견디고 버티고 마침내 이루어라

스타트업은 지난한 과정이다. 상상보다 훨씬 지난하다. 끝에 다다라서 뒤돌아보았을 때에야 비로소 '그 세월이 순간이었음을' 느낀다. 와이콤비네이터 스타트업 강의는 일관되게 경고하고 있다. 스타트업을 하려는 사람은 통찰력이 있어야 하고 미래에 대해 깊이 고민할 줄 알아야 한다고 말이다.

마지막 강의에서 샘은 '기진맥진 파김치'를 언급한다.

> 마치 영웅들처럼 피곤에 절어 나가떨어질 때까지 계속 일하는 것은 잘못된 방법이다. 그런데도 이는 아주 흔히 볼 수 있는 상황이다. 우리는 창업가들이 3, 4년 동안 고생스럽게 업무를 보느라 하루도 휴가를 보낸 적 없는 경우를 종종 목격할 수 있다. 1, 2년 동안 이렇게 일한다면 별문제가 없을 것이다. 하지만 그렇게 오랜 시간을 보내면 사람이 기진맥진 파김치가 되고 만다.

스타트업 팀에게 가장 고통스러운 단계는 바로 제품을 만들기 전이다. 장기간 열심히 일하고도 정작 만든 제품이 실패로 검증될 수도 있다. 그런 다음에는 매번 방향을 바꿔보는데 아예 처음부터 다시 해야 할 수도 있다. 그렇게 매일 12시간씩 일한다고 치자. 다른 사람보다 배는 넘게 일했는데 실패하면 시간을 두 배로 낭비하는 셈이 된다. 그 고통은 충분히 상상이 된다.

많은 사람이, 그리고 많은 팀이 이렇게 '전쟁에 나가 뜻을 이루지 못하고 몸이 먼저 죽는'다.

영광스러운 길을 걷고 싶지 않은 사람이 누가 있을까? 하지만 현실적으로는 이 대자연 속에 놓인 수많은 산길을 구불구불 에돌아가야 한다. 어떤 의미에서 스타트업은 산을 오르는 일이고 또 산의 정상에 오르는 일이다. 날은 대단히 춥고 길은 몹시 미끄러우며 햇빛 한 줄기 보기 힘든 현실이다. 따라서 마음과 태도가 무척 중요하다. 평정심은 사전에 잘 준비된 인내심에서 비롯된다.

재미있는 사례를 들어볼까 한다.

의과대학 학생들이 엑스선 사진을 판독하는 법을 배울 때 처음에는 '연습'을 무시하는 듯한 태도를 보인다. 그렇게 해도 정확도는 80퍼센트 이상 된다. 하지만 이건 안 되는 일이다. 직업 의사로서 판독의 정확도가 95퍼센트 이상은 돼야 한다. 물론 100퍼센트가 된다면 바랄 게 없겠다. 그래서 그들은 매일 수많은 엑스선 사진을 들여다봐야 한다. 수많은 판독 과정을 거치는 것이다. 그렇게 일정 시간의 훈련을 거친 뒤 중간고사에서 학생들은 판독의 정확도가 떨어졌다는 사실에 통감한다. 심지어 전혀 훈련하지 않았을 때만도 못하다. 정확도가 65퍼센트인 경우도 있다.

이것이 바로 정상적인 현상이다. 전문가가 아닌 학생들은 습득한 판독 관련 지식을 완전히 소화한 상태가 아니어서 그 지식이 식별하는 데 혼란을 가중시킨 것이다. 엑스선 사진을 봤을 때 문제가 있는 것처럼 보이지만 실제로는 아무 문제가 없거나, 별문제가 없는 것 같지만 실제로는 심각한 문제가 있는 사진일 수 있었다.

고통스러운 부대낌의 과정을 다시 거쳐 기말고사 시기가 되면 그들의 정확도는 상승하고 결국 전문가 수준에 이르게 된다. 의과대학의 교수들은 이 과정을 교육의 도구로 사용한다. 수시로 학생들이 엑스선 사진을 판독하기 위해 고군분투하던 때를 돌아보게 함으로써 현재의 어려움을 정확히 인식하고 미래를 현실적이고 이성적으로 전망하도록 하는 것이다.

미리 인내심을 길렀다면 다른 사람들보다 훨씬 안정된 심리 상태를 유지할 수 있다. 스타트업 역시 마찬가지다. 빠져나가면 되돌아오기 힘들다. 이걸 어떻게 말해야 할까? "전망은 밝지만 그곳으로 가는 길은 험난하고 구불구불하다."

무서운 귀인 오류

재미있는 단어가 하나 있다. '시리즈 C 투자 유치 사망'이라는 말이 그것이다. 즉 스타트업 사업이 시리즈 C 투자 유치 시점에서 전몰했다는 것이다. 그 이전에 전망이 얼마나 밝았든 자본의 총애를 얼마나 받았든 상관없다.

2015년 4월 가장 유명했던 '시리즈 C 투자 유치 사망' 사례가 바로 익명 소셜 소프트웨어인 시크릿의 전몰이다. 당시 시크릿은 투자자들로부터 총 3,500만 달러를 받았는데 모두 사라져버렸다. 그 과정에서 두 명의 창업가는 600만 달러를 현금화했는데 이에 대해 잡지 『포춘』은 이런 평론을 했다.

그 인간들은 진짜 성공하기 전에… 알아서 성공해버렸다.

불과 몇 개월 전만 해도 나에게 시크릿과 관련해 문의하는 친구가 있었다. 중국에서 시크릿을 운영하는 것과 관계된 오퍼를 받을지 하는 내용이었다. 당시 내 의견은 반대였다. 의미가 없을 것이라는 생각이었다. 우리는 두 시간 동안 충분히 이야기했고 또 차를 마시며 한담도 나눴다. 하지만 결론은 간단했다. '의미가 없을 것'이라는 점이었다. 나는 모든 '익명 소설'을 좋게 보지 않는다. 대중에게 인기는 있을 것이다. 한바탕 인기가 오를 것이고 또 계속 존재할 수도 있다. 하지만 '실명 소설'의 시장이 훨씬 크다. 클 뿐 아니라 어마어마하다. 더욱 중요한 점은 실명 소설이야말로 비즈니스 기회를 가질 수 있다.

시크릿의 '시리즈 C 투자 유치 사망'이라는 현상에서 재미있는 지점은 바로 논리적 오류의 반영이다. 즉 '귀인 오류'다. 사람의 행동은 자기 생각과 외부 상황의 영향을 동시에 받는다. 그중 어느 한쪽의 영향을 과대평가하거나 과소평가하는 것이 귀인 오류(Attribution Error)다.

시리즈 A 투자나 시리즈 B 투자를 받을 때 기업 실적은 분명 좋았다. 그만큼 투자를 유치할 만한 분명한 이유가 있었다. 하지만 진정한 이유가 무엇인지 살펴볼 필요가 있다. 시크릿과 같은 애플리케이션이 인기 있었던 이유는 사람들이 모두 그 제품을 좋아해서가 아니었다. 상당히 많은 사람이 엉큼한 마음을 품고 있고, 그들이 그 소프트웨어 사용을 좋아했기 때문이다. 이제 문제가 드러났다. 앞으로 어떻게 해야 할까? 당신이 엉큼한 마음을 품은 사람들을 성공적으로 한데 모았다면 그 후에는 어떻게 할 것인가? 아마 방법이 없을 것이다.

중국에도 비슷한 사례가 있다. 중국 최대의 도서, 영화, 음악 리뷰 사이트인 '더우반닷컴(豆瓣, www.douban.com)'이 그것이다.

더우반은 전몰하지는 않았지만 전몰한 것과 거의 다름없다. 내가 봤을 때 더우반은 분명 귀인 오류의 피해자다.

더우반 측은 '신선하고 심미적이며 자유롭고 편안함'을 바탕으로 큰 시장을 얻었다고 내내 생각해왔다. 이런 생각을 바탕으로 차후에 수반될 사업의 모든 정책을 결정했다. 하지만 실제로는 그렇지 않았다. 더우반에 개설된 카테고리 중 가장 인기 있는 것은 '그룹'이다. 또 더우반에서 가장 인기 있는 그룹은 '총커우웨이(重口味)'다. '중(重)'이라는 한자는 두 가지로 발음이 된다. '중복이나 반복'을 의미하는 '총(chóng)'과 '무겁다 혹은 중요하다'는 의미의 '중(zhòng)' 가운데 여기서는 '총(chóng)'이라고 읽는다. 그러면 아주 특이한 취미, 기호, 습관 등을 반복한다는 뜻이 된다. 더우반의 설립 취지에 벗어나버린 것이다.

내가 더우반을 경시한다는 오해는 하지 말았으면 한다. 나는 이런 대규모 커뮤니티를 만든 모든 사람과 회사를 진심으로 부러워한다. 다른 각도에서 말하면 더우반은 존중받기에 충분한 회사다. 상당히 긴 시간 동안 중국에서 아주 보기 드물 뿐 아니라 유일한 독창적 아이디어였기 때문이다.

주의할 점이 있다면 귀인 오류다. 논리의 문제가 아니라 심리적 문제인 것이다. 일상생활에서 자주 볼 수 있는 심리적 귀인 오류의 예를 하나 들겠다. 외모가 평범하다는 이유로 이성에게 인기가 없다는 논리가 있다. 하지만 대부분의 여성은 이런 해석(귀인)은 다른 사람들에게 해당되지, '나는 그런 사람이 아니야'라는 입장을 보인다. 이런 생각은 많은 여성이 그 속에서 상당히 심리적 안위를 받고 있음을 의미한다.

자신을 스타트업 기업으로 간주하라

나는 사람들에게 리드 호프먼의 저서 『연결하는 인간(The Start-Up of You)』을 추천한 바 있다. 색다른 관점이 꽤 많이 수록돼 있어 읽어볼 만한 책이다.

와이 콤비네이터 강의에 담긴 수많은 원칙은 실제로 자기 자신에게 투사해볼 수 있다.

이 책 2장 7절의 주제 '엔젤투자자처럼 직원을 구하라'에서 우리는 뛰어난 사람의 특징을 다음과 같이 정리했다.

- 강렬한 호기심
- 강한 자기 주도 학습 능력
- 새로운 것을 부단히 창조함
- 발전을 더욱 중시하는 유형
- 독립적 사고 능력
- 명백한 방법론
- 확고한 가치관

만일 자신을 스타트업 기업의 본체로 본다면 그는 기업의 유일한 창업가이자 파트너가 된다. 그런 만큼 앞에 열거한 일곱 가지 특징을 갖춘 사람이 되어야 한다.

매우 흥미로운 점은 일곱 가지 특징은 도덕 윤리를 포함하지 않는다는 것이다. 그래서 간혹 못된 인간들에게서 이런 특질을 발견하기도 한다. 그들이야말로 '성공한 못된 놈'이다. 인간이란 이렇다. 좋든 나쁘든 극치를 이루어 내야지 그러지 않으면 힘이 없다. 설령 못된 인간이 된다 하더라도 말이다. 예로부터 나라를 훔치면 제후가 되지만 바늘을 훔치면 사형을 당하지 않았던가.

자신의 이상을 자주 살펴봐야 한다. 거기에 반드시 '아이디어'가 있어야 한다. 아이디어를 품은 그 이상이 상당히 가치 있는지 살펴봐야 한다. 꼭 비즈니스 가치일 필요는 없지만 비즈니스 가치 역시 객관적인 기준 중 하나임에는 틀림없다. 어쨌든 이상은 위대하고도 현실적이어야 한다.

똑똑한 사람으로 성장하려면 의지와 품행이 고결하고 세상에 휩쓸리지 않아야 한다. 확실히 그래야 한다.

개인의 입장에서 가장 중요한 지표는 하나만 있으면 된다. 바로 발전이다. 발전을 위해서는 자신을 이해하고 이 세상을 정확하게 인식할 방법을 강구해야 한다. 발전을 위해 온 마음을 다해야 한다. 굳이 겸손할 필요는 없지만 필요 없는 자존심은 없애야 한다.

규모화될 수 없는 일을 선택해서 해야 한다. 대단한 사람들도 마찬가지로 생각한다. 버핏은 이런 표현을 했다.

지름길이 없는 일만 하라.

독점하고 싶다면 경쟁을 피하는 확실한 방법은 어떤 분야에서 최고가 되는 것이다. 뛰어난 재주가 있어야 하고 그 재주는 아주 대단해야 한다. 다른 사람보다 훨씬 말이다. 다른 사람이 자신을 당신과 비교할 수 없을 정도까지 돼야 한다. 기술을 배우고 기술을 이해해야 한다. 자기 자신을 소설 속 유비로 여겨서는 안 된다. 매일 울고만 있으면 저절로 관우나 장비나 제갈량이 주위에 모여들 것이라는 착각은 금물이다.

부단히 공부하고 똑똑한 사람을 파트너로 삼고 쉴 새 없이 손을 놀려 일하고 제품을 만들어야 한다. 신중하게 친구를 고르고 필요 없는 친구는 과감히 떠나야 한다.

단순한 이치를 신뢰하고 조금 복잡한 일을 하면 된다.

가야 할 곳으로 가서 매일 시간을 들여 미래를 생각하자. 일은 용병처럼 하고, 일에 관한 생각은 전도사처럼 하자. 필사적으로 일하되 몸이 견디지 못할 정도로 해서는 안 된다. 쉬엄쉬엄 할 줄도 알아야 한다.

마케팅을 배우자. 소통 능력을 연마하자. 다른 사람을 설득할 뿐 아니라 다른 의견도 수용하는 능력을 기르자. 수시로 자신을 진지하게 들여다보자. 만일 당신이 일을 잘못하고 있으면 자신이 가장 먼저 알아야 한다.

생각하는 능력보다 더 중요한 것은 없다. 정확하고 깊이 있는 생각은 예측할 수 없는 재난을 저지할 것이다. 하나를 들으면 열을 알도록 생각하는 능력을 부단히 갈고닦아야 한다. 물론 쉬운 일이 아니다.

글 쓰는 습관을 길러야 한다. 글을 잘 쓰는 것은 인류가 여느 동물과 차별되는 최대의 특징이다.

실행력은 근본적으로는 생각하는 능력과 같다. 정확하고 명확하게 생각하는 사람들은 자연히 일을 제대로 한다. 그들 입장에서 실행은 그리 어렵지 않다. 실행력의 부재는 정확하고 명확하게 생각하지 않기 때문이다.

기분대로 해서는 안 된다. 성장이란 자신의 직관이 실제로는 착오임을 끊임없이 발견하는 과정이다. 이왕 고속 성장을 선택했다면 스스로 블랙홀 안에서 살고 있음을 알아야 한다. 핑계를 댈 생각은 아예 하지 말고 수시로 자신의 성공과 실패를 정확히 반성해야 한다.

마침내 비상할지의 여부는 상관없다. 절대 없어서는 안 되는 사람이 되는 게 가장 좋다.

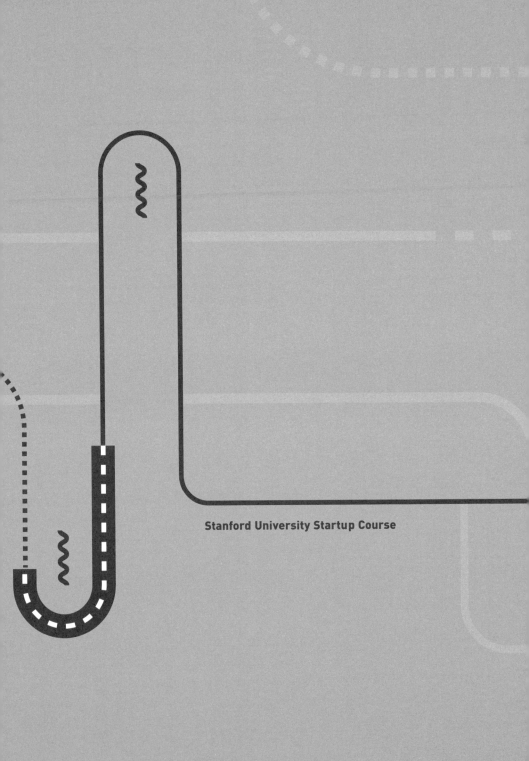

Stanford University Startup Course

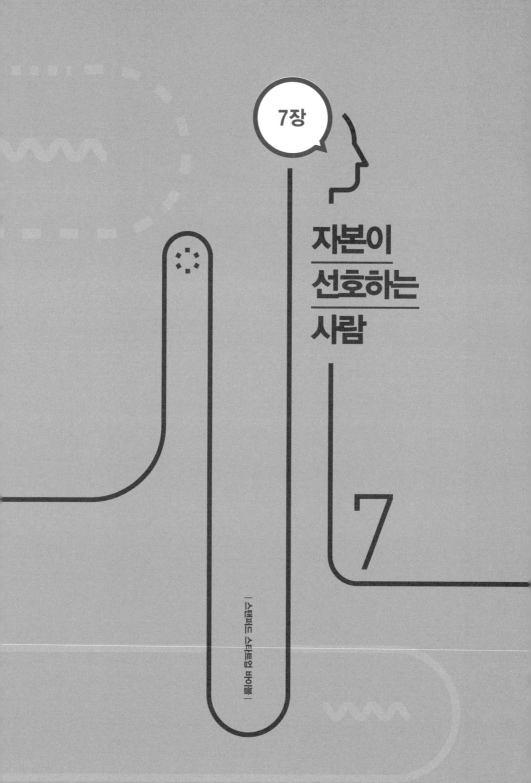

7장

자본이
선호하는
사람

7

| 스탠퍼드 스타트업 바이블 |

엔젤투자자가
가장 마음에 두는 것들

성공한 투자와 성공한 인생은 결국 전략을
부단히 다듬고 지키며 완성하는 사람들의 것이다.

◆

잡담에서 시작하라

잡담을 잘하는 것은 투자자의 기본 소양이다. 경계도 없고 목적도 없는 시시껄렁한 대화처럼 보이지만 자기도 모르는 사이에 서로에게 가치 있는 수많은 실마리를 준다. 재미있는 잡담은 인생에서 중요한 즐거움이기도 하다.

창업가는 방향을 선택해야 하고 파트너를 결정해야 하고 초창기 팀을 선정해야 하고 투자자를 선택해야 한다. 그런가 하면 투자자는 진로를 선택하고 자신의 파트너를 결정하며 창업가를 선정하고 다음 단계의 투자자를 선택해야 한다. 하지만 벤처투자의 범위는 어떻게 보면 한 가지 일에 국한된다고 할 수 있다.

'선택'이다. 그 외에 남는 시간에는 그저 잡담만 하면 된다.

대부분의 사람이 결혼을 한다. 결혼의 본질은 인생의 파트너를 결정하는 것이다. 사실 많은 사람이 어떻게 선택할지도 모르고 심지어는 어떻게 선택해야 하는지 생각해본 적도 없다. 그들은 결혼이라는 중대사를 운에 맡기면서 듣기 좋게 표현한다. '인연'이라는 것이다. 극소수의 사람만이 애써 선택하는 방법을 취한다. 하지만 선택의 원칙과 방식은 정확하지 않다. 그래서 결과는 마구잡이로 한 것만 못하게 된다. 결국 이런 한탄만 하게 된다. "아무리 해도 운명을 거스를 수는 없어!"

결혼 상대를 어떻게 선택할 것인가? 재미있으면서 효과적인 전략이 있다. 수학자들이 이 문제를 놓고 종일 연구하다가 이윽고 매직 넘버 '37'을 도출했다.

현재 결혼 상대를 고르고 있다면 당신에게 닥친 문제를 다음과 같이 약술해볼 수 있다.

당신에게 결혼 후보자 100명을 연달아 만날 수 있는 기회가 있다고 하자. 결론적으로 당신은 그중 한 명의 후보자와만 결혼할 수 있고, 그 결혼은 상당히 성공적일 수 있다고 치자. 이렇게 하면 미래에 이혼하지 않을 수 있다고 치자. 당신은 한 번에 딱 한 사람과만 데이트를 할 수 있고 다음번 후보자는 그 후에 정해진 시간이 되어야 만날 수 있다. 당신은 어떤 후보자와 데이트하는 과정에서 그 사람이 지금까지 만난 사람 중 최고라고 판단할 수는 있지만 100명의 후보자 중 최고라고 판단을 내릴 수는 없다. 만일 당신이 데이트를 마치고 어떤 후보자를 포기하게 된다면 그 사람과 만날 기회를 잃게 된다. 그 사람을 이미 다른 사람이 채 갈 수 있기 때문이다. 도중에 마음에 드는 사람이 있으면 당신은 그 사람을 선택하고 결혼할 수도 있다. 하지만 당신은 더 이상 남은 후보자를 만날 수 없다. 그건 부도덕한 행위이기 때문이다.

이런 제한된 조건에서 일찌감치 배우자를 정해버렸다고 치자. 당신은 후회가 막심할 것이다. 왜냐하면 그 뒤에 훨씬 멋진 상대가 있을 수 있기 때문이다. 반대로 배우자가 너무 늦게 정해졌다 치자. 이번에도 당신은 후회가 막심할 것이다. 가장 멋진 상대가 당신의 실수로 지나쳐 가버렸기 때문이다.

수학으로 증명할 수 있는 가장 훌륭한 전략은 바로 이것이다.

앞의 데이트 상대자 37명은 무시하고 그저 관찰만 하고 결정은 내리지 않는다. 38번째 후보자부터 시작해 '지금까지 가장 멋진 사람'을 만나면 곧바로 선택해서 그 사람과 결혼하고 더 이상 다른 상대와 데이트하지 않는 것이다.

이런 전략을 이용해 40퍼센트에 근접했을 때 가장 괜찮은 한 명을 선택하거나 거의 70퍼센트에 근접했을 때 가장 좋았거나 혹은 2순위 정도에 해당하는 후보를 선택하는 것이다. 이는 첫사랑의 성공률이 낮을 수밖에 없는 이유를 설명해준다.

증명 과정은 조금 복잡하다. 좀 더 쉬운 계산법은 한 가지 숫자를 기억하는 것이다. 바로 2.72이다.

- 100/2.72≒37

    다시 말해 당신에게 150명의 결혼 후보자가 있다면 56번째 후보자부터 시작해 결정을 내리면 되는 것이다.

- 150/2.72≒55

    물론 주식 투자와 연애결혼은 다른 점이 무척 많다. 당신의 후보 종목이 100개가 아닐 수도 있다. 당신은 여러 가지 종목에 투자할 수도 있고, 마침 투자한 한 가지 종목이 당신 일생에서 가장 좋은 것일 수도 있다. 또한 동시에 여러 가지 종목을 물색하더라도 도덕적 스트레스를 받지 않아도 된다. 만일 당신이 초보 투자자라면 이런 전략을 채택해도 무방할 것이다. 몇 가지 종목을 여러 차례 살펴보고 관찰하고 나서도 결정을 미루다가 어느 정도 시간이 흐른 뒤 다시 행동을 개시할 수도 있다.

    앞서 잠시 언급한 바와 같은 수학적 잡담을 나눈 이유는 수학과 논리가 중요하기 때문이다. 전임 중국 증권감독관리위원회의 샤오강(肖鋼) 위원장은 자신은 수학 실력이 너무 형편없어서 배운 것이 금융이라고까지 했다. 이건 농담이 너무 심했든지 아니면 배움이 너무 힘들었든지 둘 중하나일 것이다.

    나는 투자를 막 시작했을 때 수학과 논리의 중요성을 깡그리 잊고 있었다. 마치 강도가 칼을 들고 당신을 위협했는데 당신은 허둥지둥한 나머지 배낭에 장전된 총 한 자루가 있다는 사실을 새까맣게 잊어버린 것과 같은 이치다. 예전에 나는 몇 가지 종목에 투자했었다. 그중에는 참신하고 거시적인 계획도 있었다. 하지만 당시에 나는 투자자로서 전혀 수학적이거나 논리적이지 않았다. 지금 그때를 돌이켜보면 온몸에 식은땀이 난다. 다행히 그것들은 모두 내게 가장 익숙한 비트코인(Bitcoin) 분야였다. 비트코인은 전자화폐인데 특이한 점은 화폐 시스템이 수학을 기반으로 운용된다는 점이다. 그나마 익숙한 분야여서 망정이지 그렇지 않았다면 아마 나는 못 볼 꼴을 하고 사장되고 말았을 것이다.

인생은 선택으로 구성된다. 성공한 투자와 성공한 인생은 결국 전략을 부단히 다듬고 지키며 완성하는 사람들의 것이다. 이건 전혀 의심의 여지가 없는 사실이다.

달걀을 몇 개의 바구니에 담을 것인가

앞에서 언급한 숫자 100은 가정한 것이지만 진지하게 대할 필요가 있다.

주식 투자는 본래 위험이 크게 따른다. 채권이 아니어서 처음부터 헛수고가 될 위험이 있다. 초기 사업에 대한 주식 투자는 위험성이 훨씬 크다. 불확실성 요소가 너무 많기 때문이다. 농담이 아니다. 혼신을 다해 일한 창업가조차도 치명적 타격을 받을 수 있다.

그런 이유로 다음 내용은 사실이다.

- **투자자 입장에서 모든 주식 투자는 도박이다.**
- **실패를 초래할 수 있는 요소를 일부 갖고 있다.**

그렇기 때문에 다음과 같은 내용도 사실이다.

· 계속 도박판에 앉아 있기만 해도 승자가 될 수 있다.

첫 번째 사업에서 큰 성공을 거둘 확률은 이상할 정도로 낮다. 물론 누군가는 성공할 수도 있다. 만 가지 사업에 무턱대고 투자하면 대단한 성공을 이루는 것이 그중에 분명 있다. 하지만 단번에 그렇게 많은 사업에 투자할 사람은 없다. 자신의 투자 자금을 정확하게 기획하는 것은 아주 기초적인 숙제이다.

그렇게 하기 위해 먼저 다음을 명확히 해야 한다.

· 쓸 수 있는 투자 금액을 어떻게 나누어야 할까?

예를 들어 총 300만 위안을 가지고 있다면 주식 투자를 하는 데 사용할 수 있다. 이건 개인이 크라우드펀딩에 참여하는 법정 최저 금액으로 규정된 액수를 보유하고 있다는 말이다. 그렇다면 이 금액을 100으로 나눠 각 사업에 3만 위안을 투자(당신이 살펴본 사업의 38번째부터 투자하는 게 가장 좋다)할 수 있다. 만일 20으로 나누면 각 사업에 최대 15만 위안을 투자(당신이 살펴본 사업의 8번째부터 투자하는 것이 가장 바람직하다)할 수 있다.

그다음으로 명확히 해야 할 것은 이렇다.

· 지금을 몇 년 혹은 몇 번으로 나누어 투자할 것인가?

제발 바라건대 단번에 전부 투자하지 마라. 그렇게 하면 결국 당신은 수많은 아마추어 엔젤투자자처럼 '자산은 있으나 현금은 없는' 난처한 지경에 빠지게 될 것이다. 몇 년이라는 기간을 임의로 정해놓는 것이 단번에 투자하는 것보다 훨씬 낫다. 가령 3년으로 나누어 다 투자한다고 하자. 이렇게 하면 두 번째 해가 되었을 때 아직 돈이 남아 있어서 당신은 투자할 수가 있다. 세 번째 해가 되었을 때는 첫 번째 해에 투자한 사업에서 현금 거래가 시작될 것이다. 그래서 'T+1년'이라는 구조가 만들어진다. 아주 단순해 보이는데 정말 그럴까?

다음의 내용은 사실이다.

> 당신은 수시로 기존 원칙을 파괴하려는 충동을 느낀다. 투자 과정을 겪으면서 당신은 충동을 억누르고 원칙을 지키는 것이 그렇게 쉬운 일만은 아니라는 점을 이내 깨닫게 될 것이다.

성공한 사람들은 원칙보다 더욱 가치 있는 것은 없다는 점을 정확히 알고 있다. 또한 원칙을 위반하는 것보다 더 어리석은 일이 없다는 점도 정확히 알고 있다.

초기 사업에서 가장 중요한 것은 무엇일까?

많은 사람이 창업가에게 가장 중요한 소양은 바로 똑똑한 두뇌라고 생각한다. 하지만 투자자 입장에서 그건 마땅히 갖추어야 할 기본 소양일 뿐이다. 필요조건이지만 충분조건은 아니다.

투자자가 더 많은 관심을 기울이는 부분은 바로 창업가의 인품이다.

- 정직
- 떳떳함

창업가의 인품을 염두에 두지 않으면 다른 것들을 아무리 신경 쓴다고 해도 소용없다. 특히 오로지 돈만 벌면 그만이라는 생각은 세상에서 가장 크고 깊은 함정이다. 그 함정에 빠져 헤어 나오지 못하는 사람이 아무리 많아도 빠질 사람은 앞으로도 계속 생겨날 것이다.

정직하고 거리낌 없는 마음만으로는 부족하다. 투자자들은 투자 대상의 가치관을 진지하고 면밀히 살펴봐야 한다. 결혼 생활에서 세계관, 인생관, 가치관의 불일치는 파탄의 가장 근본적인 이유이다. 하물며 투자 관계에서는 더 말할 것도 없다.

투자자는 왜 가치관이 자신과 같은 창업가를 찾아야 할까?

- 투자자와 창업가의 가치관이 같으면 상대방의 행동을 예측할 수 있다.
- 투자자와 창업가의 가치관이 같으면 소통을 위한 비용을 최대한 줄일 수 있다.
- 소통의 효율이 극대화되면 불필요한 오해와 갈등을 피할 수 있다.

내게는 한 가지 잊을 수 없는 투자 사례가 있다. 당시 투자 경험이 전혀 없던 나는 창업가가 미신을 믿는 사람임을 알기는 했지만 크게 신경 쓰지 않았다. 그러던 중 창업가는 최근 자신이 본 점괘를 나에게 알려주었다. 그 뒤 계속해서 자기 친구가 그 점쟁이의 점괘에 얼마나 놀라워했는지를 구구절절 말했다. 당시 나는 창업가의 행동이 비즈니스 모델에 전혀 영향을 미치지 않을 것이라고 생각했다. 상대방의 인품이 괜찮았고 다만 '미신을 믿는 것뿐'이었으니 말이다. 그 과정에서 나는 나와 다른 유형의 사람에 대해 참고 견디는 법을 배워야 했다. 그래도 그때까지는 괜찮았다.

그런데 현실은 점점 내가 틀렸음을 증명해 보였다. 세계관, 인생관, 가치관이 나와 다른 사람은 중대한 결정을 내리는 상황에서 내가 전혀 예측하지 못한 결정을 내렸다. 나아가 내가 도움을 주고 싶어도 기회를 주지 않았다. 결국 몇 번의 중요한 시점에서 그가 어이없는 결정을 내려 나는 충격에 빠지기도 했다. 물론 그를 이해하려고 했지만 가치관의 차이로 인해 벌어진 논리적 혼란 속에서 신속한 정책 결정을 내리기가 쉽지 않았다. 나는 부득이 그 투자를 종결지을 수밖에 없었다. 내 장부에서 거액의 자금이 사라지고 말았다. 아! 괴로웠다!

물론 가치관이 모두 같을 수는 없다. 어떤 가치관이 가장 정확하다고 규정할 수도 없다. 다만 투자자로서 주의해야 할 지점은 있다.

- **자신과 가치관이 같은 사람에게만 투자해야 한다.**
- **비슷해서도 안 된다.**

이것이 바로 투자 결정이 끝나고 심리적 건강과 평화를 유지할 수 있는 핵심이며 기초다.

투자 트랙은 누가 선택하는가

투자에서 트랙 선택은 아주 중요하다. 전체 '벤처투자 모델'의 핵심이기도 하다. 시작한 지 어느 정도 시간이 지난 사업에 투자하는 자금과 초기 사업에 투자하는 자금을 일컫는 단어는 다르다. 사업 단계나 상황에 따른 투자 모델이 전혀 다르기 때문이다.

'벤처캐피털'은 투자 모델의 이름일 뿐이다. 벤처 업체는 사람들이 글자만 보고 떠올리는 이미지처럼 고위험을 추구하지는 않는다. 도리어 정반대다. 처음 이 모델을 기획한 이유는 위험을 피하기 위함이었다. 벤처캐피털 투자자들의 행동 패턴을 간단히 서술하면 이렇다.

첫째, 고속 성장 분야를 바짝 뒤쫓는다. 고속 성장이란 수십 배, 수백 배, 심지어 수천수만 배의 수익을 창출해 내는 것이다.

둘째, 어떤 분야에서 자신이 잘해낼 것 같은 여러 가지 사업을 찾아 분산투자를 한다.

셋째, 투자자는 이런 방식을 통해 성공할 만한 몇 가지를 최종 선택하고 거기에 모험을 건다. 설령 다른 사업들이 망하더라도 투자 자금을 균등하게 분배했기 때문에 25퍼센트 이상의 연간 수익에 도달할 수 있다.

아마추어 투자자가 진심으로 흠모하는 것은 25퍼센트의 연간 수익률이 아니다. 사실 이건 아주 높은 수치다. 그들은 오로지 어떤 베테랑 투자자가 어떤 사업에 투자해서 수십만 퍼센트의 수익을 올렸다는 사실만 본다. 반면 그들은 투자자가 망해버린 사업에 대해 절대로 발설하지 않는다는 사실은 알지 못한다.

실제로 베테랑 투자자와 업체들은 절대적인 이윤을 남긴다. 그들 중

뛰어난 인물의 연간 수익은 수백 퍼센트에 달하기도 한다. 반면 대부분의 초기 투자자들이 최종적으로 얻는 수익은 은행이율과 인플레이션을 더한 만큼도 넘지 못한다. 그들은 수백 배의 수익을 절대로 올릴 수 없는 사업에 너무 많은 자본을 투자하기 때문이다.

게임의 규칙으로 보자면 트랙의 선택은 겉으로 보이는 것처럼 창업가의 결정이 아니다. 투자자가 결정해야 하는 것이다. 투자자는 자신의 트랙을 신중하게 결정하고 자신의 원칙을 엄수해야 한다. 그리고 트랙 안에 있는 사업에만 투자해야 한다. 자신이 결정한 트랙 안에서 자신이 진심으로 좋아하는 선수를 만나면 어마어마한 행운이다. 제발 그 트랙에 대해 전혀 흥미를 못 느끼는 사람을 설득해 트랙 안에 끌어들일 수 있다고 오판하지 말기 바란다. 물론 경우에 따라서는 투자자가 분야가 전혀 다른 선수를 설득하는 데 성공해 트랙에 참여시킨 것처럼 보일 수도 있다.

대부분의 사람들은 스스로 자신의 역사를 창조해간다. 다른 사람과는 차별화된 자신만의 역사를 만드는 것이다. 반면 그런 차별화와 같은 경계가 없는 사람도 분명히 존재한다. 하지만 그들은 거의 투자를 필요로 하지 않는다. 이것은 어쩔 수 없는 사실이다.

누군가를 설득해 그가 하고 싶어 하는 일을 하지 못하게 설득하거나 그에게 투자자가 선정한 트랙에서 선수가 되라고 하는 행위는 아마추어 투자자가 자주 빠지는 함정이다. 이런 함정에 한번 발을 디디면 빠져나오기가 무척 어렵다.

투자권 내에서 이런 말이 종종 흘러나온다.

 • 투자자는 다른 사람이 꿈을 실현하도록 돕는 존재이다.

- 투자자는 자신의 꿈을 실현하는 존재가 아니다.

하지만 이는 마음에 와 닿을 만한 내용은 아니어서 이목을 끌지 못한다.

꿈이 없는 사람이 있을까? 투자자가 경제적 속박에서 벗어나면 누구보다 열정적으로 꿈에 대해 토론하고 꿈을 좇을 자격과 능력을 갖출 수 있다. 투자자가 자신의 꿈을 좇는 게 잘못된 일은 아니다. 잘못은 투자자 자신이 타인의 꿈을 설정할 수 있다고 생각하는 데 있다. 심지어는 자신이 타인의 꿈을 선택할 수 있다고 오인하기도 한다.

그래서 창업가에게 현실적인 생각을 해야 한다고 설득하려는 시도는 비현실적인 행동이다. 예를 들어 투자자가 진심으로 흠모하는 창업가를 만났다고 가정해보자. 그 창업가가 무슨 생각을 하는지를 알게 됐고 창업가가 그리는 청사진이 비현실적이라는 것을 발견하면 투자자는 분명 창업가를 설득하려고 안달이 날 것이다.

시간이 흐르면서 쌓인 수많은 경험은 당신에게 반복적으로 증명해 보인다. 설득을 위한 시도는 비현실적이고 심지어는 불친절하기까지 하다는 점을 말이다.

물론 사람은 상대방에게 설득을 당할 수 있다. 그러기 위해서는 논리와는 다소 거리가 있는 몇 가지 전제가 필요하다.

- 쌍방이 서로 안 지 오래되었으면 충분한 상호 이해와 신뢰가 형성된다.
- 설득하는 쪽이 맞는 말을 할 수도 있지만 이치를 따지는 방식과 설교 조는 안 된다. 아랫사람을 대하는 듯한 태도는 안 된다.
- 설득되는 쪽은 논리에 중점을 두어야 한다. 누가 이기고 지는지에 중점을 둬서는 안 된다.

• 설득되는 쪽은 상대방이 다른 목적을 가지고 있는 것이 아님을 확신해야 한다.

투자자와 창업가가 만나자마자 이런 조건들을 모두 충족하기는 쉽지 않다. 하지만 다른 측면에서 보면 '독선'은 창업가가 반드시 갖춰야 할 소양이다. 독선이 늘 나쁜 것만은 아니다. 창업가는 '독선적'이어야 할 뿐 아니라 '고집스러워야' 한다. 그렇지 않으면 스타트업 과정에서 계속 나아갈 수 없다. 이 길에서는 어느 정도의 의심과 비웃음, 굴욕을 겪어야 한다. 그러면서 자신만이 할 수 있다는 의지를 다져야 한다.

꽤 오랜 기간 강사라는 직업에 몸담았던 나는 투자자로서 처음 얼마 동안은 대부분의 투자자가 안 하려고 하는 일을 했다. 늘 말에 논리를 실어 상대방이 정확하게 일하도록 설득하려고 했다. 그렇게 해서 기대와는 정반대의 결과를 얻기도 했다.

논리적 언어로 상대방의 비현실적인 면을 엄밀하게 증명해 상대방의 말문을 막아놓는다고 해보자. 결과는 어떨까? 아마도 상대방은 마음 깊이 당신을 싫어하게 될 것이다. 아니면 몰래 이런 생각을 할 수도 있다. '멍청이! 두고 봐. 네게 증명해 보일 테니!'

그래서 나는 반성해왔다. 시간이 흐르면서 내가 독선적이고 고집스러운 사람이었음을 깨달았다. 게다가 몇 년 뒤에는 그런 행동으로 인해 얼마나 창피했는지 모른다. 창피하다는 마음을 가지는 걸로 부족해 당시 내게 정확한 조언을 해준 사람에게 사과하고 그를 초대해서 감사의 마음을 전해야 했다.

창업과 투자 사이의 토론은 늘 결과를 보지 못하고 끝난다. 그 이유는 다음과 같다.

- 아직 일어나지 않은 일에 대해 효과적인 토론을 벌이는 것이 무척 어렵기 때문이다.

따라서 대부분의 베테랑 투자자는 엄청난 규모의 투자를 결정할 때 창업가와 잡담만 하고 업무와 관련해서는 논하려 하지 않는다. 토론을 할 만한 내용이 없기 때문이다. 일단 스스로 트랙을 결정했고, 상대방은 그 트랙에서 뛰어난 선수인 데다 둘의 세계관, 인생관, 가치관마저 일치한다면 더 이상 무슨 말이 필요할까?

이것이 바로 보이지 않는 탄탄대로 아닐까?

리드 투자와 팔로 투자

초기 사업에 대한 주식 투자의 위험성은 무척 크다. 아마추어 투자자에게는 더더욱 그렇다. 모든 초기 사업의 주식 투자자는 다음과 같은 사실을 알게 될 것이다.

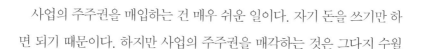

- 사업을 사들이는 건 쉽지만 사업을 파는 건 어렵다.

사업의 주주권을 매입하는 건 매우 쉬운 일이다. 자기 돈을 쓰기만 하면 되기 때문이다. 하지만 사업의 주주권을 매각하는 것은 그다지 수월하지 않다. 다른 사람의 돈주머니를 열어야 하기 때문이다.

노련한 투자자들은 사업을 사들이기 전에 되팔 경로를 미리 잘 설계해놓는다. 그들은 그 사업이 성공하면 다음 투자자는 누가 되어야 할지도 꿰뚫고 있다. 실리콘밸리의 영향력 있는 투자 업체인 앤드리슨 호로비츠(Andreessen Horowitz)는 이 분야에서 가장 전형적인 모델이다. 그들은 투자자와 관련한 방대한 데이터베이스를 갖고 있다. 또한 많은 인력을 고용해 데이터베이스를 보충하고 정리하며 분석한다. 그 데이터베이스는 투자 정책을 결정하는 데 중요한 근거가 된다.

한편 아마추어 투자자에게는 대개 이런 자원과 능력이 없다. 그래서 절대다수의 아마추어 투자자는 크라우드펀딩을 선택한다. 이는 여럿이 한데 뭉치는 형태다. 물론 괜찮은 선택이지만 주의해야 할 점이 있다.

 • 사람이 많다고 반드시 능력이 커지는 것은 아니다.

미국의 엔젤리스트◆, 중국의 각종 투자 클럽이나 크라우드펀딩 플랫폼도 다들 '리드(Lead) 투자 + 팔로(Follow) 투자' 모델을 취하고 있다.

이런 모델에는 장점이 있다. '방법이 없을 줄 알았던 와중에 찾은 최상의 방법'처럼 보이기도 한다. 하지만 그 속에는 분명 부족한 점이 내재해 있다.

◆ 엔젤리스트(Angel List): 초기 스타트업 기업과 투자자를 전문적으로 연결해주는 미국의 융자 플랫폼과 소셜네트워크.

- 저명한 투자자나 업체의 리드 투자 자체는 사업 성공률에 거의 영향을 미치지 않는다.

저명한 투자자나 업체가 누구보다 훌륭한 '안목'을 가지고 있다는 점은 부인할 수 없다. 그들은 전문 지식과 조사 연구 능력, 인맥을 갖추고 있기 때문이다(사실 대부분의 경우에 이런 말은 너무나 쓸모없는 말이다). 반면, 초기 사업은 성공률이 매우 낮다. 게다가 투자자의 안목은 성공률과 아무런 관련이 없다. 만일 리드 투자자가 보증한다면 상황이 달라진다. 물론 초기 사업에 대한 주식 투자에서 보증해줄 사람은 없을 것이다. 더더군다나 그런 일을 감히 해낼 사람도 없고 그렇게 해야 할 필요성을 느끼는 사람도 없다.

사실 팔로 투자자와 리드 투자자의 자금 리스크는 같은 양상을 보인다. 만일 사업이 실패하면 팔로 투자이든 리드 투자이든 마찬가지 리스크를 안게 된다. 투자금이 몽땅 없어진다. 팔로 투자를 했다는 이유로 일정 분량을 회수할 수도 없다. 반대로 사업이 성공한다 해도 수익을 기대하기 어렵다. 통상 리드 투자자가 약정에 따라 수익의 일부분을 가져가기 때문이다.

리드 투자자에게도 리스크는 있다. 사실 리드 투자자의 자금 리스크는 팔로 투자자와 같다. 사업이 실패하면 누구든 아무것도 가져갈 수 없기 때문이다. 여기에서 짚고 넘어갈 것이 있다. 리드 투자자의 수익 중 또 한 가지 중요한 부분인 '명성'이다. 자신이 투자한 사업이 계속 성공을 거두면 더욱더 명성을 쌓게 된다. 투자권 내에서 명성은 현금과도 같다. 명성이 높은 투자자는 더 이상 아마추어로 여겨지지 않는다. 그들은 한 명의 독립된 투자자에서 억 단위 자산을 굴리는 펀드 파트너로 승격된다. 반면 사업에 실패하면 명성에 큰 타격을 받는다. 본질적으로 봤을 때 핵심 리스크는 사업 실패의 위험성이 훨씬 크다는 것이다. 이 때문에 실력이 없다면 함부로 리드 투자를 해서는 안 된다.

투자의 핵심은 언제나 다음과 같았다.

- **자신의 결정은 자신이 책임져야 한다.**

투자는 어디까지나 그냥 투자다. 현실적으로 '리드 투자'와 '팔로 투자'의 구분은 무의미하다. 자신의 결정은 스스로 이행해야 하고, 자신이 내린 결정의 후과는 스스로 책임져야 한다. 불행이 닥쳤을 때 하소연할 곳은 없다.

초기 사업에 대한 주식 투자 최대의 리스크

일상생활에서 사람들은 바둑, 트럼프, 축구 게임 등 여러 가지 게임을 즐긴다. 이런 게임의 특징은 경쟁 상대의 반응을 볼 수 있다는 것이다. 그래서 게임 참여자로서 경쟁 상대의 행동을 관찰해 그에 상응하는 조치를 취할 수 있다.

축구장에서 상대 팀 선수가 쇄도해 오는데 그가 뛰는 속도가 당신보다 빠르다면 당신은 공을 같은 팀 선수에게 패스할 것이다. 만일 상대 선수가 슈팅이 가능한 범위에서 매우 정확하게 슛을 한다면 당신은 그를 넘어뜨리는 선택을 하게 될 것이다. 그런 행위가 반칙에 해당돼 퇴장을 당하더라도 말이다.

당신이 어떤 스타트업 사업에 투자하면 그 사업에 투자한 사람들과 한 패가 된 것이다. 당신들의 목표는 단 하나로 귀결된다. '승리'다.

정책을 결정하기 전에 당신의 경쟁자가 누구인지 알면 어떻게 될까?

- 분석과 비교를 거쳐 절대적 우위를 점하지 못했음을 알았다면 당신은 포기를 선택할 것이다.
- 분석과 비교를 거쳐 우위를 점하고 있음이 분명하다면 대담하게 한번 부딪쳐볼 것이다.

첫 번째는 결코 부끄러운 행동이 아니다. 어쨌든 기회는 많으니까. 두 번째도 문제는 없다. 당신에게는 자신감이 있으니까. 하지만 문제는 현실 속 게임에서 상황이 그렇게 간단명료하거나 규칙이 뚜렷하게 정해진 적이 없다는 것이다. 최대의 리스크는 자신의 경쟁자가 어디에 있는지 모른다는 데서 비롯된다. 게다가 그들이 같은 규칙을 따르는지도 알 수 없다. 이런 이유로 당신은 현재 상대방이 무엇을 하고 있는지 전혀 모른다.

만일 당신이 행동을 개시하고 어느 정도 시간이 흐른 뒤에야 당신이 몰랐던 경쟁자가 있다는 사실을 발견한다면 경쟁자 앞에서 당신은 우위를 점하지 못하게 된다. 이런 상황에서 승리하기를 바란다면 그건 어디까지나 자신만의 소망일 뿐이다.

내가 봤을 때 이것이야말로 초기 사업에 주식을 투자할 때 크라우드펀딩이 필요한 근본적 이유다.

완전한 정보는 있을 수 없으니 지나친 바람을 갖지 않는 것이 좋다. 하지만 정보를 좀 더 완비할 수 있고 신뢰할 수 있는 해결 방안도 있다.

크라우드소싱(Crowd Sourcing)이란 '대중(Crowd)'과 '외부 자원 활용(Outsourcing)'의 합성어로 수많은 대중의 활동에서 데이터를 얻어 분석하는 방법을 뜻한다.

대중은 정책을 결정할 때 지혜를 발휘하기 어렵다. 심지어 우둔하기까지 하다. 하지만 대중의 지혜는 더 많은 인식을 얻는 데 탁월한 능력을 발휘한다. 그래서 인식은 대중의 지혜에 의거해야 하고, 정책 결정은 자기 자신에게 의거해야 한다.

어떻게 정책을 결정할 것인가와 관련해 나의 오랜 친구이자 영영사전으로 정평이 난 콜린스 코빌드(Collins Cobuild)의 파트너는 이런 결론을 내렸다.

- 다수의 사람들 말을 들어라.
- 소수의 사람들 의견을 참고하라.
- 결정은 자신이 내려라.

사업뿐 아니라 인생에서 참고가 될 만한 깊이 있으면서도 정확한 제안이라고 생각한다.

초기 사업에 대한 투자에서 가장 어려운 점

나는 투자 초창기에 내가 꽤 완벽한 지식 체계를 갖추고 있다고 생각했다. 하지만 시간이 흐르면서 전혀 그렇지 않다는 것을 깨달았다.

2013년 하반기부터 나는 1년 반가량 투자 활동을 벌였다. 최종 실적은 괜찮았지만 종합적으로 보면 그 성공은 비트코인 분야에만 국한됐다. 비트코인 이외에서는 투자 활동의 성공률이 무척 낮았다. 비트코인 분야에서도 실패하는 사업이 있지만 생각보다 성공률은 꽤 높았다. 나는 당시 이 분야에서 엄청난 우위를 점하고 있었다. 그러다 보니 한번도 사업을 애써 찾아본 적이 없다. 이는 다른 투자자에게는 거의 불가능한 상황이었다.

생각해보면 비트코인 분야에서 스타트업을 한 사람들은 누구나 나를 먼저 떠올렸던 것 같다. 꼭 투자가 아니더라도 내 견해를 듣고 싶어 했다. 나에게는 투자 매니저가 한 명도 없었다. 물론 보조 인원은 있었지만 투자 관련 일에는 전혀 관여하지 않았다. 그래서 나는 늘 메일을 열고 새로 들어온 비즈니스 기획서(BP)를 살펴봤다. 괜찮은 기획서가 들어오면 창업가에게 상세히 물어보기도 하고 제안하기도 했다. 기획서 내용이 별로이면 그냥 편하게 이야기를 나눴다. 창업가의 기획서가 세계 각지에서 메일로 날아왔다. 나는 다른 분야의 일을 할 필요가 없었다.

내가 비트코인 이외의 세상과 접촉해보기로 결정한 건 순박한 생각 때문이다. 어느 한곳에서 너무 편안히 있거나 안락에 빠지면 자신도 모르는 사이에 바보로 퇴화된다는 생각이었다. 그래서 나는 다른 분야를 접촉하기 시작했다. 그렇게 얼마간의 시간이 흐른 뒤 내가 얼마나 열세에 놓여 있는지를 절감했다. 가장 명확한 것은 사업의 소스가 안타까울 정도로 적은 데다 질적으로도 수준이 높지 않았다. 실제로 그중 선택할 만한 것이 없었다. 그러니 전략 선택을 논할 수 있겠는가?

시간이 흐르면서 나는 점점 초기 사업 투자자를 많이 접촉했다. 물론 업체도 포함돼 있었다. 그들 모두가 직면한 문제는 한결같았다.

- 사업을 위해 전반적으로 필요한 요소가 양적으로 충분히 완비돼야 질적 수준을 논할 수 있다.
- 그 뒤에야 비로소 수준 높은 정책도 결정할 수 있다.

다른 투자자와 뭉치는 것은 한 가지 선택지다. 하지만 이런 선택에도 한계가 있다. 뭉치기 위해서는 입장이 대등해야 하기 때문이다. 막강한 투자자는 아마추어 투자자와 뭉칠 필요성을 전혀 못 느끼고, 그렇게 했다가는 효율이 극명하게 떨어진다. 노하우가 부족한 투자자들과 뭉치는 것은 멍청한 짓이 될 수밖에 없다.

크라우드펀딩 플랫폼 사업에 참여하는 것도 하나의 선택이다. 하지만 이런 선택에도 한계가 있다. 그건 사업은 질적으로 너무 떨어지거나 이미 더 이상은 초기 상태가 아니기 때문이다. 개인적으로는 그 점이 큰 문제라고 생각하지 않았지만 수많은 투자자의 심리를 이해해야 했다. 처음부터 대단한 사업을 함께하고 싶은 마음 말이다.

현실적이면서도 효율적인 다른 선택이 아직 남아 있다. 스스로 대단한 사업을 일으키는 것이다. 이것은 롤 모델이 될 수 있다. 말만으로는 소용없으며 똑똑해도 일에 전혀 도움이 되지 않을 때가 종종 있다. 반드시 성과로 이야기해야 한다. 실제로 해내는 건 무언가를 말하는 것보다 훨씬 강력하다. 당신이 좋은 사업을 해내면 모두 당신을 인정해줄 것이고 당신을 높게 평가하기도 할 것이다. 하지만 그 과정에서 실제로 당신이 얻는 것은 남들과 비교해 상대적 우위를 점하는 것뿐이다.

사실 이건 그렇게 요원한 일이 아니다. 전 세계 사람들과 비교하지 말고 당신 주위 사람과 비교해보면 확인할 수 있기 때문이다. 그 이치도 꽤 타당하다. 소위 영향력이란 주위에서 점점 확장해가는 것이기 때문이다.

그래서 사실 출구는 오직 하나뿐이다.

> • 여러 방면으로 궁리해보고 또 실패도 해보면서 결국에 스타트업을 잘해낼 만한 확실한 인물 한 명을 찾아내는 것이다.

투자는 스타트업보다 잔혹하다. 스타트업을 하다 실패하면 사람들은 당신을 위로하고 격려할 것이다. 하지만 투자에 실패하면 당신을 안쓰러워할 사람은 없다. 누군가는 당신을 멸시할 수도 있다. 그저 조용히 혼자서 인내해야 한다. 그게 현실이다.

투자자에게 가장 중요한 능력은 무엇일까?

이 문제는 내가 가장 깊이 생각하는 부분이다. 내 직업 이력에는 중국 최대의 사교육 업체 신둥팡에서 7년 동안 학생을 가르친 경력이 있다. 그래서 나는 말을 잘하는 사람이기도 하고 나도 모르게 생각하는 능력을 마음껏 자랑하기도 한다. 그 이전에는 7년 동안 마케팅 일을 했다. 그 일도 말이 핵심이었다.

그런 이유로 불행히도 나는 처음 얼마 동안은 사람들이 참 싫어하는 투자자이기도 했다.

 • 말은 많이 하면서 상대적으로 적게 들었다.

나는 내 이야기를 듣는 사람들이 싫은 내색을 노골적으로 내비치지 않은 이유는 내 경력과 사회적 명망 때문이라는 것을 깨닫고는 반성했다. 그런 후에야 제대로 알게 된 것이 있었다. 처음에 내가 만난 사람들 대부분은 능력이 별로 출중하지 않아서 훨씬 더 단련될 필요가 있었다는 점이다. 만일 그들이 현재 내가 매일 만나는, 감탄할 만한 창업가들이라면 말 많고 별로 듣지 않는 나를 몹시 싫어했을 것이다.

 • 스타트업에서 성공하려면 탄탄한 비즈니스 모델이 기초가 돼야 한다.

물론 이런 판단에 반대하는 사람이 있을 수 있지만 그 반대는 그저 '용어 논쟁이나 개념 논쟁'일 뿐이고 비즈니스 모델은 가장 기본이라는 점을 믿었으면 한다.

일반적으로 학습 능력은 유용하다. 가령 한 가지 외국어를 배운 뒤 다른 외국어를 배우는 것은 꽤 수월하다. 또한 한 가지 기술을 배우고 그 기술로 쌓은 경험은 언제든 다른 분야에서 쓸 수 있다. 하지만 비즈니스 능력은 상대적으로 많이 통용되지도 않고 쉽사리 다른 분야에서 참고가 되지도 않는다. 비즈니스 능력은 아주 빠르게 퇴물이 되어버린다는 점이 핵심이다. 시대가 갈수록 빠르게 변하기 때문이다.

또 다른 측면에서 본다면 비즈니스에서 성공은 '승자는 왕이 되고 패자는 적이 되는' 논리로 운영된다. 게다가 경제학의 기본 전제인 유한한 자원을 완전히 써버린 상황에서 운영된다. 다시 말해 유한한 시간 내에 성공해야 하고 이미 정해진 정치·경제 환경에서 성공해야 한다. 또한 유한한 자원을 조절하는 능력으로 성공해야 하고 비즈니스 행동을 평가받는 상황에서 성공해야 한다. 비즈니스 환경에서는 '이상적 상황'이라는 것이 존재하지 않는다. 오직 '잠깐 순조로운 상황'만 있을 뿐이다. 돌발적인 의외의 상황이 수시로 찾아온다.

다른 분야에서는 똑똑한 머리에 의지하는 것이 가능하다. 하지만 비즈니스 세계에서 그것은 분명 위험하다. 창업가 입장에서 독선은 하나의 보호 장치다. 하지만 투자자에게 독선은 조만간 들이닥칠 치명적 재난을 의미한다.

나는 일정 기간의 단련을 거치면서 투자자에게 가장 중요한 능력은 '듣는 것'이라고 생각하게 됐다. 그냥 듣는 게 아니라 정신을 집중해 진지하고 섬세하게 듣는 것이다. 또한 창업가의 의견에 조급하게 반박하거나 비판하려 들지 말아야 한다. 냉정하게 입증하려고 하면 취할 만한 것이 하나도 없게 된다. 차라리 조용히 들어보는 편이 더 낫다. 그리고 이렇게 생각해보는 것이다.

- 왜 그렇게 생각했을까?
- 그의 인생에서 무슨 일이 있었기에 그렇게 문제를 바라보는 걸까?

- 그렇게 생각한다면 그는 어떤 형식으로 일하고 어떤 결정을 내릴까?

재미있는 사실은 내가 이렇게 생각하고 행동하면서 예전에 했던 생각들이 모두 정확하지 않음을 발견했다는 것이다. 심지어는 바보같이 보였다. 나는 말을 적게 하기 위해 스스로에게 규율을 정해놓았다.

- 모든 반문은 다음번 토론까지 미뤄뒀다가 이야기하자.

이 방법은 내게 아주 훌륭한 도움이 됐다. 먼저 스스로 생각하고 연구해볼 여지를 훨씬 많이 확보할 수 있었다. 더욱 중요한 점은 상대방과 어느 정도의 시간적 여유를 가질 수 있어서 경중의 차이는 있지만 상대방의 이야기를 받아들이기가 훨씬 수월했다. 이건 그야말로 생각지도 못한 소득이다.

환영받는 투자자가 되는 법

이런 제안은 '실리콘밸리의 인맥왕'인 링크트인의 창업가에게서 비롯됐다. 페이팔 마피아◆ 구성원인 리드 호프먼은 이렇게 말했다.

◆ 페이팔 마피아(PayPal Mafia): 유명한 온라인 결제 서비스 회사인 페이팔 출신의 벤처기업가나 투자자를 일컫는 말이다. 피터 틸, 리드 호프먼, 스티브 천, 일론 머스크, 맥스 레브친, 데이비드 색스 등이 그들이다. 이들이 참여한 스타트업 기업으로는 팰런티어 테크놀로지(Palantir Technologies), 링크트인(Linkedin), 유튜브(YouTube), 테슬라 모터스(Tesla Motors), 스페이스엑스(SpaceX), 솔라시티(Solar City), 옐프(Yelp), 지니(Geni), 야머(Yammer) 등이 있다.

- 먼저 도움을 준 뒤 말하라.

말이 쉽지, 실제 행동에 옮기기는 꽤 어렵다. 요술 거울 같은 느낌이다.
나는 이런 행동을 실천하는 과정에서 내가 얼마나 쓸모없는 인물인지
를 종종 느끼고 낙심했다. 사실, 특정 분야에서 아무런 도움이 되지 못했
는데 만일 투자자로서 도움을 주지 못한다면 남는 건 초라한 돈뿐이다.
초기 사업 투자에서 돈은 그다지 중요하지 않다. 또 투자자에게도 별로
중요하지 않은 자원이다.

스타트업 기업의 제품에 가치 있는 트래픽을 제공하는 건 어떨까? 좋
은 생각이다. 하지만 초기에는 그렇게 하는 것이 불가능하다는 사실을
깨달았다. 웨이보에 전재하는 방법이 있기는 하다. 안 되는 건 아니지만
생각해봐야 할 점이 있다.

- 대상이 불분명할 수 있다.
- 매일 이렇게 하면 자신에 대한 신뢰도가 떨어질 수 있다. 본인의 손해만 막
  심해질 수 있다.

그렇다면 스타트업 기업에 가치 있는 비즈니스 제안을 할까? 꽤 솔깃
하다. 하지만 생각해볼 지점이 있다. 현재 당신도 그다지 실력이 없는 상
태에서 당신의 비즈니스 제안을 필요로 하는 사람은 당신보다 더 실력
이 떨어지는 사람일 것이다. 과연 그런 사람이 스타트업에 적합할까 싶
다. 투자의 비결은 자신보다 몇 배나 강한 인재에게 투자하는 것이다.

창업가의 고통은 대부분 두 가지 지점에서 드러난다. 고용과 융자다.

가능할 것처럼 보일 수도 있다. 하지만 실제로 뛰어들면 외부인들이 이 두 지점과 관련해 도움을 주고 싶어도 그렇게 하기가 쉽지 않다는 것을 알 수 있다. 이건 마치 두 사람이 밤에 잠자리를 갖는 것과 같다. 반드시 당사자 스스로 해내야 하고 다른 사람은 안 보는 게 낫다.

결국 나는 세 가지 합리적인 방식을 찾아냈다.

첫째, 스타트업 기업에 고객을 소개해준다.

이건 누구나 좋아한다. 게다가 가치도 있다. 당신이 상대방에게 도움을 준 뒤 상대방의 피드백을 통해 상대방이 어떻게 대처하는지 그 방식을 판단할 수도 있다. 더욱 중요하게는 스타트업 기업에 고객을 소개해주는 방법이 나에게 판단 기준을 제공해주었다. 다시 말해 이 기업의 제품이나 서비스가 더 말할 필요도 없이 훌륭하다면 창업가에게 고객을 소개해주기가 훨씬 쉬울 것이다. 또한 고객을 소개해주었는데 제대로 고객을 유치하지 못한다면 그 제품이나 서비스는 그다지 훌륭하지 않다는 점을 방증한다.

둘째, 판을 짜고, 짜고 또 짜자.

나는 판을 짜고 친구들을 초대해 밥을 먹고 한담을 나누는 데 많은 시간을 썼다. 내가 봤을 때 재미도 있으면서 생각할 줄 아는 사람을 한데 모았다. 무슨 일이 생길지 누가 알겠는가? 생각지도 못한 행운이 자연스럽게 따라올 수 있다. 사실 그 시간의 질은 자신의 능력과 판단에 달려 있다. 그 시간이 낭비되든 안 되든 아무런 원망도 후회도 없다.

셋째, 사력을 다해 발전하자.

사업 원천의 양과 질은 무척 중요하다. 양과 질을 높이기 위해서는 믿음직스럽게 일하면 된다. 스스로 사력을 다해 발전하는 것이다. 내가 밀음직스럽게 일하는 수많은 창업가들을 사귀고 그들과 장기적으로 교류할 수 있었던 중요한 이유는, 다들 애써 시간을 내서 나와 함께 밥도 먹고 한담도 나누면서 재미뿐 아니라 생각지 못한 소득을 얻었기 때문이다. 게다가 다들 함께 발전했다. 그야말로 쉽게 습관화할 수 있는 일이다.

물론 다른 비결도 있다. 내가 도와줄 수 없을지도 모르지만 분명히 노력은 하겠다는 점을 공개적으로 미리 밝히는 것이다.

종일 장담만 해놓고 실제로 아무것도 안 하는 사람을 좋아할 사람은 없다. 당신도 그런 사람은 싫어할 것이다. 그러니 그런 사람은 되지 말아야 한다. 도움을 주지는 못할 수도 있다고 정확히 말하자. 이는 체면을 구기는 것도 아닐뿐더러 신용을 쌓을 수 있는 정확한 방법이기도 하다.

수많은 아마추어 투자자가 정책 결정에 참여하기를 희망한다. 이건 무지의 산물이다. 그렇게 한번 해보시라.

스타트업은 복잡하고 고생스럽고 통례를 벗어나고 당사자가 전력을 다해서 하는 일이다. 돕지 못하는 것은 사실 그렇게 두려운 일이 아니다. 정작 두려운 점은 도우려다 도리어 초를 치는 것이다. 일을 망쳐놓고도 정작 망쳐놓은 사람은 아무것도 모르곤 한다.

만일 투자자로서 돕지 못하겠다면 아무것도 해서는 안 된다. 그런 투자자에게는 침묵하는 투자가 가장 훌륭한 전략일 것이다.

잘 아는 사람이 아니면 투자하지 마라?

나는 이 말이 맞다고 생각한다. 또한 개인 투자자나 아마추어 투자자에게 이 말은 그들의 속내를 간파하는 원칙이기도 하다.

일부 창업가들은 자기 능력으로 성공하기도 한다. 아주 대단한 일이고 사람들의 감탄을 자아낼 만한 성과다. 하지만 일단 창업가에게 투자가 필요한 상황에서 당신이 그의 투자자가 되고 싶다면 그의 인품과 가치관에 주목할 필요가 있다.

그런데 잘 아는 사람이 아니면 인품이든 가치관이든 판단을 내리기가 꽤 어렵다. 인품과 가치관은 가장 기본적인 전제이기 때문에 결정적인 시기가 오기 전에는 좀체 그 정체를 드러내지 않는다. 중요한 시기에 드러날 상대방의 반응을 예측하려면 오랜 기간 인내하며 관찰해야 한다.

사실 '잘 아는 사람이 아니면 투자하지 마라'는 원칙은 능력이 있어야 실천할 수 있다.

당신이 잘 아는 사람들 중에 믿을 만한 사람이 충분히 많으면 투자할 가치가 있다. 물론 그들도 당신의 투자를 원해야 한다.

대다수 아마추어 투자자들의 주위에는 투자할 만한 사람이 충분히 많지도 않을뿐더러 그나마 있는 사람도 믿을 만하지 못하고 능력이 출중하지 않다. 더 중요한 문제는 대부분의 아마추어 투자자는 샤오미의 창업가 레이쥔(雷軍)과 같은 지도자 자리에 있지 않다는 사실이다. 그래서 '기꺼이 돈을 투자하고 싶어도' 적당한 기회가 없다.

투자는 세상에서 양극화가 가장 심한 분야일 것이다. 강자는 갈수록 강해지고 약자는 갈수록 약해진다. 바로 여기에 근본 원인이 있다.

초기 사업에 대한 주식 투자에는 자산 실사(Due Diligence)라는 것이 없다. 살펴볼 만한 데이터가 없기 때문이다. 그래서 대부분의 평가와 판단은 창업가의 품성에 집중된다.

한 가지 방법은 간접적 인맥을 동원해 살펴보는 것이다. 이렇게 하려면 꽤 많은 시간을 들여야 한다. 그래도 생략해서는 안 되는 부분이다. 이런 것도 이행하지 않고 하는 투자는 그야말로 도박으로 변질될 것이다.

투자에 관해 공부할 때 주의해야 할 점이 몇 가지 있다.

첫째, 간접적 인맥을 통한 관찰은 그 자체로는 무척 모호하지만 반드시 거쳐야 한다. 단, 제삼자라는 인맥을 거친 관찰은 의미가 없다.

둘째, 간접적 인맥을 통해 도움을 청할 때 판단까지 맡겨서는 안 된다. 상대방이 '의견'이 아닌 '사실'을 많이 말하도록 하는 게 좋다. 간접적 인맥의 진술이 사실인지 의견인지를 판단하는 것은 당신의 기본 소양에 달려 있다.

하지만 기억해야 할 점이 있다. 이런 내용들은 다 부차적인 도움이지 최종 판단의 결정적 근거일 수는 없다는 것이다. 당사자와 깊은 관계를 맺은 뒤에 최종 판단을 내려야 한다.

인터넷 시대에 모든 사람이 인터넷상에 대량의 흔적을 남긴다. 투자자로서 이 사실에 주의를 기울일 필요가 있다. 또한 사람마다 중시하는 품성이 다르기 때문에 일반적 제안을 많이 하기도 쉽지 않다. 하지만 주의해야 할 것은 하나 있다.

- 다툼이 잦은 사람에게는 투자하지 마라.

이런 사람들은 꽤 부담이 된다. 사업을 통해 앞으로 창출될 수익을 자신에게 부담이 되는 사람에게 줄 필요는 없다.

다툼이 잦은 사람은 마치 전 애인과 헤어진 뒤 아예 대놓고 전 애인의 이런저런 잘못을 까발리는 사람처럼 행동한다. 그들은 그런 방법을 통해서만 자신이 괜찮은 사람이라는 점을 증명할 수 있기 때문이다. 그런 사람은 열심히 일할 가능성이 적다. 그들의 관심사는 자신의 과오를 어떻게 감출지 하는 것이다.

여기에서 가장 큰 함정은 아마추어 투자자는 기회를 놓치는 것이 두려워 이를 악물고 투자를 해버린다는 사실이다. 이 경우 대개 결말이 안 좋다.

이럴 때를 대비해 사심이 전혀 없이 진심을 담아 제안을 하나 하겠다. 언제 어디서든 활용할 수 있는 제안이다.

 · **내 일이 아니다. 나는 안 하면 그만이다.**

투자자들의 면면을 잘 살펴보면 이렇게 단순한 실천을 아주 극소수만이 해내고 있음을 알게 될 것이다. 투자를 갓 시작했을 때에는 사람들이 욕심을 내기 때문에 단순한 일을 아주 극소수만이 해내는 현상이 생겼다고 생각할 것이다. 하지만 시간이 흐른 뒤에는 사람들이 두려워하기 때문에 이런 현상이 있게 됐다고 생각할 것이다. 마지막에는 절대다수의 사람들이 단지 멍청해서 정확한 생각을 못 하기 때문이라는 점을 발견할 것이다.

그 밖에 믿을 만하고 인맥과는 무관한 투자 방식이 있는데 바로 크라우드펀딩 투자다. 하지만 현재 세계적인 크라우드펀딩 플랫폼에는 창업가의 '추천인' 제도가 미비하다. 명문 학교나 중요한 직책에 지원할 때 지원자는 믿을 만한 추천인이 쓴 추천서를 제출하게 마련이다. 그와 같은 제도라고 생각하면 된다. 또한 추천인은 어느 정도 명예와 관련해 위험을 감수해야 한다. 물론 이런 제도가 결정적 근거를 제공하지는 못하지만 실제로는 상당히 중요하다. 따라서 언젠가는 모든 관련 플랫폼이나 지역사회가 중지를 모아 제도적 규제를 제공할 것이라고 믿는다. 위험 통제와 관련해 중요한 수요가 있기 때문이다.

자신의 돈과 다른 사람의 돈에는 어떤 차이가 있을까?

많은 사람이 의아해하는 사실이 있다.

- **전문 투자자들이 투자한 돈은 대개 다른 사람의 것이다.**
- **아마추어 투자자가 투자한 돈은 대개 자신의 것이다.**

돈은 양면성이 있어서 다음 측면에서 엄청난 차이를 드러낸다.

- **금액**
- **시간**

금액이 큰돈은 큰 권리를 낳고, 금액이 적은 돈은 권리가 없다. 누군가가 10억 위안을 갖고 있다면 거대한 금액을 갖고 있음을 의미하고 그 사람과 그의 재산은 일정의 경제적 권리를 가질 수가 있다. 반면 1억 명이 각각 10위안을 갖고 있다면 그들이 가진 금액은 너무 적어서 그들과 그들이 소유한 10위안에는 어떤 경제적 권리도 없다.

돈이 만들어 낸 또 한 가지 권리 차이는 바로 시간이다. 한 몫의 돈은 얼마간은 유동하지 않고 묶힐 수 있다. 7, 8년이라는 시간 동안 묵혀두어도 전혀 상관없는 10억 위안 규모의 자금이 있다고 치자. 이 돈은 경제적으로 봤을 때 며칠 이내에 꼭 사용될 수밖에 없는 10위안보다 훨씬 어마어마한 권리를 행사할 수 있다. 시간의 흐름과 관계없는 묵직한 무게감을 갖는 것이다.

한편으로 이 세상에서 돈이 지닌 힘은 턱없이 작다. 기껏해야 은행에서 재테크 상품을 구입하는 용도밖에는 안 된다. 또 한편으로 돈의 힘은 어마어마하다. 그래서 돈은 많은 일을 해낼 수 있다. 가령 지구상에서 가장 똑똑한 사람들을 마음대로 다뤄 돈을 위해 일하게 할 수 있다. 돈을 출자해 LP◆가 되어 똑똑한 사람들에게 20퍼센트의 이윤을 주면서 GP◆◆가 되도록 하는 것이다. 이런 식으로 돈이 거액의 자산을 관리하게 된다. 벤처캐피털 업체는 본질적으로 이런 형태로 운영된다. 이것이 현실이다. 똑똑한 사람들은 다른 사람의 돈으로 투자한다. 그런 뒤 전업하는 경우가 허다하다. 돈을 벌었다는 것은 자신에게 20퍼센트의 수익이 돌아왔다는 뜻이다. 그리고 보면 GP도 출자를 하는 셈이다. 그들은 똑똑해서 대부분이 기본금에 30퍼센트 이상의 연간 수익률을 창출하기 때문이다.

나 역시 아마추어 투자자였지만 처음부터 비교적 전문적인 구상을 시

◆ LP(Limited Partner): 유한책임사원. 출자자를 의미함.

◆◆ GP(General Partner): 무한책임사원. 관리자를 의미함.

도했다. 소규모 기금을 모았는데 최대한 전문적 방식에 근거해 일했기 때문에 나는 전문적이지 않았지만 큰 문제는 발생하지 않았다.

아마추어 투자자들은 전문적 방식에 근거해 일하는 것을 잘 모른다. 그들은 자신이 고생해 모든 돈으로 투자한다. 또 금액이 많지도 않고 시간적으로도 오래 기다릴 수 없어서 투자에서 핵심 요소인 심리 상태에 영향을 받게 된다.

다시 말해 자신이 투자한 돈과 다른 사람이 투자한, 큰 비중을 차지하는 돈에 대해 완전히 다른 감정을 갖는다. 참 아이러니한 일이다. 다른 사람을 위해 돈을 관리하는 사람은 훨씬 똑똑하고 프로다우며 훨씬 효율이 높다. 그 속에 내재한 이치를 곰곰이 생각하면 돈에 대한 투자자의 심리를 잘 이해할 수 있다.

아무리 난다 긴다 하는 노름꾼이라도 판돈이 크면 심리적 변화가 생겨 형편없는 결말을 맞이할 수도 있다. 똑똑한 머리에만 의존해 통제할 수는 없다. 투자는 '심리적'으로 통제할 수 있는 범위를 넘어서기까지 한다.

투자자에게 최대의 적은 자신의 마음이다. 아마추어 투자자는 투자금 전액이 자신의 것이고, 총자산도 많지 않아서 잃을 수도 없고 기다릴 수도 없다. 이것이 그들의 일반적 모습이다. 결국 수많은 아마추어 투자자는 이윤을 남기지 못하는 상황으로 치닫는다. 그렇다면 무엇을 두고 이윤을 남기지 못한다 할까? 이미 10배의 수익을 얻었는데 그 뒤로 수익이 물거품 될 것을 걱정해서 부동산이나 주식 등을 현금으로 바꾸기에 급급해진다. 그러다가 어마어마한 수익이 숨어 있는 훌륭한 사업에 투자할 기회를 놓친다. 종종 있는 일이다.

크라우드펀딩은 아마추어 투자자의 투자 환경을 점차 보완하고 있으며 이로 인해 아마추어 투자자의 심리적 파동 문제가 서서히 완화되고 있다. 본질적으로 보자면 크라우드펀딩에서 아마추어 투자자 대부분은 형식적으로 꽤 산만한 기금을 구성했다. 크라우드펀딩은 단일 투자자의 소액 투자를 허용하면서 여러 투자자가 적지 않은 투자금을 모으도록 했다. 또한 단일 투자자가 자금을 장기간 묶어두는 것과 거의 동일한 상태를 허용하기도 했다.

크라우드펀딩에서 확실하게 해결해야 할 문제는 사람들이 당연하게 생각하는 '리스크 저하'가 아니다. 도리어 현실은 그 반대다. 크라우드펀딩 플랫폼에서 대개 투자자는 모르는 사람에게 투자하기 때문에 초기 사업에 대한 주식 투자의 위험성이 높은 것은 어쩔 수 없다. 하지만 이런 환경으로 인해 아마추어 투자자는 프로 투자자처럼 생각해보는 기회를 갖게 되고 현명한 정책 결정을 내릴 수 있게 된다. 이것이야말로 크라우드펀딩의 가장 중요한 의미다.

실제 대부분의 초기 사업에는 투자 철회 메커니즘이 아예 없다. 이 의외의 현상은 일반적으로 두 가지 원인이 조장한 것이다. 초기 사업 창업가 대부분은 스타트업 경험이 없고 융자 경험도 없다. 또한 초기 사업에 투자한 아마추어 투자자 대부분은 경험이 전혀 없어 어찌할 줄 모르다가 그냥 후일을 기약한다. 이러면 사업은 자연히 망하게 된다.

이 두 가지 상황은 생각보다 훨씬 보편적으로 일어난다. 대부분의 투자자가 자신이 겪은 실패 사례를 절대 발설하지 않는다. 그래서 실패한 사업은 여전히 많고 그중 폭로되는 경우는 극소수다.

폴 그레이엄에 따르면 스타트업 기업은 망하는 경우가 많은데 돈이 충분치 않았거나 공동 창업자가 떠나버렸기 때문이다. 또 스티브 호건*은

첫째, 단일 창업가는 성공하기 매우 어렵고 둘째, 제품이 허위의 수요에 기반을 두고 증명받은 것이 최대의 실패 요인이라고 했다. 자금 부족은 일반적으로 표면적 현상일 뿐이다. 좀 더 실질적 원인은 돈을 마구 써대거나 제품의 질이 너무 떨어진다(다음 융자를 기대할 수 없을 정도로)는 것이다.

이런 상황에서 투자자가 자신을 보호할 수 있는 좋은 방법이 있을까?

전문 투자자나 투자 업체가 취하는 방법은 이렇다. 먼저 자신이 좋은 트랙을 선택한 뒤 그 트랙에서 여러 사업에 투자하거나 동종의 사업은 하나도 놓치지 않고 투자한다.

전문 투자자나 투자 업체가 흔히 쓰는 방법은 이렇다. 후속으로 사업을 매입할 기업을 찾기 전에는 아예 투자를 안 한다는(대개 이런 방법에 대해서는 함구한다).

아마추어 투자자는 이런 방법을 취할 수가 없다. 트랙을 선택할 능력에 한계가 있기 때문이다. 그래서 아마추어 투자자는 대개 전문 업체가 현재 관심을 두는 트랙이 무엇인지를 연구한다. 하지만 현실적으로 전문 업체는 투자 구조를 완성한 뒤에 자신들의 선택을 공개하기 때문에 그나마도 여의치 않다. 아마추어 투자자의 사업 원천은 넓지 않을뿐더러 현재 자신의 눈에 보이는 사업에만 접촉할 수밖에 없다. 자금에 여유도 없고 투자자 인맥도 한참 부족하기 때문이다.

그 밖에 많은 아마추어 투자자는 초기 투자자로서 투자를 철회하려면 몇 단계를 거쳐야 한다는 점을 전혀 모른다. 벤처캐피털에 의존해 운영

◆ 스티브 호건(Steve Hogan): 그가 설립한 Tech-RX는 문제가 있는 초기 스타트업 기업을 전문적으로 구제하고 있다.

되는 기업 입장에서 융자는 상장된 지 1년 반 이상 된 상장주를 사기 위함이 아니다. 후기 투자자는 이런 점을 가장 싫어한다. 신규 융자는 사용 범위가 넓기 때문이다. 그런가 하면 신규 융자를 받은 뒤 평가는 올랐으나 현실적으로 거기에 들일 현금이 그렇게 많지 않다. 설령 융자를 기존 상장주를 사는 데 모두 사용하더라도 충분치 않을 수 있다. 왜냐하면 기존 상장주의 인기가 많이 식었다 해도 가격은 수배에 달할 정도로 올랐기 때문이다. 또는 기존 상장주를 부득이 현금화해야 할 수도 있다. 후발 주자의 큰손이 기존 상장주로 사업하기를 꺼리기 때문이다. 그래서 아마추어 투자자가 취할 행동은 특정 조건에서 주식으로 전환할 수 있는 전환사채를 협의하는 것이다.

사업이 성공하면 이 투자는 주식으로 전환된다. 사업이 실패하면 투자금은 무이자 대출 형식으로 전환되거나 남아 있는 돈이 있다면 돌려받게 된다. 일반적으로 이건 어쩔 수 없는 방법이다. 이런 투자 설정에서 창업가에게 담보물을 요구하는 것은 현실적이지 않기 때문이다. 한편 담보가 없는 채권은 대개 되찾을 보장이 없다. 그래서 전환사채 관련 규정에는 일반적으로 연한을 정하지 않고 무이자로 설정한다. 한편 사모펀드(Private Equity) 투자에서는 은행보다 조금 높은 이율을 설정한다. 가령 연간 수익률이 10퍼센트 정도 될 수 있다. 이런저런 이유로 결국에는 창업가의 품성을 눈여겨볼 수밖에 없다.

일반적으로 아마추어 투자자는 앞에서 언급한 갖가지 보호 조치에 대해 다소 '껄끄러운' 태도를 취하기도 한다. 바로 '아마추어'이기 때문에 보이는 태도다.

자신감이 부족한 창업가들도 앞에 열거한 방식을 꺼린다. 그들 입장에서는 '다른 사람의 돈을 가지고 모험을 하는 것'이 사업에서 당연한 이치이기 때문이다.

정말 우습게도 당신이 안 좋게 보면 다들 안 좋게 보고, 당신이 좋게 보면 대부분의 사람도 좋게 본다. 그래서 시장에서 대부분의 투자자가 당신과 경쟁을 벌이고, 당신은 전환사채 조항에 서명하라고 창업가를 압박하게 될 것이다. 이런 과정을 겪으면서 당신이 점하고 있던 우세는 점점 약화될 것이다.

참으로 어려운 선택이다.

투자자 입장에서 봤을 때 현재 중국 크라우드펀딩 플랫폼은 위험 통제 수단을 아직 완비하지 않았다. 어떤 초기 사업에서는 전환사채 규정 조항에 서명하는 모습조차 볼 수 없다. 투자자가 '창업가의 좋은 친구'라는 그럴 듯한 명분을 내세우지만 이쯤 되면 무식한 놈이 용감한 격이다.

가치 있는 것과 가치 없는 것의 차이

앞에서 잡담을 잘하는 것은 투자자의 기본 소양이라고 언급했다. 하지만 실없는 소리를 하는 건 다른 문제다. 실없는 말은 그나마 참아줄 수 있다. 정말 참을 수 없는 건 그런 실없는 말을 하다가 자기도 모르는 사이에 결국 믿어버린다는 것이다.

그렇다면 가장 실없는 것은 무엇일까?

No.1 감정

투자에서는 감정을 봐주지 않는다. 오로지 승패만 있을 뿐이다. 투자에서 이익을 창출했다 하더라도 불명예스러운 이익일 수 있다. 만일 사업이 망하면 감정이야 어떻든 그대로 망한 것이다. 실패를 명예스럽게 포장할 말은 없다. 사실이 그렇다. 투자자에게도 감정이 있고 이상이 있을 수 있다. 하지만 그것은 투자의 자본도 아니고 자원도 아니다. 비즈니스 환경과 비즈니스 모델에서 감정은 그저 의미 없는 존재일 뿐이다. 이 때문에 가장 실없는 말은 자신의 투자 행위에 감정을 덧씌워 창업가를 혼란스럽게 하는 것이다. 실없는 말에 혼란스러워하는 창업가 역시 망해도 할 말이 없다.

No.2 잘난 척

투자는 매우 힘들고 피곤한 일이다. 그리고 극소수의 사람만이 믿어줄 뿐이다. 훌륭한 창업가 앞에서 투자자는 약한 존재다. 한편 돈 역시나 투자자에게 가치가 가장 낮은 자원이다. 정말 우습게도 대부분의 경우 투자 매니저는 일개 구매 담당 직원일 뿐이다. 그런데 투자 매니저는 투자 분야에 감정이입을 너무 심하게 한 나머지 투자 자금이 마치 자기 것인 양 굴기도 한다. 현재 벤처캐피털 펀드 업체의 구조에 따르면 정말 가치 있는 사람은 애널리스트들이다. 물론 그들은 내부에서 환영받는 존재는 아니다.

No.3 허풍

투자자가 입에 가장 많이 달고 사는 말이 "내가 갖고 있는 게 얼마나 많은데!"이다. 가장 실없는 말이다. 사람들이 당신과 밥 한 끼 먹는다고 당신의 자원이 되는 것은 아니다. 당신이 어떤 큰 인물을 알고 있다고 그 인물이 당신의 자원이 되는 것은 아니다. 어느 사이트에 트래픽이 많은 지 안다고 해서 그 트래픽을 자유롭게 사용할 수 있는 것이 아니다. 빌딩은 벽돌로 짓는다. 하지만 무조건 벽돌을 많이 쌓는다고 저절로 빌딩이 되는 것은 아니다.

No.4 지도력

하나만 보고 전체를 규정해서는 안 되겠지만 소위 '스타트업 지도자' 가운데 최소한 99퍼센트가 능력도 없으면서 능력 있는 척하는 사람들이 다. 그렇다면 누가 능력 없는 지도자인지 어떻게 판단할까? 아주 간단하 다. 유리한 위치에서 관망할 수 있으면 된다. 헤비급 세계 챔피언 권투 선수 마이크 타이슨에게도 코치가 있다. 코치는 자신이 타이슨과 대결 하면 이기지 못한다는 점을 잘 알고 있다. 그가 코치로서 해야 할 일은 타이슨을 관찰하고 관찰하며 또 관찰해서 타이슨의 권투 동작을 교정하 는 것이다. 주로 타이슨의 장점과 약점에 근거해 제안한다. '자신의 경험 에 근거해 당신은 반드시 이렇게 하라'는 식이 아니다.

창업가는 꽤 많은 시간을 들여 자기 자신과 자신의 실책에 대해 힘써 연구해야 한다. 이 연구는 다른 사람에게는 쓸모없는 것이다. 특히 승자 는 왕이 되고 패자는 적이 되는 논리가 판치는 세상에서는 말이다.

No.5 질의

투자자는 창업가의 행동에 질문할 필요가 없다. 일단 질문이 필요하다는 것은 당신이 투자하기 전 공부하는 과정에서 어느 분야에 대해 판단 실책을 범했음을 증명할 뿐이다. 질문이 필요한 것은 도리어 자기 자신에 대해서다. 처음의 자신 말이다. 만일 자신에게서 문제점이 발견되면 고쳐야 할 점은 미래에 대한 투자 행위이지 어떤 수를 무르는 것이 아니다. 상대적으로 창업가가 투자자와 다른 점은 창업가는 한 가지 일만 해도 된다는 것이다. 반면 투자자는 처음부터 트랙을 선택하고 함정을 파놓아야 한다. 아마추어 투자자는 이런 점을 이해하지 못한다. 한두 가지 사업에서 큰 성공을 거두기만을 바랄 뿐이다. 하지만 그렇게 하면 남은 인생은 늘 질문 속에서 살게 될 뿐이다.

그렇다면 이 지점에서 가장 가치 있는 말은 무엇일까? '서클'이다. 어떤 형식으로든 서클은 늘 형성되기 마련이다. 거기에 섞여 들어가면 상대적 우세를 점할 수 있다. 더 나아가 서클에 섞이는 것은 이 업계의 일반적 현상이다.

사람과 사람 사이에는 늘 일정한 관계가 형성된다. 개체와 개체 사이에는 상하 관계나 대등한 관계가 존재한다. 대등한 관계는 자주 볼 수 있는 현상은 아니다. 하지만 흔히 가치는 대등한 관계에서 비롯된다. 대등한 관계는 섞이는 게 아니라 잘 어울려야 이룰 수 있는 관계다.

아마도 이런 현상은 인간이 지닌 유전자가 결정하는 듯하다. 대부분의 사람이 타인을 두 종류로 분리한다. 자기 사람과 외부인. 그래서 서클이 등장하게 마련이다.

많은 사람들 사이에서 하나의 작은 서클이 형성되면 그 서클은 구심점이 된다. 진정한 구심점은 서클의 창조자다. 최종적으로 진정한 수혜자가 되는 쪽은 구심점을 이루는 사람들이다. 다른 부분은 별로 필요가 없다.

이 세상에서 통로가 막힌 서클은 별로 없다. 크고 작은 서클과 서클 사이에는 최소한 한 명의 연결자(Connector) 또는 중개자(Broker)가 있다.

여기에서 주의를 기울여야 할 사실이 있다.

- 큰 지점과 큰 지점 사이에는 대개 하나의 '슈퍼 서클'이 쉽고도 자연스럽게 형성된다.
- 어떤 서클에 섞이기 위해 노력해야 한다는 건 개인의 능력이 처음부터 형편없음을 증명할 뿐이다.
- 경계선 지점의 영향력은 따지지 않아도 된다.

정보를 전달하는 과정에서 다음과 같은 현상이 일어난다.

- 정보는 일반적으로 서클 내에서만 전파되며 다른 곳으로 전달하기가 매우 어렵다.
- 대부분의 사람이 주로 특정 서클 안에서 생활한다. 그곳에서 반복적으로 같은 정보를 듣고 본다.

결국 이 폐쇄된 서클 안에서 구심점은 자승자박의 결말을 맞을 가능성이 크다. 결코 긍정적인 상황이 아니다.

- 현실 세계에서 여러 개의 서클을 연결하는 중개자는 변혁을 일으킬 수 있는 지점이다.
- 투자자에게 가장 가치 있는 일은 투자자라는 직업과 신분 관계로 인해 여러 개의 서클 사이의 중개자가 될 수 있다는 점이다. 실패하지 않는다면 분명 그렇게 될 것이다.

이런 특수한 위치를 기반으로 투자자는 종종 사업가들보다 넓고 깊은 정보를 꽤 많이 보유할 수 있다. 왜냐하면 그들은 여러 서클의 구심점을 직접 자주 접하기 때문이다. 그들은 그 많은 서클에서 정보를 얻는다. 물론 그들이 첫 번째로 정보를 획득하는 사람은 아닐 수도 있다. 하지만 어떤 서클의 중요한 정보를 다른 서클에 '전달하고 번역해주는' 첫 번째 인물임에는 분명하다. 심도 깊은 이해가 뒷받침되지 않는다면 확실하게 번역할 수는 없을 것이다.

그래서 투자자 입장에서 봤을 때 서클과 서클은 선 하나를 사이에 두고 어마어마한 격차를 드러낸다. 그런가 하면 가치 있는 것과 가치 없는 것은 그저 선 하나의 차이에 불과하기도 하다.

현재 비상했는지는 중요하지 않다.

다만 없어서는 안 되는 사람이 돼야 한다.

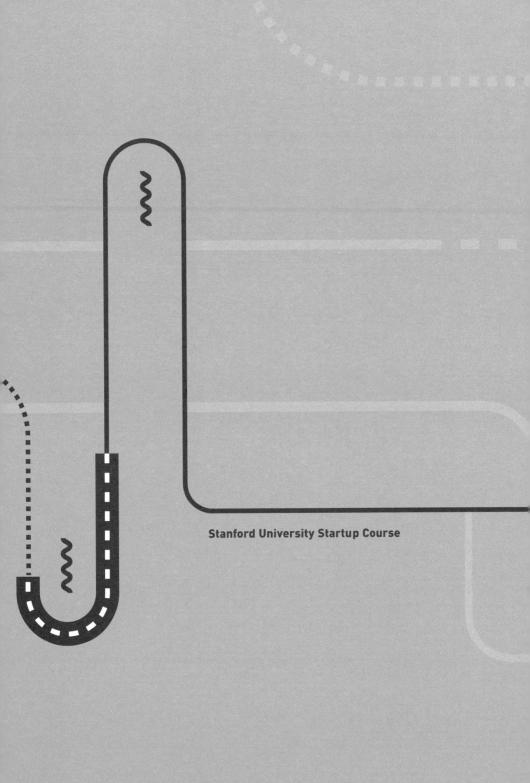

Stanford University Startup Course

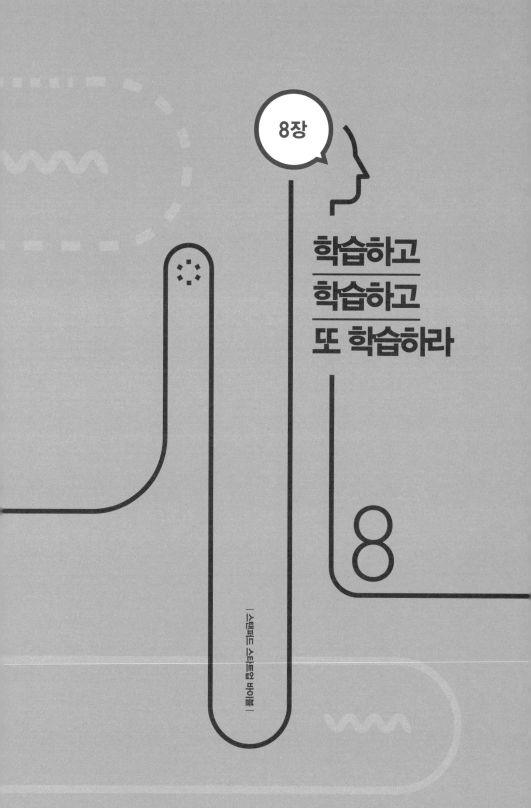

8장

학습하고
학습하고
또 학습하라

스탠퍼드 스타트업 바이블

최고의 투자 방법은
학습이다

어떻게 해야 훨씬 효율적인 학습을 할지 학습해야 한다.
평생학습은 생활의 방식이다.

공평은 사치일 뿐이다

널리 유행한 말이 있다.

'인생은 평등하다.'

이 문구는 지나치게 단순한 나머지 오히려 제멋대로 사용됐다. 많은 사람이 이 말을 잘못 이해하거나 단편적으로 판단했다. 어쩌면 그런 이유로 꽤 많은 사람에게 손해를 입혔을 수도 있다.

국제연합의 세계인권선언문에는 이와 유사한 문구가 있다.

"모든 사람은 태어나면서부터 자유롭고, 존엄과 권리에 있어서 평등하다."

이 세상에 태어난 사람으로서 가장 중요하고 가장 기본적인 능력은 독해 능력일 것이다. 독해 능력은 사고 능력보다 우선시되기도 한다. 인풋(Input)이 충분해야 사고할 수 있는 재료가 존재하기 때문이다. 남의 글이나 말에서 일부만 잘라 제멋대로 사용하거나 글자만 보고 대강 뜻을 짐작하는 행위는 열에 아홉은 독해 능력이 부족해서 발생한다.

모든 사람이 태어나면서부터 자유롭다는 데에는 아무 이견이 없어 보인다. 그렇다고 해서 쟁취할 것이 아무것도 없을까? 그렇지 않다. 자유는 그냥 주어지지 않는다. 인권이나 존엄 면에서 개개인이 평등한 것 역시 그냥 주어지지 않는다. 교육을 받아 더 이상 우매하지 않은 사람들이 애써 얻은 산물이다. 쟁취하지 않으면 평등도 없다.

모든 분야에서 사람과 사람은 평등하지 않다. 생김새에도 아름답고 추한 구분이 있고 지적 능력에도 높고 낮음의 차이가 있다. 체력도 강하고 약함의 차이가 있으며 운(運)에도 각자의 차이가 존재한다. 그렇다면 어떻게 평등해질 것인가?

시간이 흐르면서 차이는 점차 심화될 것이다. '독서량'을 예로 들어보자. 사람들 사이에 존재하는 독서량의 차이가 얼마나 큰지 사람들은 알고 있을까?

양서 한 권을 읽으면 수없이 많은 개념을 습득하게 되고 그 과정에서 뇌 시스템이 업그레이드된다. '표준편차'라는 개념을 이해하는 사람과 그러지 못한 사람을 동일 수준에 놓을 수는 없다. '이중맹검법(Double Blind Test)'이라는 개념을 이해하는 사람과 이해하지 못하는 사람의 선택 능력은 같을 수가 없다. 또한 '입증책임(Burden of Proof)'이라는 개념을 이해하는 사람과 그러지 못한 사람은 신앙조차 같지 않을 공산이 크다.

독서 습관이 잘 잡힌 사람은 매년 최소한 10권의 양서를 읽는다. 실제로 내 주위에 있는 대단한 사람들은 엄청난 독서량을 자랑한다. 16세부터 30세까지 매년 10권의 양서를 읽는다면 15년 동안 150권의 독서량을 보유하게 된다. 그들의 두뇌에는 중요한 개념이 다른 사람들보다 훨씬 많이 쌓이게 된다. 그렇다면 어떤 이유로 그들이 배운 것도 없고 재주도 없는 사람들과 평등하다고 할 수 있겠는가?

그런데 매우 많은 사람이 독해 능력을 어떻게 최적화할지, 제대로 된 지식을 어떻게 선별할지 잘 모른다. 그래서 독서량이 많아질수록 뇌는 그만큼 혼란을 겪는다. 머릿속은 온통 '상초열이 난다'라든지 '양자리'라든지 '음양 상극'이라든지 '뭘 먹고 어떻게 보양할 것인가'와 같은 생각으로 뒤죽박죽이다. 이런 사람을 어떤 이유로 엄격한 과학적 훈련을 받은 사람과 평등하다고 할 수 있겠는가?

이런 차이는 얼굴에 쓰여 있지도 않다. 또한 사람이 매일 몇 보를 걸었는지 통계 내듯이 무슨 스마트 기기로 사람마다의 능력을 통계 낸 뒤 공유할 수 있는 것도 아니다. 겉으로는 전혀 확인할 수 없다.

이처럼 사람과 사람 사이에는 절대적 평등이 존재하기가 거의 불가능하다. 다만 사람과 사람이 서로 마음에 들 때 관용과 이해로 격차를 줄일 수 있다.

한편 훨씬 높은 차원의 '공평'은 손을 뻗으면 닿을 만큼 가까운 곳에 있어서 묵인해도 괜찮은 그런 것이 아니라 지금까지 쟁취해야 하는 것이었다.

이런 사실을 제대로 아는 게 무척 중요하다. 이것이 바로 진보의 전제이고 침착함의 기초다. 삶은 불공평하기 때문이다.

다음과 같은 기초 상식이 있다.

- 독서할 때는 사실인지 의견인지를 정확하게 구분할 줄 알아야 한다.

중학생 정도면 이미 갖추고 있는 기본 소양이다. 하지만 실제로는 여러 이유로 인해 사실과 의견을 제대로 구분하지 못하는 성인도 많다.

교육학자들이 의아해하는 점이 있다. "이렇게 단순한 걸 여러 해 동안 반복해서 가르쳤는데 어떻게 모를 수가 있지?" 이런 반응에 대해 심리학자들은 꽤 간단한 해석을 내놓았다.

- 사람들은 지름길로 가기를 선호하기 때문이다.

역시 전문가와 권위자들은 시원시원하게 말을 잘한다. 심지어 그들은 "텔레비전에서 다 말했잖아"라고 일갈하기도 한다.

더 심층적인 이유가 있다.

- 사람마다 사실을 수용하는 정도가 다르다.

사람은 자신이 놓인 현실을 수용하는 데서부터 온갖 왜곡을 한다. 가령 많은 사람이 자신의 외모나 매력 정도가 평균 수준을 웃돈다고 생각한다. 이렇게 사소한 부분에서도 정도에 차이는 있지만 어쨌든 왜곡하고 있음을 발견할 수 있다.

이런 기본적인 사안에 보편적 경향이 중첩된다. 즉 사람들은 세상의 정보를 여과해 선택적으로 받아들인다. 보고 싶은 것만 보고 듣고 싶은 것만 듣는 것이다.

그런 이유로 가장 기초적인 독해 능력조차 평생 제대로 배우지 못한다. 게다가 자신에게 제대로 된 독해 능력이 없다는 사실을 절대 인정하지 않는다.

반면 자신에게 독해 능력이 부족하다는 사실을 알고 있는 소수의 사람들은 이 일반적인 약점(혹은 '함정'이라고 해도 무방하다)을 십분 활용할 줄 안다. 그리고 독해 능력 부족이라는 약점을 활용해 얻을 수 있는 이득이 꽤 쏠쏠하다는 판단이 서면 더욱 적극적으로 나선다.

그들이 취하는 가장 흔한 방법은 다음과 같다.

- **잘못된 관점을 동원한다.**

이상하기 짝이 없는 다양한 관점을 동원한다. 어떤 사안을 잘못된 관점으로 분석하는 방법도 무척 단순하다.

- **그 사람이 그렇게 말해서 얻고자 하는 목적은 무엇일까?**

아이러니하게도 독해 능력이 뛰어나지 않은 사람들이 유독 어느 한 분야에서 독해의 재능을 보이기도 한다. 특히 책임자의 말을 분석할 때 뛰어난 재능을 발휘한다. 그렇다면 어느 정도까지 뛰어날까? 논리를 완전히 무시한 채 곰곰이 생각하거나 심지어는 그 비논리적 과정에서 논리를 끌어낼 정도다. 어패가 있지만 실제로 그렇다.

창업 투자 분야에서 잘못된 관점을 동원하는 경우는 꽤 보편화돼 있다. '잘못된 관점이 적용되지 않은 상황이 거의 없을 정도'이다.

혼한 예로 대출 금액 허위 보고가 있다. 사실을 왜곡하는 것이다. 잘못된 관점으로 투자자와 창업가가 허세를 부려 둘이 함께 차후에 양도받을 사람을 속이는 것이다. 유치하게도 그렇게 하면 경쟁자에게 겁줄수 있을 것이라고 생각한다. 더욱 우스운 일은 정말 그런 속임수에 놀라굴복하는 사람이 있다는 것이다.

'투자 혹한론'을 자세히 들여다보면 역시나 잘못된 관점이 판치고 있다는 사실을 알 수 있다. 혹한론을 언급해 결국 얻고자 하는 목적은 무엇일까? 투자 혹한기라는 건 어디까지나 경제 사이클일 뿐이다. 혹한기가왔다고 세상이 폭삭 망할 일도 없다. 실제로 지금껏 역사에서 그런 일은일어난 적이 없다. 경기가 밑바닥을 찍을 때마다 높은 고지로 가기 위한발걸음을 내디뎠다. 역사는 그래왔고 미래도 그럴 것이다.

그 밖에도 그들이 취하는 흔한 방법이 있다.

> • 아예 터무니없는 말을 한다. 참 묘하게도 비정상적인 말을 믿는 사람이 갈수록 많아진다. 그들은 생각이 없는 사람이다.

더 이상 예를 들고 싶지도 않다. 독자 스스로 터무니없는 말이 광범위하게 전파된 예를 찾아보는 게 낫겠다. 그 과정 역시 두뇌를 훈련시키는과정이다.

이런 상황에서도 쉽사리 휩쓸리지 않고 묵묵히 제 길을 가는 사람들이 있다. 그러는 데에는 근본적인 이유가 있다.

> • 무미건조함을 두려워하지 않기 때문이다.

현실은 상당히 무미건조하다. 사실의 집합인 데이터는 더더욱 그렇다. 그런가 하면 사람들은 이야기를 좋아한다. 말장난의 명수들이 꽤 인기가 좋은 이유다. 사심을 가장 효과적으로 섞을 수 있는 방법은 바로 말장난을 만들어 아주 빠르게 전파시키는 것이다. 그 말장난은 이야기로 변하고 이야기는 일화로 탈바꿈하고 일화는 전설로 둔갑한다. 전설은 대부분 사실로 인식된다.

그래서 말장난은 적당히 해야 한다. 한정 없이 말장난을 좋아하면 또 다른 사심을 품은 사람들에게 기회를 주는 격이 된다.

엑스트라에게도 꿈은 있다

나는 요즘 중국에서 자주 등장하는 '만인의 창업'을 비판한 글을 읽고 참으로 얄미운 느낌을 받았다. '자본의 혹한'을 애도하는 글만큼이나 정말 짜증이 났다. 순전히 내 입장이기는 하지만 말이다.

얼둥성(爾冬升) 감독의 영화 「아이 엠 썸바디(我是路人甲, I am Somebody)」는 작품성에 비해 실적이 안타까울 만큼 흥행에 성공하지 못했는데, 나는 이 영화가 꽤 좋다. 영화에는 화면에 잠시 스치고 지나가는 엑스트라들의 삶도 소중하다는 주제 의식이 담겨 있다. 멋진 생각이다. 이 영화의 제목을 한국어로 번역하면 '나는 행인 1이다' 정도 될 것 같다. 영화에는 아름다운 춤이 등장하는 장면이 있다. 아마추어 연기자가 추는 춤이지만 아주 아름다웠다.

중국의 할리우드라 불리는 저장 성에 위치한 영화 촬영 세트장인 형뎬(橫店)에서 촬영하는 외지인인 '헝퍄오(橫漂)'를 보고 있노라면 '베이퍄오(北漂)'가 연상된다. 베이퍄오란 베이징에 살지만 베이징에 호적이 없는 사람을 일컫는다. 헝퍄오와 베이퍄오를 좀 더 살펴보면 '만인의 창업'이 연상된다. 만인의 창업은 현재 중국 정부에서 경기 활성의 돌파구로 진행 중인 창업 열기 진작의 일환으로 내세운 모토이기도 하다. 하지만 만인의 창업을 환영하지 않는 사람이 많다. 그들은 대체로 '닭고기 수프 혐오자'다. 말하자면, 모든 걸 감정으로 해결하려는 행동을 싫어하고, 결국에는 잘될 것이라는 근거 없는 희망을 반대하는 사람들이다. 그들은 '노력만 하면 성공할 거야'라는 말도 믿지 않고, '성공하고 싶다면 자신이 정말 성공할 수 있다는 믿음을 가져라'라는 말은 더더욱 불신하며, '성공'이라는 단어 자체를 극히 혐오한다. 그런 말들을 몽땅 혐오한다. 내 생각에 이 정도면 병이다. 근본적인 치료가 필요하다. 사랑의 치료로는 불가능하다. 그런 사람들은 대개 남들이 그들에게 관여할 권리가 없다고 생각한다. 정작 그들 자신은 남의 일에 참견하기를 무척 좋아하면서 말이다.

현실적으로 생각해볼까? 사람들은 자신만의 기호와 취향이 있고 저마다 놓인 상황이 있다. 그래서 성공은 각자의 몫이고 또 성취를 포기할 권리도 있다. 하지만 성취든 포기든 현상 유지든 선택은 분명 개인의 결정에 달려 있어야 한다.

당신이 성취하지 않고 스스로 포기하고 현상 유지를 하지 않는 것에 대해 누구도 어떻게 하지 못한다. 다만 당신이 포기하지 않고 성공하려고 노력하는 사람이나 애써 현상을 유지하는 사람을 바보라고 단정 짓는다면 당신이야말로 바보라고 생각한다.

제안에는 두 가지 종류가 있다.

- 건설적 제안
- 파괴적 제안

사실 남들에게 어떤 제안을 꼭 해야 할 필요는 없다. 제안하는 사람은 대개 제안만 할 뿐 결과를 책임지지 않기 때문이다. 독립적인 사람에게는 다른 사람의 제안이 필요하지 않다. 어쨌든 최종 결과는 자신이 책임져야 하기 때문이다. '결과는 자신이 감당해야 하는 것'이다.

그래서 남에게 제안을 할 경우 '파괴적 제안'을 하면 절대 안 된다. 모든 사람에게 필요한 것은 '건설적 제안'이다. 또한 다른 사람의 제안을 수용할 때 '파괴적 제안'은 절대 사양해야 한다. 최근 1년 동안 '만인의 창업'을 반대하는 글을 많이 봤다. 그중 건설적 제안을 하는 글은 거의 없었던 것 같다. 가차 없이 말하면 그 글쓴이는 분명 바보다. 최소한 스타트업 분야에서는 말이다.

만인의 창업이 어떻다는 걸까? 엑스트라는 꿈이 있으면 안 되는 걸까? 엑스트라의 꿈은 꿈이 아니란 말인가? 어쩌면 엑스트라가 실현하지 못한 꿈이 꽤 유용한 것이라서 안타까웠을까? 가장 중요한 지점은 이런 거다. 불쌍해 보이는 그 엑스트라가 만일 실패하면 당신은 반 푼어치의 책임이라도 질 필요가 있을까? 그들에게 조금이라도 도움을 주고 싶은 마음이 있는가? 답은 '없다'이다. 혹시 그 꿈이 쓸모 있다면 반 푼어치라도 마음이 움직이기는 할까? 정말 미안하지만 나는 조금 동요했다. 왜 내가 동요했는지 잠시 후에 말하겠다.

별로 긍정적이지 않은 데이터를 소개하겠다.

이 말이 약간 모순처럼 들릴 수 있지만 분명 사실이다. 못 믿겠다면 직접 데이터를 살펴보라.

대중의 창업을 반대한다는 뜻이 아니다. 구세주가 없으면 스스로 살길을 모색해야 하는 것이다. 이는 냉정하지만 동시에 진지한 말이다. 내가 보기에 만인의 창업을 반대하는 사람들은 대부분 주인에게 버림받아 고통스러워 우는 노비에게 "사실은 네가 잘되게 하기 위해서다"라고 말하는 노예주 같은 태도를 취한다. 마치 위하는 듯한 제스처로 진실을 왜곡한다.

앞에서 언급한 얼둥성 감독의 영화는 10년 전에 개봉한 구창웨이(顧長衛) 감독의 영화 「공작(孔雀)」을 연상시킨다. 「공작」은 문화대혁명이 끝나 어수선한 1970년대 후반, 중국 북방에 사는 5인 가족의 일상을 사실적으로 보여줬다. 그래도 얼둥성 감독의 영화가 내게는 훨씬 감동적이었다. 「공작」에는 뜻을 못 이룰 수밖에 없는 사람들을 향한 감독의 연민과 동정이 꽉 들어차 있다. 하지만 조금 억지스러운 면도 있다. 타인의 연민이나 동정이 꼭 필요한 것은 아니니까. 얼둥성의 시각은 사뭇 다르다. 그는 그런 태도를 보이지 않았다. 다만 인물들의 쓰라린 현실과 어쩔 수 없는 상황을 최대한 차분히 기록했다. 동정과 연민을 싹 뺐다. 그래서 어떤 면에서는 무심한 격려처럼 보이기도 한다. 영화를 찍으면서 얼둥성은 아주 유명한 무용 선생님을 섭외해 10개월 동안 아마추어 배우로 훈련시켰다.

이는 겉으로 보이는 것처럼 무심한 태도가 아니다. 오히려 여러모로 궁리하고 계산했다고 할 수 있다. 얼둥성은 1년 정도의 시간을 들여 진지하게 그 여성을 변화시켰다. 물론 그의 이런 행보가 그저 영화를 찍기 위한 필요에 따른 거라고 생각할 수 있지만 나는 감독의 성실한 마음만을 보고 싶다.

이제 잠시 미뤄둔 이야기, 내가 왜 조금이나마 동요했는지 말할 수 있겠다.

 • 내가 바로 그 엑스트라였기 때문이다.

나는 농촌 출신이다. 다행히도 부모님이 지식인이어서 나는 무식을 면할 수 있었다. 사회인이 됐을 때 내게는 명문대 졸업장도 없었고 딱히 내세울 능력도 없었다. 불법 복제 CD를 팔고 하드웨어 도매 일을 하기도 했다. 사이버 시장에서 교류했던 사람들은 이런 장사가 돈이 안되는 사업이라는 점을 안다. 내가 신둥팡에 지원했을 당시, 먼저 합격한 사람이 내 손금도 보고 혈액형도 물어봤다. 그때 운에 대해 생각해봤다.

당시 나는 내게 운이 별로 없다면 어떤 환경에서든 또 다른 궤도로 튕겨 나가게 될 것이라고 생각했다. 노력이나 끈기 같은 것은 본래 누구나 발휘할 수 있고 마땅히 그래야 하므로 밑천이 될 수 없었다. 아마도 내게 이처럼 마음 깊이 사무치는 경험이 있었기에 「아이 엠 썸바디」를 보고 이내 눈시울을 붉히지 않았을까 싶다.

나는 스타트업의 길에서 무책임한 태도로 차갑게 말하는 인간을 무척 많이 봤다. 그들이 보이는 꼴불견이 있다.

- 그들은 다른 사람이 진짜 성공하는 것을 겁낸다.
- 심지어 다른 사람이 성공할 가능성이 있는 꼴도 못 본다.

나는 성공이 무엇인지 정말 모르겠다. 모든 사람은 죽게 마련이기 때문이다. 누구나 결국에는 먼지가 되고 흙이 되고 허무한데 말이다. 나는 아주 다행스럽게도 투자자의 길을 걸으면서 비아냥거리기를 즐기는 바보들 때문에 놀라 자빠진 적은 없다. 또한 그 후에도 그런 사람들을 만날 거라고는 생각하지 않았다. 어쨌든 중국의 소설가 왕쉬(王朔)가 말한 대로 나는 마침내 성공했다. 왕쉬는 이렇게 말했다.

- 성공이란 돈을 좀 번 뒤 그 바보들에게 보여주는 것 아닐까?

내 생각에 왕쉬는 맹목적으로 돈을 벌려는 사람을 경멸한다. 그러기를 바란다. 왕쉬가 맹목적으로 돈을 버는 사람을 두둔한다면 왕쉬 역시 바보라고 생각할 수밖에 없다.

나는 7년간 강사를 했다. 나는 내가 만난 거의 모든 선생님을 싫어했다. 이는 하늘이 아는 사실이다. 그런데 가르치는 일을 하던 몇 년 동안의 경험이 내게 알려준 사실이 있다. 사람들 눈에 별 볼 일 없어 보이는 사람들에게는 사실 교육받을 기회가 별로 주어지지 않았다. 어쩌면 그들이 교육을 원치 않았을 수도 있지만 말이다. 적당한 기회와 적당한 훈련은 한 사람을 환골탈태시킬 수 있다. 나는 그걸 '거듭남'이라고 부른다. 전에 내 블로그 이름이 'Reborn'이었고 그다음에 'Reborn Again'이라고 바꿨고 또 그 이후에는 'Reborn Again and Again'으로 바꿨다.

나는 「아이 엠 썸바디」에 관한 평론 몇 편을 읽었는데 꽤 감동적이었다. 또 영화을 위해 섭외한 무용 선생님을 훈련시키는 동영상을 인터넷에서 봤는데 그때 나는 숙연해지는 느낌마저 받았다.

말이 나온 김에 「아이 엠 썸바디」의 주제곡인 '당신의 행복을 원해(要你的祝福)'라는 곡을 소개한다. 참 좋은 곡이다.

> 한밤의 온도가 서서히 올라가 춤을 추지만
> 오고 가는 인파에도 황폐하기만 한데
> 환호가 일다가
> 무감각해지니
> 서로가 서로를 위로한다.
>
> 외톨이의 행복이 사라지고
> 고단한 도시는 홀로 춤을 추니
> 기쁘기도 하고
> 혼란스럽기도 하고
> 누구에게 하소연할까.
>
> 우리는 이제 처음 그때로 더 이상 돌아가지 못하니
> 마음으로는 누구보다 잘 아네
> 차라리 마음 내키는 대로 밟는 춤의 스텝을 믿고 싶어라
> 그저 기꺼이 현실에 얽매어보리.

이제 또 미지의 여정에 발을 내딛으니

가는 길 얼마나 고달플까

상념에 겨워 회상이 멈추네

속박 받고 싶지 않아라

무릎 꿇고 싶지 않아라.

습관적으로 내주기만 했다네

내게 남은 고집은 보이지 않는 고독

평범한 퇴장은 싫어

이제 깨달았네

걷는 한 걸음 한 걸음을

자신을 믿고 가고프다는 것.

꿈의 날개는 이미 포로가 돼버렸네

누구든 거쳐야 할 길

평범한 인생이 시작되니

알고 싶지 않고 울고 싶지 않네.

우리는 더 이상 그때로 돌아가지 못해

마음은 누구보다 잘 아네

차라리 그저 내딛는 춤의 스텝을 믿으리

기꺼이 현실에서 추방당하고 싶어라.

축복받기 위해 애써 꿈을 풀어주려니

꿈은 내게 걸음을 멈추지 말라 하네

용감하게 나아갈 것을 마음 깊이 새기니

심장이 거꾸로 뛰기 시작하네

나의 행복이어.

나는 애써 꿈을 좇으리

안아주지 않는다고 관심 없다 생각 말라

이별은 선물이겠지

이별의 아픔과 함께

한 걸음씩 걷고 싶어라

나를 믿고 제대로.

비난에 대처하는 우아한 자세

비난이라는 것은 당신이 보든 보지 못하든, 신경을 쓰든 쓰지 않든, 마음에 두든 두지 않든 어쨌든 존재하고 절대로 떠나지 않는다.

내 기억에 다른 사람이 나를 비난하는 말을 처음 들은 때는 사춘기였다. 세상의 천태만상을 아직 제대로 이해하지 못한 때였다. 그래서 대부분의 사람들과 마찬가지로 한참 동안 죽지 못해 살았다. 속마음을 털어놓고 지내는 가장 친한 친구가 뒤에서는 당신을 모함하고 없는 일을 꾸며대는 짓을 했다고 생각해보라. 당신이 어리고 경험도 적다면 어떻게 반응했을까? 그때 나는 눈물이 나는 게 아니라 아예 쓰러질 정도로 구토가 났다.

내 기억에 첫 번째로 커다란 변화가 일어난 때는 중학교를 졸업할 즈음이었다. 그때 여러모로 나보다 한 수 위인 사람을 만났다. 지금 생각해 보니 그 사람도 썩 대단한 인물은 아니었다. 그저 나보다 몇 살 더 많고 세상 경험이 풍부해 몇 가지 방법을 알려줬을 뿐이다. 그와의 만남을 계기로 오랜 기간 죄 없이 모함을 당했던 작은 아이는 용감하고 싸움 잘하는 인간으로 변했다. 사실 변화의 비결은 아주 단순했다.

- 당신이 무서워하는 건 상대방도 무서워한다.
- 여러 방법을 동원해 그들이 절대 당신의 두려움을 보지 못하도록 하면 된다.

원래 '보통이 넘는 급박한 대응'은 여러 상상과 예행연습을 통해 반복적으로 훈련하면 가능하다. 그렇게 위상의 변화가 왔고 형세도 변했다. 아주 빠르게 변했다. 원래 비난이란 약자를 무시하는 데서 비롯한다. 놈들은 확실한 강자에게는 감히 비난의 칼날을 들이대지 못했다. 그 후에 닥칠 보복이 절대 장난이 아닐 것임을 알아챘기 때문이다.

그렇게 나는 인생 최초로 중요한 이치를 깨달았다.

- 선과 악은 부차적 요소다.
- 사람들 마음속에는 저울이 있다.
- 그 저울로 재는 것은 강과 약이다.

이윽고 나는 또 다른 사정을 확실히 알게 됐다. 만일 당신이 전혀 이치에 맞지 않는 비난을 받았다면 그것은 분명 당신의 어느 한 부분이 약하기 때문이다. 도대체 어느 부분이 약한지 알아채지 못하더라도 분명 어떤 약점이 있을 것이다. 당신을 비난한 사람들은 놀랍게도 '오해였더라도 상관없다'고 생각하거나 혹은 '화를 내게 만든' 뒤 그것을 빌미로 당신을 약자로 만들 속셈을 갖고 있다. 그래서 비난을 마주했을 때 제대로 해결하는 방법은 해명이 아니라 방법을 모색해 강자로 변하는 것이다.

비난을 받았을 때 당신이 어떤 사실을 분명하게 해명하면 역으로 또 다른 사실을 폭로하게 돼버린다. 그러면 또 약자가 된다.

비난을 수용하기 힘든 마음이야 아주 잘 이해한다. 신경을 안 쓰자니 영향력이 너무 큰 것 같고, 신경을 쓰자니 법적 보호를 생각할 정도까지는 아닌 것 같다. 그래서 별수가 없다. 또 품성이 좋지 않아서 남을 비난하나 보다 생각하자니 그런 사람들은 그런 품성을 가지고도 그럭저럭 잘 산다. 도리어 자기 자신이 일반적이지 않은 생각을 하는 사람 같아 자신의 무지를 탓하게 된다. 어떻게 하면 그렇게 저열한 짓을 할 수 있는지 생각해 내지 못한다고 말이다. 이러저러한 상념에 휩싸여 있는 사이 놀랍게도 자신이 혐오하는 부류의 인간이 되려고 노력하고 있다는 사실도 망각하고 만다.

만일 당신이 비난의 쌍방을 '중재'한 경험이 있다면 이내 발견하는 지점이 있을 것이다. 십중팔구는 양측 다 과거를 별로 말하지 않는다는 점이다. 약자의 논리도 마찬가지로 괴상하고 자기중심적이다.

누구라고 단점이 없을까? 누구나 모든 사람의 애정을 한 몸에 받고 오해는 안 받고 싶어 한다. 그러고 보니 이런 우스갯소리가 생각난다. '나는 위안화도 아닌데 어떻게 사람들이 모두 나를 좋아할 수 있겠어?' 참 핵심을 찌르는 말이다.

비난이 너무 많이 쏟아진다면 당신이 무언가를 처리하는 데 합당하지 않았다는 반증이다. 비난이 그다지 세지 않다면 시간을 들여 해명할 필요 없다. 그런 에너지가 남아 있다면 차라리 정말 유용한 일에 쓰는 게 낫다.

그래서 나는 또 다른 습관을 길렀다. 잘못했으면 곧바로 인정하고 최대한 그 후과를 책임지는 것이다. 대장부라면 응당 그래야 한다고 생각한다. 반면 다른 사람이 잘못했을 때 인정하고 책임지는 것은 모두 그 사람이 할 일이다. 굳이 내가 나서서 신경 쓸 필요가 없다. 만일 그 잘못으로 인해 내가 손실을 입었다고 해도 법적 보호를 받아야 할 만큼 심각하지 않으면 따지는 것도 귀찮다. 시간과 에너지가 훨씬 중요함을 잘 알기 때문에 그런 데에 낭비하고 싶지 않다. 화낼 필요도 없다. 아름다운 인생이 자신을 기다리고 있는데 그런 곳에 신경 쓰느라 허비할 시간이 어디 있는가.

그리하여 고등학교를 졸업하기도 전에 나는 큰 소리 칠 필요가 없는 사람이 됐다. 다시 말해 우아하게 비난을 마주할 능력을 갖춘 것이다.

「도협 1999(賭俠 1999)」이라는 다소 조잡한 영화가 생각난다. 1998년에 개봉한 왕징(王晶) 감독의 영화인데 수년 뒤에 영화 황제가 된 장자후이(張家輝)는 그 영화에서 출연 분량이 적은 조연이었다. 영화에서 그는 '드래곤'이라 불리는 상습 도박 경찰 역을 맡았다. 드래곤은 늘 멸시를 당하다가 어느 날 깜짝 놀랄 만한 역습을 가한다. 그간 그를 멸시했던 놈들을 죽도록 때린다. 그 순간이 아주 웃기다. 그는 욕을 퍼부으면서 자신이 억

울함을 느낀 횟수만큼 폭행을 가했다.

대사를 잠깐 살펴보면 이렇다.

> 종일 나를 괴롭히고… 너를 한번 볼라치면 죽어라 달려야 하고… 많은 사
> 람들 앞에서 청개구리처럼 뛰라고 하고… 출세길 앞에서 내 1만 위안을
> 사기 쳐서 뺏어 갔지?….

그렇게 때리니 몹시 억울해진 상대방이 이렇게 말했다.

> 아니야… 1만 위안 사기 친 적 없어….

반격의 기회를 잡은 드래곤의 얼굴이 흉악하게 일그러졌다.

> 내가 너한테 누명을 씌울 수 없을 것 같아? 미련한 놈! 나한테 그럴 자격
> 이 있을까? 있지! 그렇지? (그러고는 또 매운 주먹 한 방을 날린다)

고위험은 고수익이라고 누가 말했던가

누군가 당신에게 모험을 독려할 때는 반드시 조심해야 한다. 이 세상
은 그렇게 운행되지 않기 때문이다.

제발 모험을 감행하겠다는 용감한 태도를 취하지 마라. 대개 '모험'은
생각이 완벽하게 정리되지 않은 상태가 유발하는 행동일 뿐이다.

'고위험이 곧 고수익'이란 말은 오해다. 여태껏 위험과 수익에 정확한 연관성이 있어본 적이 없다. 간혹 그렇게 보였을 수는 있다.

소위 '성공적인 모험'이란 말을 깊이 생각해보면 이내 발견하게 되는 사실이 있다. 모험에서 성공한 사람들에게는 그 일의 진행에서 위험이 없었다는 것이다. 마치 외과 의사가 개두수술을 할 때와 같다. 외과 의사는 무엇을 어떻게 해야 할지를 정확하게 알고 있다. 반면 그들이 하는 일을 다른 사람이 하는 것은 매우 위험하다. 그렇다고 그들이 특별한 사람들이 아니다. 그들은 훈련을 받았고 오래 실행한 경험이 있는 전문가다. 그래서 일반 사람들이 느끼는 위험이 그들 입장에서는 절대 위험한 사안이 아니다.

나는 비트코인을 가격이 아주 낮을 때 대량으로 매입한 뒤 가격이 크게 뛰어도 팔지 않고 그 이후 폭락해도 팔지 않았다. 누군가 내게 말했다. "어이, 샤오라이! 자네 정말 간도 크네!" 그러고는 다른 사람들과 함께 장탄식을 했다. "그래! 큰일을 하는 사람은 과감하게 큰 위험을 감수해야지…."

정말 그럴까?

'가격이 아주 낮다'는 말은 현재 시세와 비교해 낮다는 뜻이다. 내가 맨 처음 비트코인을 2,100개 매입했는데 개당 평균가격이 6달러였다. 현재는 개당 200여 달러다. 전에는 1,000여 달러까지 폭등했다가 두세 차례 '두 동강'이 났다. 그 당시에 사람들은 '가격이 너무 뛰었네. 돈 벌기 힘들겠어'라고 생각했다. 하지만 내 입장에서는 그런 시기에 구매하는 것이 절대로 모험이 아니었다. 그럴 만한 이유가 있었다.

- 만일 비트코인이 흥행한다면 분명 그 가격에서 멈추지 않을 터였다.
- 나는 그저 처음에 4,600위안(687달러)을 들여 사들인 주식이 이미 10여만 달러로 올랐을 때 매각한 뒤 비트코인을 사들인 것이다. 그래서 설령 몽땅 물거품이 되더라도 내가 감당 못 할 정도는 아니었다.

나는 비트코인 가격이 십여 달러에서 줄곧 하락세를 보일 때 지속적으로 매도와 매입을 했다. 마지막에는 평균가격이 1달러 정도였고 그렇게 예산이 바닥날 때까지 지속했다. 실제로 더 이상 매입할 돈이 없었다. 그런 과정이 내 입장에서 보자면 그다지 모험은 아니었다. 사람들이 '비트코인은 이미 죽었다'고 생각하고 공황 상태에 빠진 걸 보면서(2011년 하반기의 일이다) 나는 그와 관련한 각종 보도와 글을 반복적으로 읽었다. 하지만 비트코인의 추세와 관련한 타당한 근거는 하나도 볼 수 없었다. 이윽고 당시 나는 그들이 틀렸다고 생각했다. 물론 나와 다르게 생각한 사람이 수적으로 우세했고 영향력도 컸지만 사람이 많은 것과 정당성의 연관성이 반 푼어치라도 있던 적은 한 번도 없었다. 그래서 내가 생각한 결과를 근거로 매입을 계속했다. 당시는 경제 상황이 심하게 요동치고 있었다. 장외시장에서 지나치게 싼값으로 비트코인을 나한테 매도한 사람들은 내게 "고맙다"고 하기도 했다. 누군가 돈을 들여 비트코인 같은 걸 샀기 때문이다. 한편으로 내가 "기특할 정도로 용기 있다"며 칭찬했다. 사실 그들은 속으로는 자신이 이제 벗어났다고 다행스러워했던 것이다.

비트코인 시장이 얼어붙었다가 2014년이 되자 가격이 폭등한 뒤 또 두 동강이 났다. 인터넷에 올라온 글도 다시금 2011년 연말의 논조를 완전히 회복했다. 물론 그들은 글을 표절한 게 절대 아니었다. 다만 역사를 이해하지 못했을 뿐이다.

시간이 흘러 비트코인 가격이 1,000여 달러까지 치솟았고 한때는 금 1온스당 가격을 뛰어넘기까지 했다. 폭등 현상은 6주 만에 벌어진 일이었다. 나는 비트코인을 매도하지 않았고 그 후 두세 차례 반 토막이 나도 흔들리지 않았다. 이게 정말 용기 있는 일이었을까? 이것이 진정한 모험일까? 내 입장에서는 아니었다. 분명한 이유가 있다. 비트코인 가격이 폭락과 폭등을 거듭하면서 내가 들인 자본을 회수할 수 없을 지경에 이르기도 했지만 그게 내 입장에서는 전혀 위험 요인이 아니었다.

많은 사람이 생각하는 것과는 전혀 다르게 나는 위험을 싫어하는 축에 속한다. 물론 어릴 적에는 그러지 않았다. 모험이란 용기를 증명하는 것이라고 늘 생각했다. 하지만 책을 많이 읽으면서 깨달은 바가 있었다. 모험이란 그것을 감행하는 사람에 대한 타인의 생각이지, 모험에서 성공한 사람의 행위를 의미하지는 않는다.

콜럼버스가 모험가로 일컬어지는 이유는 그가 지구는 확실히 둥글다는 점을 굳게 믿었기 때문이다. 당시에는 그런 사실을 제대로 이해할 수 있는 사람이 별로 많지 않았다. 콜럼버스의 믿음이 직접 행동을 통해 증명하고 노력을 통해 탐구하는 경지에까지 이르렀기 때문에 가능했다. 외부에서 보는 사람은 그것을 모험이라고 생각하는 반면 당사자는 깊은 사고를 한 뒤이기 때문에 실행할 수밖에 없다. 깊이 생각하는 사람일수록 생각의 결과를 꿋꿋이 행하는 경향을 보이기 때문이다.

다시 시간이 흐른 뒤 나는 엔젤투자에 뛰어들었는데 그 과정에서 사람들이 갖고 있는 오해에 크게 놀랐다. '벤처캐피털'은 그저 투자 모델 중 하나의 이름일 뿐이고 그런 모델이 설계된 목표는 리스크를 피하기 위함이다. 그런데도 일부 엔젤투자자는 리스크가 없으면 투자를 하지 않는 것을 자주 목격했다. 리스크가 없다면 당연히 투자해야 마땅하지 않을까? 게다가 '리스크도 없는데 왜 내가 당신의 투자를 받아?'라는 태도를 보이는 창업가도 자주 봤다. 나는 그저 단편만 보고도 짐작해내는 그들의 능력에 탄복할 뿐이었다.

워런 버핏 역시 리스크를 혐오한다. 그렇다면 조지 소로스는 어떨까? 그는 완전히 다른 스타일이다. 그래도 그가 리스크를 환영한다고는 믿기지 않는다. 리스크를 반기는 자체가 리스크이고, 중도에 실패할 확률이 거의 100퍼센트까지 높아질 위험성이 있기 때문이다. 소로스는 헤지(Hedge)를 진행한 적이 있었고 퀀트 트레이딩도 했었다. 다른 사람 눈에는 투기처럼 보였지만 그의 입장에서는 심사숙고의 결과였을 것이다.

이것이 바로 불변의 생존 법칙이다. 운전도 그렇고 인생 역시 그렇다. 투자나 스타트업도 마찬가지다. 심지어 어린 친구들이 싸우는 것도 그렇다.

- 안전제일

그 뒤에야 원칙이 생기는 것이다.

- **전문가가 되자.**

학습 능력을 연마하고 뭔가 필요해서 그것을 공부하다 보면 그 분야의 전문가가 된다. 그런 뒤 전문가처럼 생각하고 결정하고 행동하는 것이다. 전문가는 쉽사리 모험을 걸지 않는다. 물론 텔레비전이나 소설 속에서 전문가들이 중요한 시기에 어떻게 모험을 했는지 과장하곤 한다. 그건 대중 예능 사업이기 때문이다. 세밀한 묘사가 없다면 대중이 믿지 않기 때문에 그런 것이다.

나는 "학습하고 학습하고 또 학습하라"라고 말했다. '학습 자체를 위해서 '학습'이 필요하다는 뜻이다. 어떻게 해야 잘 학습할 수 있을지를 학습해야 한다. 평생학습 은 무슨 대단한 것이 아니라 그저 하나의 생활 방식일 뿐이다.

다른 사람들이 당신의 용기를 높이 평가할 수 도 있지만 '용감함'은 자신이 직접 증명할 필요 까지는 없는 것임을 알아야 한다. 이는 사회의 논리와 상반된다. 사회는 우리가 '용감'해야 한 다고 가르친다. 하지만 그것은 사회에 필요하지 우리 자신에게 필요한 것이 아님을 여태껏 아무 도 가르쳐준 적이 없다. 체면을 중시하는 사람만이 자신의 용기를 증명 할 필요성을 느낀다. 이런 사람이 잘 모르는 것이 있다. 용기를 증명해서 일시적으로 체면은 지켰을지 모르지만 그런 행동으로 인해 시간을 지체 하고 말았다는 사실이다.

그래서 진지하고 면밀하게 취해야 할 행동이 있다.

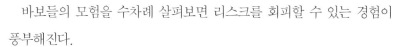

• 바보들의 모험을 살펴보자.

바보들의 모험을 수차례 살펴보면 리스크를 회피할 수 있는 경험이 풍부해진다.

최종 결론은 이렇다.

일하기 전에 반드시 제대로 생각해야 한다. 당신의 결론이 대부분의 사람과 다를 정도로까지 깊이 있게 생각해야 한다. 다를 뿐 아니라 정확 한 논리도 갖춰야 한다. 그럴 때 당신이 하는 일에 다른 사람이 놀랄 수밖에 없고 그들은 당신이 모험을 하고 있다고 생각한다. 하지만 당신에게는 모험이 아니다.

혁신과 미래에 투자하라

전문 투자자이건 아마추어 투자자이건 혁신에 대한 투자를 선호한다. 또한 미래에 투자하겠다고 말한다. 하지만 성공적으로 투자한 사례는 얼마 되지 않는다. 이왕 한 투자라면 감정적인 면에서만 성공해서는 안 된다. '승자는 왕이 되고 패자는 적이 되는 세상'에서 이윤 면에서 승자가 되기 위해 뛰어야 할 뿐 아니라 대부분의 투자에서 성공하기 위해 뛰어야 한다.

그런 면에서 피터 틸은 유명하면서도 많은 비난을 받은 말을 거론했다.

"대부분의 과학자는 돈을 별로 벌지 못한다. 혹은 아예 벌지 못한다!"

왜 그럴까? 과학자들은 혁신 능력을 갖춘 데다 어느 정도 미래를 통찰할 수 있다. 하지만 현실적인 비즈니스 모델을 만드는 데는 젬병이다.

비즈니스 모델이란 무엇일까? 가장 단순명료하게 설명하면 '돈을 버는 방법론'이라 할 수 있다.

고전적인 비즈니스 모델에는 몇 가지 조건이 있다.

첫째, 가격이 떨어지면 사고 올라가면 판다. 여기에서 파생한 방법론이 '진기한 물건을 쌓아두고 고가의 매출을 기다리는' 것이다.

둘째, 탐욕으로 이익을 도모한다. 노름판, 항만, 세무 등에 이런 모델이 있다.

셋째, 헤게모니를 이용한다. 전 세계 모든 국가의 독점적 업종은 모두 이런 모델이다.

피터 틸이 추구하는 비즈니스 모델은 반헤게모니적 수단으로 다른 독점을 형성한다. 반헤게모니적 수단이란 기술과 운영을 결합한 수단을 뜻한다.

- 시장 X에서 점유율이 매우 큰 Y를 확실하게 점유한다.
- Y/X의 값은 클수록 좋고 장벽은 견고할수록 좋다.

여기에서 다음과 같은 방법론이 파생된다.

- 경쟁을 피한다.
- 협소하면서 다른 사람 눈에 잘 띄지 않는 분야에서 시작한다.
- 대외적으로는 현재 추진하는 일이 아닌 다른 분야의 일을 언급한다. ◆

이런 이유들 때문에 과학자들(혹은 혁신가들)이 돈을 벌지 못한다.

그들은 경쟁에 참여하기를 선호하나 독점은 몹시 싫어하기 때문이다. 하지만 독점은 최고의 비즈니스 모델 중 하나다. 그렇지 않다면 역사적으로 왜 그렇게 많은 조직이 온갖 폭력을 동원해 독점을 유지하려고 했겠는가?

◆ 이와 관련된 세부 사항은 그의 책 『제로 투 원』에서 확인하기 바란다.

- 그들은 협소한 분야를 보지 못하고 끝없이 넓은 대상을 훨씬 선호한다.
- 그들은 가식을 부릴 줄 모르고 그렇게 하고 싶어 하지도 않는다. 무엇을 하든지 곧이곧대로 말한다.
- 그래서 그들은 지금껏 어떤 분야에서든 점유율을 확고하게 점할 수 없었다.

투자 분야에서 비즈니스 모델이 없는 혁신이나 미래는 참으로 어리석기 짝이 없다. 물론 '돈으로 모든 것을 해결하는' 것도 생존 모델이기는 하다.

피터 틸은 이런 말도 했다. "요식업이나 영화 산업은 모두 형편없는 비즈니스다(Shitty Business)." 초기 사업 투자자가 진지하게 생각해볼 관점이다.

- 요식업과 영화 산업에 속한 어떤 사업이든 지속적으로 크게 성장하기는 힘들다.
- 장사가 잘되는 것처럼 보이더라도 벤처투자 모델에는 적합하지 않다.

혁신과 미래에 성공적으로 투자하려면 투자자는 기본이 되는 비즈니스 모델에 입각해 고민하고, 그 고민을 바탕으로 미래 지향적으로 사고하는 능력을 갖춰야 한다.

이런 점에서 성공한 투자자들은 모두 탁월한 '미래학자들'인 셈이다. 그런데 역으로 생각하면 이 말이 안 맞기도 하다. 왜냐하면 미래학자 절대다수는 투자에서 성공할 가능성이 별로 없기 때문이다.

그러므로 먼저 주의해야 할 점이 있다.

- '자신의 미래'에 관심을 둘 게 아니라 이 세상의 미래에 관심을 기울여야 한다.

관심의 초점이 무엇인지에 따라 생각의 결과와 질은 그 차이가 어마어마하다. 이 세상이 아니라 자신의 미래에만 관심을 갖는다면 생각의 결과는 아무 기반이 없는 '사상누각'일 공산이 크다.

가능한 한 세상의 미래를 생각해야 한다. 이 세상에 내일 무슨 일인가 발생하고 다음 달에도 무슨 일이 생길 것이다. 내년에도 어떤 변화가 생길 것이다. 10년 혹은 20년 이후는 더 말할 필요도 없다. 만일 당신이 3~5년 이후의 변화를 주체적으로 생각한다면 당신은 이미 고수가 된 것이다. 대부분은 평생 그런 생각을 못하기 때문이다.

15, 16세 이전에 학교에서 칭찬받았던 수많은 꿈을 생각해보라. 얼마나 일방적이고 제멋대로인 꿈이었는가. 그 시절에는 이 세상이 어떤지를 아예 몰랐다. 설령 지금도 여전히 모를지라도 그때에 비하면 조금이라도 더 알 것이다. 그래서 우리의 꿈은 점점 '현실에 근거'를 두는 경향을 띤다.

현실에 근거를 둔 꿈은 한 사람의 성장에 의해 제한된다. 훌륭한 꿈은 실현할 수도 있고 가치도 있다. '예측 가능한 미래에 근거'를 두기 때문이다.

만일 당신이 몇 년 뒤 무슨 일이 분명히 일어날 것이라고 확신한다면 그 변화에 따라 무엇을 어떻게 하고 무엇을 얻을지를 생각할 것이다. 혹은 어떻게 해야 그 변화에 발맞추고 그 변화를 제대로 확보할 수 있을지를 생각할 것이다.

미래를 예측하는 것은 상상만큼 어렵지 않다. 먼저, 미래와 관련된 답은 역사에 숨어 있다. 다음으로, 역사는 이미 기본적인 모델을 만들어놓았기 때문에 미래는 그 모델에 근거해 변화를 맞게 될 가능성이 높다. 소위 예측이란 이런 과정에 불과하다. 초등학생들도 그런 예측은 할 줄 안다.

- 1, 2, 3, 5, …. 이와 같은 패턴이 이어진다면 다음에 올 숫자는 무엇일까?
- (3+5=8)

물론 단순하지만은 않다.

- 1, 2, 3, …. 이와 같은 패턴이 이어진다면 다음에 올 숫자는 무엇일까?
- 아마도 4이고 5일 것이다.

하지만 가끔은 정말 단순하다.

- 1, 2, 3, 5, 8, …. 이와 같은 패턴이 이어진다면 다음에 올 숫자는 무엇일까?
- 13뿐이다.

알고 있는 조건이 많을수록 정확한 예측을 쉽게 할 수 있다.

소수의 사람만이 제대로 미래를 예견하지만 정보의 흐름이 갈수록 빨라지고 자유로워지는 오늘날에는 미래에 대한 예측이 난무한다.

모바일 시대가 왔다!

인터넷 금융이 약진하고 있다!

O2O는 이미 대세가 됐다!

이런 예측은 어떻게 해야 할까? 반대급부적으로 생각하면 훨씬 효율적이다.

어떤 일이든 결국은 발생하기 마련인데 그러려면 대개 한 가지 이상의 조건이 필요하다. 그래서 사람들이 어떤 조건을 보고 결론을 내릴 때 당신은 다음의 지점을 진지하게 생각해야 한다.

> • 필요한데 아직 충분히 무르익지 않은 조건이 무엇일까?

인터넷 정보는 처음에는 문자 위주였다가 점점 그림이 많아졌다. 시간이 좀 더 흐른 뒤에는 무엇이 그 자리를 차지할까? 순리에 따라 많은 사람은 동영상을 생각하게 됐다. 트렌드를 좇다 보면 어디서든 타인의 생각을 엿볼 수 있다. 가령 동영상 분야에서 사람들은 녹화방송을 하다가 이내 다음 단계의 트렌드는 '생중계'일 것이라고 예측했다. 하지만 요 몇 년 동안 모바일 동영상 애플리케이션은 몇 개 만들어지지 않았다. 왜 그랬을까?

대역폭이 제한 조건이었다.

3G 시대가 왔고 모두 환호했다. 그러나 결국 생방송에는 부족하다는 점을 발견했다. 이윽고 4G 시대가 왔다. 역시나 사람들은 환호했다. 그러다가 또 뭔가 부족하다는 걸 느꼈다.

예를 들어 LBS◆가 등장했다. 사람들은 환호했다. 하지만 몇 년 동안 위치 기반 서비스를 바탕으로 하는 각종 스타트업이 그다지 성공을 거두지 못하는 것처럼 보였다. 위치 기반 소셜네트워킹 휴대전화 서비스인 포스퀘어(Foursquare)는 엄청난 돈을 융통해 지금까지 생존하고 있지만 여전히 꽤 난처한 국면에 놓여 있다. 왜 그럴까?

 • 지불 결제 방식에 제한 조건이 따르기 때문이다.

휴대전화의 완벽한 지불 결제 방식이 등장하기 이전에 LBS에 대한 희망은 실현되기가 매우 어려웠다.

역사적으로 이와 같은 예가 무수히 많다.

1998년 사형 판결을 받은 '푸시 기술(Push Technology)'은 15년 이후 휴대전화에서 '푸시 알림(Push Notification)'이라는 형식으로 제대로 불길을 당겼다.◆◆ 마찬가지로 1998년 넷PC(NetPC)의 개념이 세상을 흔들어놓았다. 무수한 벤처캐피털이 돈을 처박았고 몽땅 헛수고가 됐다.◆◆◆

그 후에 클라우드가 등장했다. 10여 년 이후의 일이다. 한편 클라우드가 등장한 당시 사람들이 보편적으로 생각했던 '하드디스크가 개인용 항목에서 결국 사라질 것이다'라는 의견은 현실화되지 않았다. 하드디스크의 가격이 거의 무시해도 될 정도까지 떨어졌을 뿐 아니라 고객의 소

◆ LBS(Location Based Service): 위치 기반 서비스. 전자이동 운영 업체의 무선통신망 혹은 외부 위치 추적 방식을 통해 휴대전화 고객의 위치 정보를 수집하고 지리정보시스템(GIS)의 지원 아래 고객에게 상응한 서비스를 제공하는 일종의 부가가치 서비스를 일컫는다.

◆◆ 참고: 중국 인터넷 사이트 '科技世界'의 'InfoWorld', 1998. 1. 26.

◆◆◆ 참고: 중국 잡지 『电脑计算机』의 'PC Mag', 1998. 3. 24.

비 능력이 대폭 상승했기 때문이다. 굳이 그 정도의 사소한 돈을 절약할 생각을 누가 하겠는가?

날마다 시간과 힘을 들여 의식적이고 주도적으로 미래를 예측하는 시도를 해야 한다. 그러면 서서히 습관이 되고 단련되어 묘안도 생기며 애쓰지 않아도 생각하는 힘이 길러진다. 이런 습관은 한 사람의 행동 패턴을 철저히 변화시킬 수 있다. 인생을 바꿀 정도로 말이다. 개인의 인생은 행동으로 구성되기 때문이다.

나도 알고 남도 알아야 한다

사람은 사회의 가장 기본 단위이고 당신은 그중 한 명이다. 이 세상은 여러 유형의 사람들로 구성돼 있다. 그래서 이 세상에 마치 생명이 있고 영혼이 있는 것 같다. 그리고 늘 당신에 대해 일정한 반응도 보여준다. 한편 당신이 교류하는 대중이 다르고 당신의 세상도 다르다. 다시 말해 사람들은 동일한 물질 세상에 살고 있지만 현재 관계를 맺고 있는 사람들의 수준이 다르기 때문에 같은 공간에서도 전혀 다른 인간관계망을 형성한다. 그래서 사람들은 자신이 속한 인간관계망 이외에 이 세상에 존재하는 다른 인간관계망에 대해 상상조차 못 한다. 그리고 그런 것이 존재한다는 현실에 놀라움을 금치 못한다.

당신이 긴밀하게 교류하는 사람들이 몹시 제한적인 이유는 당신의 시간이 유한하기 때문이다. 깊은 교류를 하기 위해서는 시간과 에너지를 쏟을 필요가 있으니 말이다.

한 테이블에서 식사한 적이 있고 그 모임에서 인사를 나누고 명함을 교환하며 서로 알게 됐다고 해서 친구가 됐다고 오해해서는 절대로 안 된다. 한 번 인사 나눈 정도의 사이는 대개 수년이 흐른 뒤 한 번쯤 떠올릴 뿐이다. 인사나 하는 사이는 오랫동안 깊은 교류를 나눌 필요성을 서로 발견하지 못했음을 의미한다.

파괴, 초보적 이해, 오해, 곡해, 깊은 이해, 판단과 오판, 감탄과 경멸, 절교, 다시 사귐, 우정 회복 등 다양한 상황이 사람들 관계에 존재한다. 하지만 이런 상황은 여러 사람이 교류하는 과정에서 반드시 존재하게 마련인 비교나 타협이나 유지의 핵심적 부분이라고는 할 수 없다. 친한 친구 사이는 시간을 통해 더욱 단단해진다. 하지만 시간뿐 아니라 에너지도 쏟아야 한다.

친구를 잘 만드는 기본 방법 중 하나는 반복적으로 친구를 선별하는 것이다. 예를 들어 똑똑하고 평탄한 심리를 지닌 사람은 똑똑하고 평탄한 심리를 지닌 사람을 더 눈여겨본다. 이는 어디까지나 선호의 문제일 뿐이다. 물론 똑똑하고 평탄한 심리를 지닌 사람을 싫어할 리는 없을 테지만 말이다.

여기에 아주 단순하면서도 중요한 원칙이 있다.

 • 한 사람을 판단할 때 그의 언사를 볼 것이 아니라 행동을 보자.

언변이 좋다는 것은 일종의 중요한 기능을 갖춘 셈이다. 하지만 말만 번지르르하다면 믿을 만하지 못한 사람임을 증명할 뿐이다. 만일 당신이 남이 한 말에 의해 혼란에 빠진다면 그건 당신이 사람을 판단하는 지능이 한참 떨어진다는 것을을 반증할 뿐이다.

당신이 좋아하는 인품을 종이에 나열한 뒤 자문해볼 수 있다. 이런 인품을 갖춘 사람은 필연적으로 무슨 일을 할까? '필연적으로'라는 말을 염두에 두고 고민하며 적어 내려가야 한다. 시간이 흐르면서 당신은 사람들 속에서 그런 인품을 갖춘 사람을 선별하는 속도와 기술이 크게 향상되고 있음을 깨달을 것이다.

친구를 사귈 때 인연을 따르는 행위는 절대 안 된다. 그것은 운명에 내맡기는 행위다. 평생을 그저 운명에만 맡기면 두뇌가 마비될지 모른다.

그렇다면 무엇에 의존해야 할까?

똑똑한 사람을 사귀고 싶다면 자신이 그만큼 똑똑해지면 된다. 창의성이 있는 사람을 사귀고 싶다면 당신이 창의성 있는 사람이 돼야 한다. 대개의 경우 대등과 평등은 교류의 전제다.

문제는 누구든 처음부터 똑똑하고 우수할 수는 없다는 것이다.

그렇다면 비결은 무엇일까?

- 시간과 에너지를 들여 똑똑하고 우수해질 방법을 생각하고 찾고 또 주체적으로 원윈 상황을 만들어야 한다.

자신을 '요구하는 사람'으로 전락시키지 말자. 성숙한 사람은 어떻게 해야 타인에게 부담이 되지 않는지를 잘 안다. 시간을 들여 친구를 이해하고 그들의 요구를 헤아리면 된다. 그렇게 하는 방법 중 하나가 '역할극'이다. 자신이 상대방이라고 가정한 뒤 상대방의 미래에 대해 최대한 깊이 있게 파고들어 연구하는 것이다. 더불어 그가 어떤 지원과 도움을 바라고 앞으로 어떤 장애물을 만날 것이며, 어떤 기쁨을 나누기를 원하는지 생각해봐야 한다. 마치 공부하듯이 이 일을 해내는 것은 친구에 대한 책임과 존중일 뿐 아니라 자기 자신에 대한 책임이자 존중이다.

또한 단점에 집중하지 말고 장점에 집중하자. 누구에게나 장단점이 있다. 아니, 장점은 없을지언정 단점은 꼭 있게 마련이다. 그래서 장점의 가치가 더욱 커 보인다.

자신감 있는 사람일수록 타인의 장점에 관심을 갖고 타인의 단점에 관대하다. 열등감을 느끼는 사람은 타인의 단점을 꼬집으면서 자신의 존재감을 드러내려고 한다. 성숙하고 자신감 있는 사람은 타인의 단점에 집중하지 않는다. 그들은 늘 그렇듯 자기 삶의 질을 중시한다. 이런 이유로 타인의 장점에 집중하는 것이 삶의 질을 높이는 수단임을 알고 있다.

성실하지 않거나 자기 이익을 위해 남에게 손해를 끼치거나, 자기 자신에게조차 무익할 정도로 이기적이거나, 무지해서 좋고 나쁨을 가를 명확한 원칙이 없거나, 기본적으로 상대방을 용인하지 않는 등 품성이 불량한 사람들이 있다. 그런 사람을 만나면 자신의 세상에서 아예 배제시키고 공기처럼 간주해 본체만체하는 것이 상책이다. 더군다나 시간을 낭비하면서까지 상대방을 평가할 필요가 없다.

간혹 타인의 단점에 관심이 향할 수도 있는데 그때는 다음과 같이 생각을 환기해야 한다.

 • **나는 어떻게 하면 저런 사람이 안 될 수 있을까?**

존재감을 목숨처럼 받드는 행동은 무지한 사람들이 하는 짓이다. 존재감은 없으면서 존재감에 목매는 사람들은 다음과 같은 특징을 보인다.

- 자랑할 수 있는 일이라면 다 자랑한다.
- 타인을 무시하면서 자신이 높아지고 싶어 한다.
- 하나를 얻으면 우쭐거리고 하나를 잃으면 몹시 화를 낸다.
- 가능한 한 모든 세력의 눈에 들고 싶어 한다.
- 눈치 빠른 걸 지혜롭다고 여긴다.

이런 사람들의 특징은 열등감이 강하고 자기 자신에게만 기대서는 생존할 수 없다는 점을 잘 안다는 것이다. 그래서 온갖 수단을 사용해 이익을 꾀한다. 물론 그들도 '성공'할 수 있는 확률이 있다. 비록 그들이 원하는 만큼 높지는 않겠지만 말이다. 이런 사람들과 관계를 맺는 사람은 그저 장삿속일 공산이 크다.

사람들은 간혹 '길이 끊긴 상황'에 놓이게 된다. 그때는 아무리 똑똑한 사람이라도 입 밖으로 꺼내기 힘들 정도로 바보스러운 행동을 하기도 한다. 혹시 자기 자신에게서 이런 바보스러움을 이따금 발견한다면 다음 내용을 기반으로 리스트를 작성해보자. 그 리스트를 보면서 자신의 생각과 행동을 수시로 점검하자.

- 다시는 이렇게 하지 않겠다.

이런 점검은 아주 정상적인 일이다. 사람은 암암리에 자신을 변화시키면서 발전하는 존재이기 때문이다.

약속은 반드시 지켜야 한다

한 해가 끝나면 새로운 한 해가 온다. 새해가 되면 하늘에는 아름다운 소망이 무수히 떠다닌다. 풍등에 꿈을 적어 하늘로 날려 보내는 것이다. 기억력이 나쁜 사람들은 이제는 자취도 없이 사라진 전년도에 날린 '신년 기원'처럼 마음을 다해 바란다. 새해에는 '작년과 다르기를' 말이다. 아주 극소수의 사람만이 자신이 한 약속에 고도의 관심을 갖는다. 다른 사람에게 한 약속이든 스스로에게 한 희망이든 말이다.

재미있는 점은 영어에서 '약속'과 '전망'이 동일하게 '프로미스(Promise)'라는 사실이다. 이 단어로 미루어보건대 약속을 성실히 지키지 못하는 사람은 전망이 없는 사람일 수 있다.

약속을 반드시 지키는 것이 결코 쉬운 일은 아니다. 정말로 어려운 일이다. 누구와의 약속이든 이행하기는 쉽지 않다.

많은 사람이 자신과 한 약속도 이뤄내기 힘들어한다. 그러니 다른 사람과 한 약속은 말할 필요도 없다. 그래서 논리적으로 판단해보자. 자신에게 한 다른 사람의 약속이 얼마나 믿지 못할 것인지 말이다.

노자는 이런 말을 했다.

무위(無爲)로 행하고, 아무 탈 없이 편안히 일하고, 맛이 없음(無味)을 맛본다. 크고 작고 많고 적음을 막론하고 원수를 덕으로 갚는다. 어려운 것을 꾀하려면 쉬운 것부터 하고, 큰 것을 하려면 작은 것부터 한다. 천하의 어려운 일은 반드시 쉬운 일에서부터 만들어지고, 천하의 큰일은 반드시 작은 일에서부터 만들어진다. 이런 까닭에 성인은 처음부터 일을 크게 벌이지 않으면서 능히 큰일을 이룰 수 있다. 무릇 경솔히 승낙하는 일에는 반드시 믿음이 부족하며, 쉬워 보이는 일이 많으면 반드시 어려움이 많다. 그러므로 성인은 도리어 조심스러워하기 때문에 끝내 어려움이 없는 것이다.(爲無爲, 事無事, 味無味, 大小多少, 報怨以德. 圖難於其易, 爲大於其細. 天下難事, 必作於易. 天下大事, 必作於細. 是以聖人終不爲大, 故能成其大. 夫輕諾必寡信, 多易必多難. 是以聖人猶難之, 故終無難矣.)

그렇다. 쉽게 허락하면 분명 잘 지키지 않는다.

약속을 성실히 이행하는 가장 기본적인 전제는 자신과 한 약속을 성실히 이행하는 것이다. 쉽사리 자기 자신에게 약속하지 말자. 그 꿈이 과연 실현할 만한 가치가 있는지, 시간과 에너지와 세부 계획과 행동 절차를 밟을 만한지, 그 꿈을 달성할 대안이 있는지 진지하게 생각해봐야 한다. 이 역시 점차적으로 습관화하고 단련할 수 있는 능력이다.

자기 자신과의 약속을 중요하게 여기는 사람은 모든 일을 애써 해내고 결국에는 약속한 대로 이룬다. 그 과정에서 약속을 지키기가 얼마나 어려운지를 절감한다. 그러니 쉽사리 약속을 할 수도 없게 된다. 다만 아쉬운 점이라면 이런 사람이 극소수라는 것이다. 이 극소수의 사람은 처음 맺은 약속을 제대로 완수하지 못하면 두 번째 단계에서는 약속을 지키기가 훨씬 더 어려워진다는 점을 안다. 자기 자신에 대해 그저 말만 번지르르하게 하는 사람은 다른 사람에 대해서도 '말만' 할 줄 안다. 그리고 약속을 이행하지 못하게 되었을 때 매번 만능의 이유를 댄다. '살다 보니 어쩔 수 없었어!'라고 말이다.

대개의 경우 사람들은 약속을 한 상대방에게 그 이행을 요구한다. 참 이상하다. 자기 자신과 한 약속을 이행하지 못하는 사람일수록 다른 사람은 약속을 이행하기를 바라니 말이다. 하지만 자신을 단속하는 데는 관대하고 다른 사람을 억제하는 데는 엄격한 것이야말로 보편적 현상이다.

다른 사람이 당신에게 약속 이행을 원하지 않는다면 그건 다음의 몇 가지로 설명할 수 있다.

- 당신은 상대방에게 시간과 에너지를 들일 만한 존재가 아닐 수 있다.
- 상대방은 정말 약속을 중시하는 보기 드문 사람일 수 있다.
- 상대방은 당신을 빠뜨릴 함정을 파놓았을 가능성이 있다.

만일 두 번째 경우라면 그는 약속을 이행할 수 없을 때 시치미를 떼거나 화제를 다른 데로 돌리는 행동은 하지 않을 것이다. 그는 아주 직접적이고 솔직하게 당신에게 안 된다고 말할 것이다. 그리고 만일 필요하다면 당신에게 왜 안 되는지를 말할 것이다. 그런 사람을 만나면 귀히 여기고 그에게서 배우고 그와 교제해야 한다. 그 전제로 당신도 그런 사람이 돼야 한다. 그러지 않으면 그는 당신을 순식간에 파악한 뒤 관계를 끊고 말 것이다.

약속을 반드시 지키는 사람은 '강직하다'는 평가를 받는다.

바로 앞 절 '나도 알고 남도 알아야 한다'에서 다음 내용을 이미 언급했다.

• **한 사람을 판단할 때 그의 언사를 볼 것이 아니라 행동을 보자.**

어떻게 행동하는지, 정말 약속을 반드시 이행하는 사람인지를 보는 것이다. 내 관찰과 경험에 의하면 이는 똑똑한 두뇌보다 훨씬 중요하다.

건강한 환상과 투자의 킬러

미국의 스타트업 데이터베이스 플랫폼인 엔젤리스트에서 아마추어 투자자는 베테랑 투자자나 베테랑 투자 업체에 돈을 맡길 수 있다. 그들의 투자 사업을 따르는 것이다.

한편 아마추어 투자자는 수익의 0~30퍼센트를 베테랑 투자자에게나 업체에 줄 책임이 있다. 다시 말해 아마추어 투자자는 아주 적은 금액으로 거액의 유한책임조합원(LP)과 같은 대우를 받을 수 있다.

'리드 투자 + 팔로 투자'라는 간단한 모델과 달리 여기에는 놀랄 만한 혁신이 내재해 있다. 동시에 미세하지만 엄청난 의미도 있다.

• **아마추어 투자자는 정책 결정에 참여하지 않는다.**

아마추어이기 때문에 그들은 언제나 자신의 선택 능력이 뛰어나다고 생각하고 또 자신의 경험과 생각이 '최소한 어느 정도는 가치가 있다'고 믿는 경향까지 있다.

1976년 SAT*를 출제하는 비영리단체 칼리지보드(College Board)가 SAT 시험에 설문지를 첨부했다. 그 결과는 다음과 같았다.

- 70퍼센트의 응답자가 자신의 지도력이 평균 이상이라고 생각했다.
- 85퍼센트의 응답자가 자신은 사람들과 어울리는 능력이 평균 이상이라고 생각했다.
- 25퍼센트의 응답자가 자신이 지닌 위 두 가지 능력은 모두 상위 1퍼센트에 해당한다고 생각했다.

또 한 업체에서 1981년 진행한 조사 결과에 따르면 설문 참가자 중 93퍼센트의 미국인과 69퍼센트의 스위스인이 자신의 운전 능력이 평균 수준 이상이라고 생각하는 것으로 나타났다. 또 다른 조사에서는 18퍼센트의 사람만이 설문에서 자신의 운전 능력이 평균 수준 이하라고 인정했다.

나는 이런 환상을 '도로의 킬러 환상'이라고 농담조로 말한다. 전문용어 '기만적 우월감 효과(Illusory Superiority Effect)'와 같은 맥락이다. '스스로 품위 있다고 여기는'이라고 번역해도 무방하다.

일상생활 영역에서 이런 환각은 심신 건강에 유익하다. 틸과 브라운은 1988년에 발표한 논문에서 심리적으로 건강한 사람은 세 가지 인지 환상(Cognitive Illusions)을 명확히 지닌다는 점을 입증했다.

---

* SAT(Scholastic Assessment Test): 미국 대학능력시험. 학술 능력 평가 테스트로 미국의 대학 입학시험이다. 수학, 비판적 독해, 작문 등 세 부분으로 나뉘며 세계 각국의 고등학생들이 미국 명문 학교에 학습 및 장학금을 신청할 때 중요한 참고 자료가 된다.

- **기만적 우월감(Illusory Superiority)**
- **통제의 환상(Illusion of Control)**
- **낙관주의 편향(Optimism Bias)**

하지만 격렬한 충돌이 벌어지고 승자는 왕이 되며 패자는 적이 되는 투자 분야에서 이런 환상은 언제든 치명적일 수 있다. 유통시장(Secondary Market)에서 '낙관주의 편향'만으로 끊임없이 수많은 '무법자'를 고용하면 순식간에 파산할 수 있다. 한편 발행시장(Primary Market)에서는 이런 환상의 위험성이 거의 발각되지 않는다.

초기 사업에 투자하는 과정에서는 더더욱 그렇다. 투자자의 '통제의 환상'은 겉으로 보기에는 '사실과 근거'가 뒷받침하는 것 같다. 최소한 자신이 상대방보다 돈이 많거나 훨씬 많은 것처럼 보이는 것이다. 하지만 '통제의 환상' 역시 보이는 것보다 훨씬 과장된 경향이 있다. 한편으로는 이전의 '사실과 근거의 뒷받침이 상대적으로 꽤 품위 있었기' 때문이며 또 한편으로는 과거 자신의 '성공 경험'이 지탱하고 있기 때문이다. 물론 사람들이 내리는 자신에 대한 결론은 대부분 정확하지 않다.

성공은 경험에 많이 의존한다. 그런데 투자는 효과적인 경험 축적을 하기가 매우 힘든 분야다. 또 장전된 탄알도 한계가 있고 실패하면 모든 걸 잃을 수도 있다. 이 두 가지 제약이 상호작용하면서 투자 사업은 그 어렵다는 스타트업보다 훨씬 힘든 분야가 돼버렸다.

투자라는 분야에서 실적은 절대로 정규분포를 따르지 않는다. 과학적 법칙을 따르는 것은 단 2퍼센트에 불과할 것이다. 결국 대략 2퍼센트 투자자의 장기 수익은 훌륭한 수준에 도달하고 대부분의 투자자는 손해를 보게 된다. 즉 이율조차 회수하지 못할 수 있다.

이런 점에서 아마추어 투자자에게는 두 가지 선택지밖에 없다.

하나는 다른 사람에게만 의지하는 것이다. 자신의 결점을 정확히 알기 때문에 아예 투자를 전문가에게 맡기고 묻지도 따지지도 않는 것이다.

또 하나는 아예 자기 자신만 믿는 것이다. 일단 움직임을 멈추고 죽어라 공부한다. 충분한 시간과 에너지를 들여 최소한 어느 한 분야에서 다른 사람보다 강력한 입지에 이를 때까지 공부하는 것이다.

투자의 핵심은 언제나 이랬다. 자신의 결정은 자신이 책임져야 한다. 불행이 찾아와도 울며 하소연할 곳이 없다.

'무지로 인한 세금'을 어떻게 면제받을 수 있을까?

'기회비용'이란 정책 결정 과정에서 여러 선택의 갈림길에 직면했을 때 포기한 것들 중 최고 가치를 일컫는다.

가령 A와 B 둘 중 하나를 선택해야 할 때 A를 선택하고 B를 포기했다 치자. B의 최고 가치가 100이라면 당신의 기회비용은 100이 된다. A의 최고 가치가 20일 경우 기회비용을 따지면 당신의 최종 수익은 20－100 = -80이 된다. 표면적으로 보면 당신의 수익이 20인 것 같지만 현실적으로는 마이너스인 셈이다.

선택 이전에 우리는 다음의 난제에 봉착한다.

 • 우리는 완벽히 예측할 수 없는 세상에 살고 있다.

그래서 A와 B라는 선택지가 있을 경우, 선택하기 전에는 각각의 수익이 어떨지 자신의 판단에 의존할 수밖에 없다. 이런 판단은 종종 정확하지 않음이 증명된다. 물론 아주 정확한 판단을 내리는 경우도 있다. 그래서 이익을 얻었을 때 우리는 계속해서 전진하고 손해가 생겼을 때는 '승복'해야 한다.

하지만 정말로 무서운 건 이것이 아니다. 우리가 시시각각 봉착하는 선택의 갈림길에는 눈에 보이는 A와 B만 있는 것이 아니다. C에서 Z까지 수많은 선택지가 존재할 수 있다.

그래서 우리는 늘 '무지로 인한 세금'을 납세하게 된다.

기회비용이란 근본적으로 시간의 속성에서 비롯됐다. 시간이란 제한적이고 돌이킬 수 없고 다시 만들어 낼 수 없고 대체할 수 없다. 끊임없이 소모하고 독점하는 자원이다. 다 써버리고 나서도 다시 회복할 수는 있는 자원도 있다. 그와 달리 시간은 완전히 다른 차원의 보물이다.

전략 1. 공부가 전제돼야 한다

선택해야만 하는 순간이 되어서 이런저런 생각을 하면 안 된다. 힘써 미래를 생각해야 하는 이유가 바로 이것이다. 선택해야 하는 그 순간에는 이미 꽤 많은 준비가 돼 있어야 하고 수없는 사전 선별이 있었어야 한다. 그러면 당장에 애써 기지를 발휘하는 것보다 훨씬 나은 지혜를 동원할 수 있다.

전략 2. 선택 이후에는 더 이상 따지지 말자

선택을 끝낸 순간에 기회비용은 이미 확정된다. 더 이상 바꿀 수도 없다. 이제 남은 일은 자신이 한 선택에서 최대 가치를 캐내 기회비용을 뛰어넘는 것이다. 기회비용은 선택에 영향을 준다. 역으로 선택은 기회비용에 절대 영향을 주지 못한다. 경제학자들의 논리에 따르면 기투입 원가는 더 이상 관련이 없다고 한다. 다시 말해 선택으로 인한 결과는 이미 결정한 선택 자체에 영향을 줄 수 없다는 것이다.

전략 3. 결정 방법론을 키우자

나는 친구들과 대화를 나눌 때 이런 말을 자주 한다. '효과적인 방법론'을 터득한 사람은 마치 게임할 때 속임수를 쓰는 것 같은 느낌을 준다고 말이다. 다른 사람들도 다 익숙한 게임인데도 효과적인 방법론을 아는 사람들의 성적이 훨씬 탁월하기 때문이다. 그만큼 방법론이 중요하다. 방법론이란 고정불변한 것이 아니다. 부단히 진화하고 시행착오를 거듭하며 끊임없이 효과를 극대화하는 체계다. 방법론에는 '자기 주도 학습' 시스템이 필요하다. 가령 누군가 기회비용이라는 개념을 공부해 정확하게 이해하고 나면 그의 방법론에 효과적인 변화가 생길 수 있다.

전략 4. 보이지 않는 경쟁자를 감지하자

축구장에서 경기하는 선수들은 서로 경쟁 상대를 본다. 만일 상대방이 나보다 빨리 달려 내게 근접해 오면 같은 팀 선수에게 이내 공을 패스할 수밖에 없다. 내가 정확하게 슈팅을 할라치면 상대방은 분명 슈팅을 막을 기회를 노릴 것이다. 하지만 생활이나 일이나 스타트업 과정은 이처럼 모든 상황이 한눈에 파악되지 않는다. 마치 축구장 한 곳에 수많은 축구팀이 있어 서로 상대 팀을 전혀 알아보지 못하는 것과 같은 상황이다.

그래서 방법론을 이용해 상대방의 존재를 감지할 수 있어야 한다. 좀 애매하고 막연해서 아무 방법이 없다는 말로 들릴 수도 있다. 하지만 해결 방안은 오히려 매우 간단하고 직관적이다. 효과적으로 관계를 맺는 것이다. 중요한 사람들과 관계를 수립하면 그 속에서 훨씬 많은 실마리를 얻을 수 있다. 평등한 교환을 위해 당신 역시나 방법을 강구해 그들을 위한 가치를 창출해야 한다.

전략 5. 비축

매번 선택한 질적 비축을 최대한 도모해 훨씬 높은 가치를 받아 올 수 있도록 해야 한다. 그렇게 날마다 조금씩 쌓이면 당신의 가치는 점차 높아지고 결국에는 '좋은 일이 늘 당신에게서 발생'하는 것처럼 보이게 될 것이다. 정말 이렇게 되려면 스스로 효과적 관계의 핵심 지점이 돼야 한다.

행운은 자연히 찾아오는 게 아니라 창조하는 것이다.

투자는 최고의 장비를 갖추고 게임처럼 하자

최근 수년 동안 게임을 하지 않았지만 나는 어렸을 때 게임에 아주 몰두했다. 게다가 게임에서 많은 것을 배웠다. '좋아하는 것에 정신이 팔려 진취적인 마음을 잃어버리는 것'은 본래 포부가 없기 때문일지도 모른다. 나는 좋아하는 것이야말로 근본적인 발전 동력이라고 생각한다.

'슈퍼마리오 브라더스 3' 게임을 할 때 꽤 인상적인 장면이 있었다. 지옥의 관문에 들어서면 모니터 상단에서 작은 괴물이 흩날리듯 끊임없이 내려와 당신에게 접근한다. 당신은 점점 긴장한다. 그리고 몇 차례 죽은 후에, 당신이 괴물을 마주하면 괴물은 그대로 멈추고 괴물을 등지면 당신에게 접근해 온다는 점을 발견하게 된다.

이것이 인생 철학이다.

- 두려워하면 먹혀버린다.
- 두려워하지 않으면 사실 아무 일도 일어나지 않는다.

인생에는 어디든 게임의 논리가 있고 어디든 진리가 숨어 있다.

나는 점잖은 척 한동안 엔젤투자자 활동을 한 뒤에야 나 자신이 아직 기초를 터득하지 못했다는 점을 발견했다. 마치 게임 속에서 다른 사람의 병사는 청동기시대로 진화하고 기병을 갖게 됐는데 당신의 병사는 여전히 수중에 고대 병기인 낭아봉(狼牙棒)만 갖고 있는 것과 같다.

초기 사업 투자는 게임과 같다. 그 속에는 여러 유형의 인물이 존재하고 모두 다른 장비를 갖고 있다.

사람을 찾는 장비를 갖춰라

창업가의 능력, 안목, 잠재력은 사업의 기반이다. 원한다고 누구나 스타트업 능력을 갖출 수 있는 것도 아니고 그런 능력이 있다고 해서 스타트업 사업을 끝까지 이끌어갈 수 있는 것도 아니다. 사업 초창기의 상황이 좋았든 나빴든 상관없이 그렇다.

사람을 판단한다는 건 매우 어려운 일이다. 일부 게이머들은 별도의 장비를 갖추고 있다. 예를 들어 중국 광둥 지역에 '난지취안(南極圈)'이라는 명칭의 창업 인큐베이터가 있다. 그들은 중국의 무료 메신저인 텐센트에서 이직한 사람들에게 관심을 갖고 오랫동안 비공식적으로 추적해 여러 차원에서 그들에 대한 점수를 매겼다. 일단 기회가 있고 가치가 있다고 판단하면 곧바로 달려든다. 물론 또 다른 일부 투자자는 중국의 알리바바, 바이두, 징둥, 메이퇀에 시선을 고정하고 있다. 훨씬 고급 장비를 가지고 말이다. 아예 헤드헌팅사나 구직 사이트에 투자한 뒤 훨씬 광범위하고 대규모로 추적한다.

사업을 찾는 장비를 갖춰라

매일 많은 사람이 사업에 뛰어들기 위해 호시탐탐 기회를 노린다. 훌륭한 사업은 엄청나게 많으니 말이다. 다만 훌륭한 사업을 찾아내는 게 그리 쉽지가 않다.

하지만 어떤 게이머들은 이런 경쟁 상황에서 별도의 장비를 갖추고 있다. 가령 뉴스 관련 애플리케이션의 경우 안드로이드 버전에 수없이 많은 감시기를 장착해놓는다. 그리고 억대가 넘는 다운로드 횟수를 근거로 어떤 애플리케이션이 '얼마만큼 많은 단말기에서 갑자기 다운로드 됐고' 또 '접속 횟수가 갑자기 증가했는지'를 파악한다. 이렇게 되면 일부 투자자들(게이머)은 마치 그 전보다 훨씬 많은 장비를 갖춘 것처럼 보일 수 있다. 그리고 단기간 내 놀라울 만한 성과를 이뤄낼 수도 있다.

사업체를 매매하는 장비를 갖춰라

일정 시간 투자를 하다 보면 사업을 매입하는 것이 아주 쉽다고 생각할 수 있다. 특히 자신이 남들보다 어리석을 때 더 그렇다. 사업을 매각하는 것이야말로 정말 어려운 일이다.

이런 상황에서 일부 게이머들은 자기만의 특별한 장비를 갖추고 있다. 그들 대부분은 재무 컨설턴트(FA) 출신이거나 여전히 그 일을 하고 있다. 중국에서 가장 크고 가장 센 재무 컨설턴트 역시 금융 업체인 화싱(華興)이다. 그들은 다년간 쌓아온 노하우를 바탕으로 이 트랙에 적합한 인물이 누구인지를 다른 사람들보다 더 잘 알고 있고, 누가 현재 어떤 사업을 매입하고 매각하는지를 잘 알고 있다. 그들이 부단히 축적하고 분석한 데이터는 그들의 특별한 장비다. 그래서 그들만이 별도의 소득을 벌어들일 수 있다. 바로 '매매 차익'이 그것이다.

위험 상황을 피할 수 있는 장비는 절대 부족해서는 안 된다.

투자는 매우 위험한 일임을 반드시 알아야 한다. 다음은 아마추어 투자자가 자주 범하는 몇 가지 실수인데 모두 안전 장비가 부족한 데서 기인한다.

- 모르는 사람에게 쉽게 투자한다.
- 익숙하지 않은 분야에 투자한다.
- 단계를 나누지 않고 투자한다.
- 분야를 나누지 않고 투자한다.
- 투자 기회를 잃을까 걱정한다.

아주 많은 비밀 장비가 있지만 투자자 자신의 경험이야말로 가장 결정적이고 강력한 장비라고 생각한다.

일반적으로 투자자는 다음 세 단계를 경험한다.

- 1단계: 무엇을 보든 좋다. 하지만 뭐든지 다 좋아 보이던 시절에 경험이 얼마나 부족했는지를 언젠가는 깨닫게 될 것이다.
- 2단계: 무엇을 보든 안 좋다. 일부 실패 사례에 상심해서 줄만 봐도 뱀인 줄 알고 더럭 겁을 먹는다.
- 3단계: 좋은 것은 좋고 나쁜 것은 나쁘다. 이제는 경험을 충분히 많이 쌓아서 마음속에 판단의 잣대가 확실해진 것이다. 사람을 어떻게 판단할지, 일을 어떻게 판별할지, 자신에게 적당한 것이 무엇인지 결정을 내릴 줄 알게 된다.

나는 한동안 투자 활동을 완전히 중단했다. 내가 갖춘 장비가 너무 형편없음을 깨달았고 일부 분야에서는 사용할 장비가 전혀 없다는 것도 알았기 때문이다. 특히 관찰과 비교를 거쳐 내 경험이 충분하지 않다는 점을 깊이 깨달았다. 좋은 장비 없이 전쟁터에 나가면 분명히 손해를 보게 될 터였다.

초기 사업에 대한 투자는 사람을 아주 쉽게 흥분시키는 게임이다. 다른 사람이 하는 것을 보고만 있어도 아주 흥미진진하다. 하지만 마지막까지 게임을 즐길 수 있는 사람은 많지 않다. 이것은 어디서나 마찬가지로 적용되는 이치다.

공부하지 않으면 손해를 본다

투자자는 공부할 줄 알아야 한다. 투자 이전에 공부를 많이 해야 한다. 투자를 완료한 후에 할 일이 무척 많기 때문이다.

대개 사람들은 주택을 구입한 뒤 주택 가격이 큰 폭으로 떨어져도 크게 후회하지는 않는다. 하지만 주식을 구매한 뒤에 주가가 큰 폭으로 떨어지면 무척 후회한다. 아주 보편적인 현상이다. 왜 그럴까?

주택을 구입할 때에는 공부를 많이 하고 현장 조사를 하고 다방면으로 비교하고 세세하게 선별한다. 그래서 나중에 후회하더라도 그 정도가 심하지는 않다. 반면 주가가 오른 주식을 매입할지 고민하는 데는 단 몇 분이면 족하다. 상황이 이러하니 후회하지 않으면 그게 더 이상하다.

나는 '전문가가 리드 투자를 했다'고 마음 놓고 따라서 투자해도 된다고는 생각하지 않는다. 이런 우스갯소리가 있다. 모든 남성의 마음에 드는 여성이 꼭 자신의 아내로 적합한 것은 아니다. 마찬가지로 여성들의 맘에 드는 남자가 남편감으로 적합한 것은 아니다.

공부는 꼭 스스로 해내야 한다. 그래야 성공한 다음에 남에게 많은 것을 나눠주지 않아도 되고, 실패해도 당신에게 배상의 의무를 조금이라도 지울 사람은 없다. 만일 누군가 자신이 공부한 것을 당신과 나누기를 원하지 않는다면 그 사람 역시 정상이다. 분명 당신도 남이 노력하지 않고 얻어 가는 것을 원치 않을 것이기 때문이다.

- 크라우드펀딩은 본질적으로 투자자가 돈을 벌도록 하는 수단이다.
- 크라우드펀딩은 투자자의 돈을 벌어 가는 것이 아니다.

그렇다고 해서 투자자의 돈을 벌어들일 수 없는 것도 아니다. 정당한 방법으로 투자자의 돈을 벌어들이는 방법이 있는데 비상장기업 정보 제공사 매터마크(Mattermark)는 투자자를 위한 도구가 되어주고 있다. 투자자의 돈을 정당하게 벌 수 있도록 해주는 것이다.

만일 창업가가 크라우드펀딩을 선택하려면 투자자의 돈을 사용할 수 있다는 자신감이 있어야 한다. 자신의 능력으로 시장 수준보다 높은 이윤을 벌어들인 뒤 투자자와 공유하는 것이다. 이것이 좋은 방법이다.

하지만 현실은 어떨까? 현재 수많은 창업가의 비즈니스 모델은 사실 2B◆도 아니고 2C◆◆도 아니고 2VC다. 현재의 VC(벤처캐피털)는 무척 똑똑하다. 물론 간혹 검은 속임수에 속아 넘어가기도 하지만 말이다. 그래서 2VC 모델의 비즈니스 팀은 대부분 2CV 모델을 시작했다. CV는 바로 '크라우드펀딩 벤처'다. 이렇듯 투자자는 매사에 신중해야 한다.

투자의 세계에도 내비게이션이 있다면

나는 운전을 꽤 늦게 시작했다. 2010년이 돼서야 생애 최초로 자동차를 샀다. 나는 길치였는데 그래도 과감하게 운전을 시작한 이유는 내비게이션 소프트웨어 기술이 발전하기 시작했기 때문이다. 그리고 휴대전화에 내비게이션 서비스인 '오토내비(AutoNavi)'가 생기면서 나는 운전할 때 내비게이션을 자주 켠다. 과학기술이 삶을 더욱 풍요롭게 만든다는 점을 진심으로 느낄 수 있었다.

나는 운전한 세월이 오래되면서 점차 길을 인식하게 됐다. 시간이 흘

◆ 2B: TO Business. 기업과 기업 간에 이루어지는 비즈니스 모델.
◆◆ 2C: TO Consumer. 기업과 소비자 간에 이루어지는 비즈니스 모델.

러 내비게이션이 반드시 필요하기는 하지만 무조건 내비게이션의 안내만 따를 수 없다는 점을 깨달았다.

나는 베이징의 북쪽에서 거의 생활하는 편이다. 거기에 두 갈래 길이 있다. 나는 한 길을 '3.5순환도로'라고 부르는데 지춘루(知春路)에서 동쪽으로 쭉 가서 징미루(京密路)에 다다르는 길이다. '5.4순환도로'라고 부르는 또 한 길은 청푸루(成府路)에서 동쪽으로 쭉 가서 징청고속도로(京承高速)에 이른다. 이 두 길의 장점은, 베이징 시내를 둥그렇게 둘러싸고 있는 싼환루(三环路)나 쓰환루(四环路)가 교통 혼잡으로 온통 붉은빛일 때, 별 막힘없이 원활히 소통되는 것이다.

이 두 길은 싼환루, 쓰환루와 평행을 이루는데 왜 교통 혼잡에서 천지 차이를 보이는 걸까? 이유야 많을 텐데 그중 그럴 듯한 이유는 내비게이션 소프트웨어가 안내해주는 길로 사람이 많이 몰리기 때문이다. 한편 내비게이션을 사용하는 사람은 자기도 모르게 생기는 의존성으로 인해 상황을 인식하는 능력을 잃게 된다.

벤처캐피털 분야도 마찬가지 경향을 보인다. 곳곳에서 혼잡이 발생한다. 투자 트랙이니 투자 출구니 하고 모두 전문용어를 내뱉는다. 그런 뒤 다들 매일 내비게이션을 이용한다. 각종 과학기술 매체나 벤처캐피털 매체 등을 말이다. 하지만 머리를 좀 쓰면 이내 알 수 있다.

 • 앞이 막힌 트랙에서는 누구도 앞으로 움직일 수 없다.

아마추어 투자자는 발행시장에서 그 옛날의 나처럼 순식간에 길치가 돼버린다. 이때 내비게이션이 있다면 참으로 다행이다. 그 내비게이션에 막힌 길을 돌아가게 해주는 기능이 있든 없든 상관없다. 하지만 내비게이션의 안내만 받는다면 종착점에 도달할 수 있을지는 몰라도 서서히 죽어갈 수도 있다. 사업에 투자할 때도 마찬가지다. 그 사업을 아는 사람이 별로 없어야 한다. 그러면 사업적 가치를 지니게 된다.

보도나 분석은 좋은 정보처가 된다. 하지만 자신의 판단을 잃어서는 안 된다. 호기심도 잃어서는 안 된다. 이 일을 탐색하는 것은 본인이 해내야 한다. 이런 탐색의 재미는 바로 탐색 자체에 있다.

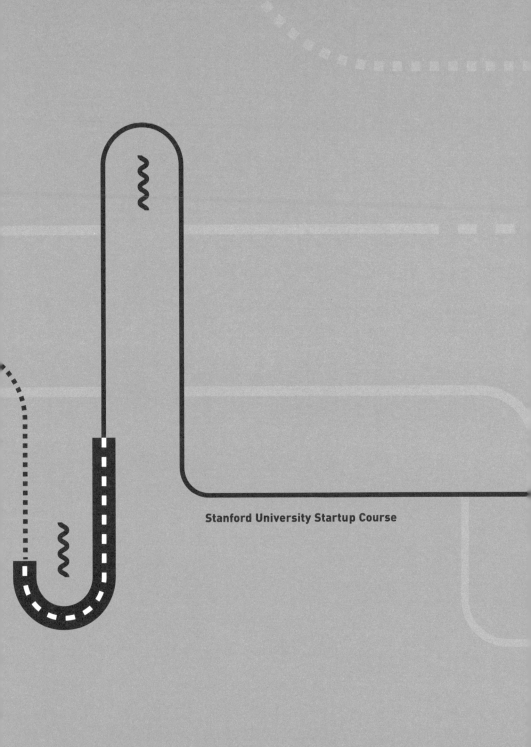

Stanford University Startup Course

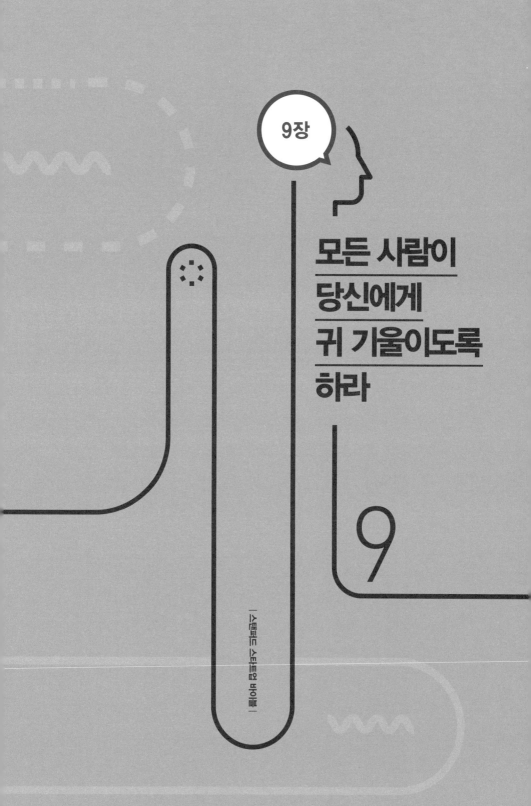

9장

모든 사람이
당신에게
귀 기울이도록
하라

9

스탠퍼드 스타트업 바이블

소통할 수 있으면
절반은 성공한 셈이다

강연자는 의미 있는 말로 신뢰와 존중을 얻는다. 다른 방법은 없다.

처음부터 제대로 하자

허세 부리지 마라

대중의 눈은 밝다. 그러므로 무대 위에서 침착하고 여유롭기 위해서는 첫 번째 철칙을 기억하기 바란다. '허세 부리지 마라.'

당신이 평상시에 정장 입는 사람을 좋아하지 않는다면 강연을 위해 정장으로 갈아입지 말아야 한다. 물론 당신에게는 합당한 이유가 있을 것이다. '이곳은 공식적인 장소이니 좀 제대로 갖춰 입어야지'라는 생각 말이다. 당신이 정장을 입고 편안함을 느껴본 적이 없다면 당신에게 꼭 맞는 정장을 몸에 걸쳤다 해도 몹시 부자연스러울 것이다. 당신의 마음이든 대중의 눈에든 말이다.

또한 당신이 평상시에 농담을 별로 좋아하지 않는 사람이라면 대중의 비위를 맞추려고 의도적으로 농담하는 행위는 제발 하지 마라. 당신은 지금껏 농담을 해서 성공한 경험이 없기 때문에 아무리 재미있는 말이라도 당신이 하면 재미가 없어진다.

당신이 점잖은 성품이라면 성격이 거칠고 괄괄한 청중 앞이라고 그들처럼 걸걸하게 말할 필요가 없다. 당신은 그 사람들 사이에 흐르는 거친 분위기를 꼭 휘어잡아야 할 필요는 없다. 당신은 저속한 말을 제대로 할 수도 없고 자연스럽게 할 수도 없기 때문이다.

만일 당신이 높은 학식과 경륜을 쌓지 않았다면 그냥 일반적인 구어를 쓰는 게 낫다. 특별한 상황에서 평상시 준비되지 않은 말을 급조해서 하려고 하면 고비를 쉽사리 넘어갈 수 없을 것이다. 당신에게는 경전의 어구와 고사 인용이 자신 있는 분야가 아니므로 원래 하던 대로 하는 게 낫다. 연단 아래에는 한 사람만 있는 게 아니라 많은 사람이 있다. 그중에는 당신을 속속들이 꿰뚫어 보는 사람이 있을 수 있다.

 • 그러니 허세 부리지 마라.

이 말을 꼭 마음에 새겼으면 한다. 자칫 처절하게 참패하고 후회할 때까지 기다려서는 안 된다.

'나는 누구인가'는 위대한 철학적 질문이다. 보통 사람은 진지하게 임해야만 제대로 이해할 수 있는 문제이기도 하다. 그러니 자신에게 끊임없이 질문하는 게 좋다. '나는 도대체, 과연 누구일까?'

현실에 만족하지 못하는 것은 모든 사람의 일반적인 상황이다. 변화를 찾는 것은 더더욱 모든 사람의 필사적 발악이다. 당신 역시 성공한 사람들을 부러워하고 질투하기까지 하고 그들처럼 되기를 희망한다. 그렇게 되기 위해서는 어떻게 해야 할까?

옷차림이 산뜻한 사람이 부럽다면 평상시 옷차림을 산뜻하게 해야 한다. 유머러스한 사람을 선망한다면 평상시 최선을 다해 유머를 갈고닦아야 한다. 중국의 유명한 재담가인 궈더강(郭德綱)이나 황시(黃西)를 알아두는 것도 좋겠다. 농담을 잘하려고 한동안 몸부림치다 보면 문득 묘수가 떠오를 수 있다. 만일 건성건성 행동하는 사람이 무척 시원스럽게 보여 부럽다면 평상시 오만한 태도를 버리고 점잖은 태도를 취하지 말아야 한다. 만일 경전의 화려한 고사나 어구 인용을 선망한다면 여러 해 동안 시와 책을 많이 읽어야 한다.

당신은 그 자체로 존재 이유를 갖는다. 하지만 이 사실은 자기 자신에게만 중요하지 다른 사람들에게는 별로 중요하지 않다. 다만 '훨씬 더 멋지게 보이고 싶다'고 생각하면 의외로 그 생각이 실패의 근원이 될 수 있다. 그런 생각 때문에 당신은 이야기를 하는 게 아니라 연기를 하게 된다. 하지만 누구나 연기 황제가 될 수 있는 것은 아니다. 그것이 현실이다.

그렇게 보면 강연은 본래의 의미가 다소 오도된 낱말이기도 하다. 강연(講演)은 '외울 강(講)' 자와 '펼칠 연(演)' 자로 구성되었다. '청중에게 이야기한다'는 뜻이기는 하지만 한편으로는 '펼칠 연' 자로 인해 청중에게 이야기할 때 허세나 연기가 섞일 수 있다는 것이다. 청중에게 이야기할 때는 허세를 부려서도 안 되고 연기를 해서도 안 된다.

당신의 청중을 믿어라

아주 중요한 사실을 사람들은 늘 잊어버린다. 당신의 청중은 당신의 적이 아니라는 사실 말이다. 이왕 시간을 들여 연단 아래 앉아 당신의 강연을 듣기로 결정한 청중은 당신이 허둥대고 불안해하고 당황하고 조리 없이 뒤죽박죽 말하는 것을 절대 바라지 않는다. 그들은 당신과 함께 그 시간을 기쁘게 보내기를 고대한다. 당신이 강연하는 동안 청중과 공감하기를 원하는 만큼 청중 역시도 그런 강렬한 의지를 가지고 있다. 그래서 청중은 당신이 허둥대고 긴장하고 당황하고 뒤죽박죽 말하기를 원하지 않는다.

당신을 알기 전, 당신에 대해 호불호가 분명한 사람은 아무도 없다. 그때의 당신은 친구도 아니고 최소한 적도 아니다.

청중을 믿는 데 있어서 또 한 가지 중요한 사실을 기억하자. 바로 일부러 그들의 비위를 맞출 필요가 없다는 것이다.

'청중(聽衆)'의 '중(衆)'은 '무리 중' 자다. 청중은 개인이 아닌 다수나 집단이라는 뜻이다. 이 때문에 청중에게는 개인에게서 찾아볼 수 없는 '집단의 지혜'가 있다. 종합적으로 봤을 때 청중은 좋고 나쁨을 충분히 가려낼 수 있다. 어떤 분야의 내용이든 말이다. 물론 청중이 이성적이지 않을 때도 있다. 인정한다. 맹목적이기도 하고 무턱대고 신뢰를 보내기도 하고 심지어는 이랬다저랬다 변덕이 죽 끓듯 하기도 한다. 하지만 그것은 일시적 현상임을 알아야 한다.

이때 반드시 믿어야 하는 사실이 있다.

- 청중의 신뢰는 당신이 이야기하는 내용의 질에 달려 있다.

당신에게 완벽해야 한다고 가혹하게 요구하는 청중은 없다. 당신 스스로 완벽하다고 공언했으면 모를까. 또한 당신에게 고상해야 한다고 요구하는 청중도 없다. 당신 스스로 고상한 사람이라고 공언했으면 모를까. 허세 부리지 않으면 된다.

강연이 실패하는 이유는 대부분의 강연자가 청중을 신뢰하지 않기 때문이다. 일부 강연자는 청중의 지적 수준을 저평가하는 경향이 있다. 그 반대로 자신의 지적 수준을 과도하게 높이 평가하기도 한다. 그래서 자칫 청중을 바보로 간주하고 무시한다. 이런 행동은 종종 매력적인 분위기를 풍기기도 한다. 간혹 이런 강연자가 무척 성공한 사람처럼 보이기 때문이다. 하지만 멀리 보면 이런 강연자는 오랫동안 마음에 남지도 않고 언젠가 청중의 경멸을 살 수도 있다.

청중의 지적 수준을 저평가하면 청중의 토론을 적의를 품은 도발이라고 잘못 생각하기 쉽다. 강연자가 잘못을 저지르거나 정확히 이야기를 하지 않았다면 모를까 청중이 적의를 품을 리는 절대 없다. 일부 청중이 강연자가 예측하지 못한 반응을 보이기도 하는데 그건 적의가 없는 행동이다. 도리어 청중의 지적 수준을 저평가한 강연자가 그것을 도발이라고 생각한 뒤 '토론'을 '규탄'으로 변질시킨다. 이건 강연자든 청중이든 모두 겪고 싶지 않은 상황이다.

그러니 청중을 믿어야 한다. 그들을 믿으면 판단력이 생기고 품위가 생기고 충분한 지적 수준과 지혜가 생기고, 선해지고 공평해지고 긍정적 품성을 갖게 된다. '설마 그럴까?' 하고 의심을 품지 않았으면 한다. 물론 일부 청중은 믿을 만하지 않다는 것을 사람들은 알고 있다. 하지만 당신과 소통하기를 바라는 청중이 설마 그런 행동을 할까? 겉으로 드러나는 모습만 보고 판단을 내리기 힘드니 그저 '전체적인 면을 보고 청중이 믿을 만하다'라고 믿을 수밖에 없다.

만일 이렇게 하지 못하겠다면 방법이 없다. '그렇게 하고 싶은' 당신의 생각을 자제하는 게 가장 낫다. 입을 닫으면 결과는 훨씬 좋아질 것이다.

• 청중은 도대체 무엇을 원할까?

청중의 목적은 하나뿐이다. 수확을 얻는 것이다.

그럼 강연자로서 당신의 목적은 무엇인가?

일반적으로는 대중 앞에서 강연할 때 다음과 같은 목적이 있다.

- 가르침(Teach)
- 정보 제공(Inform)
- 토론(Discuss)
- 공유(Share)
- 격려(Inspire)

목적은 강연에 따라 다를 수 있다. 가령 가르침은 강의실에서 자주 등장한다. 정보 제공은 방송 프로그램에서 자주 등장하고, 토론은 회의에서 등장하고, 공유는 팀에서 등장하고, 격려는 대중을 접할 때 등장한다. 물론 절대적인 것은 아니다. 강의실에서도 공유와 격려가 등장할 수 있고, 회의에서도 정보 제공과 가르침이 목적으로 등장하기도 한다.

신참들 입장에서 시작에는 늘 공유가 존재한다. 한편 신참들을 대상으로 하는 강의에서 우리가 관심을 갖는 것은 '공유'이고 그다음이 '격려'다. 이 두 가지는 대중 강연에서 가장 중요한 목적이다.

먼저 공유에 관해 말할까 한다.

'공유'란 무엇일까? 공유는 강연자가 좋다고 생각하는 것을 여러 사람이 알았으면 하는 바람을 갖는 것이다. 바꿔 말해 좋은 것이 있으면 나눌 필요성이 생긴다는 것이다.

그래서 당신이 무엇을 공유하든지 먼저 자신에게 이런 질문을 해봐야 한다.

- 정말 좋은가?
- 어떤 점이 좋은가?
- 왜 사람들이 이런 '좋은 것'을 필요로 해야 할까?
- 이것에는 어떤 특별한 점이 있을까?
- 사람들은 이 좋은 점을 갖추었을 때의 장점을 과소평가할지도 모른다. 사람들이 그 장점을 과소평가하지 않고 제대로 알 수 있도록 하는 방법은 무엇일까?
- 사람들은 이 좋은 점이 부족했을 때의 단점을 과소평가할지도 모른다. 사람들이 그 단점을 과소평가하지 않고 제대로 알 수 있도록 하는 방법은 무엇일까?

이 중 가장 어렵고 중요한 질문이 바로 '정말 좋은가?'이다.

우리가 좋다고 생각한 것이 꼭 그렇지만은 않은 경험을 가끔 하게 된다. 그래서 '정말 좋은가?'에 대해 확신이 서지 않는다면 '토론'해야 한다. '공유'해서는 안 된다. 여러 해 동안 나는 수많은 강연자를 관찰했고 그들이 가장 자주 하는 잘못이 바로 '공유'와 '토론'이 뒤섞인 상황을 만드는 것임을 발견했다.

많은 사람이 자신은 토론한다고 말했지만 실제로는 탐색만 할 뿐 토론은 하지 않았다. 옳고 그름에 상관하지 않고 또 자신의 관점이나 견해를 내팽개치고 그저 한번 탐색만 했을 뿐이다. 그리고 토론은 아예 규탄으로 간주했다.

전체적으로 문제가 없다면 그다음에는 곧장 주제로 내달리면 된다. 사람들은 시간 낭비를 싫어한다는 점을 기억하기 바란다. 물론 시간을 진지하게 대하지 않는 사람도 많지만 말이다.

내용이 충실하면 분명 고민을 더해 강연 처음부터 훌륭히 해낼 수 있다.

우리는 모두 평범한 사람이다

당신과 나는 모두 보통 사람이다.

대개 명사의 강연은 '연기'만 해도 충분하다. 무슨 '말'을 해도 다 경청한다. 참 이상하다. 물론 전체적으로 봤을 때 청중은 긍정적인 특징을 갖고 있다. 하지만 개체로서 청중은 두 가지 모습을 드러낸다. 수용하거나 거부하거나 둘 중 하나다.

만일 당신이 매우 유명한 인사라면 청중은 당신이 입을 열기도 전에 마음의 문을 활짝 열고 경청할 준비를 할 것이다. 심지어 그들은 일찌감치 필기도구를 준비하고 조금의 정보라도 놓치지 않으려고 할 것이다. 그들은 곧 듣게 될 강연이 중요하고 한 번도 들어본 적 없고 복잡한 내용이리라고 가정할 것이다.

문제는 당신과 나 모두가 그저 보통 사람일 뿐이라는 데 있다.

우리는 청중을 신뢰하고 그들이 일정한 판단력을 갖추고 있다고 믿어야 한다. 하지만 한 가지 냉혹한 사실이 우리 앞에 놓여 있다. 우리는 명사가 아니기 때문에 청중은 절대로 '맹목적'으로 따르지 않는다는 점이다. 이 때문에 청중은 우리를 처음부터 '반기지' 않는다. 그렇다고 아예 대놓고 '저항'하지도 않고 말이다.

이것이 보통 사람이 공개된 장소에서 강연할 때 가장 어려운 일이다. '최고'가 아니라는 점은 무척 곤란한 지점이다.

이것이 '제발 허세 부리지 마라'고 한 이유이기도 하다. 또 당신과 내가 반드시 청중을 믿어야 하고 강연 내용에 알맹이가 있어야 하는 이유다.

시중에는 '효과적 강연 기술'을 소개하는 책이 풍족하게 나와 있다. 하지만 하나같이 한 가지 사정을 무시했다. 성공한 강연자의 기교를 총정리하면서 입문자의 몸부림을 고려한 책은 한 권도 없다는 사실이다.

편하게 사례 하나를 들어보겠다.

거의 모든 책에서는 '이야기를 활용해 서문을 여는' 것이 가장 좋은 강연 방식이라고 기술해놓았다. 정말 그럴까?

이미 마음을 활짝 연 청중이라면 명사가 들려주는 이야기가 아무리 평범해도 인내심을 갖고 끝까지 듣는다. 하지만 당신과 나 같은 보통 사람에게는 그런 경험이 거의 없다. 아무리 대단한 이야기라도 한참을 에둘러 말하면 그새 자리를 떠난 사람이 있을 수도 있다. 가장 죽을 맛인 경우는 보통 사람인 당신과 나는 지금껏 대단한 이야기를 해본 경험이 없어서 아무리 대단한 이야기라도 초짜라는 한계 때문에 이야기 자체가 조잡해질 수 있다는 사실이다.

그래도 대책은 늘 존재하는 법이다. 대책을 마련하면 분명 가능해진다. 정확한 대책을 찾기 전에 반드시 먼저 '당신과 나는 보통 사람'이라는 단순하고도 엄혹한 사실을 직시해야 한다. 그러지 않으면 하고 싶은 말을 시작할 수조차 없게 된다.

어떻게 시작할 것인가?

사실 이건 중요한 문제가 아니다.

과거에 내가 작문 과목을 강의할 때 이런 질문을 하는 학생이 반마다 꼭 있었다. "선생님, 처음을 어떻게 시작해야 할지 모르겠어요. 어떻게 해야 하죠?" 그러면 나는 그들에게 반문했다. "그럼 시작 이외에 다른 부분은 잘 쓸 수 있겠어요?" 처음 부딪치는 문제에 대한 답을 얻는 데만 급급해 그들 중 상당수는 본심에 위배되는 대답을 하기도 했다. "그럼요. 저는 처음이 제일 힘들어요!" 나는 이렇게 대답했다. "그럼, 서두 말고 바로 그다음 부분부터 쓰면 어떨까요?" 이렇게 말하면 그들은 입을 꾹다물었다.

이런 질문을 하는 사람은 이처럼 잘못 생각하는 과정을 거쳐서 다음과 같은 질문을 한다. "그런데 왜 많은 작문책에서는 많은 지면을 할애해 '서두의 중요성'을 서술하는 걸까요?" 시중에 나온 강연 기술 서적을 봐도 분명 그렇다. 좋은 시작이 얼마나 중요한지를 강조한다. 서두가 중요하지 않는 것은 아니다. 하지만 훨씬 중요한 것은 내용이다. 멋진 시작만 있고 좋은 내용이 없다는 건 얼마나 창피한 일인가.

사실 칭찬할 만한 장점이 없는 내용 역시 멋지게 시작할 수는 없다.

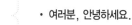
• 여러분, 안녕하세요.

물론 '여러분, 안녕하세요'를 적절히 쓰기 위해서는 연습이 필요하다.

연단에 편안하게 바른 자세로 잘 서 있을 수 있어야 한다. 고개를 들고 빛나는 미소를 보여야 한다. 그리고 5초에서 10초 정도 천천히 사방을 둘러본다. 실제로는 약 180도 정도를 둘러보게 된다. 그런 뒤 적절한 목소리로 이렇게 말한다. "여러분, 안녕하세요!"

눈을 감고 훈련해보면 이내 알 수 있다. 한 발 한 발이 초보자에게는 쉽지 않고 늘 실수의 연속이라는 사실을 말이다.

그들이 연단에서 취하는 자세는 딱딱하다. 경직된 자세는 사람의 사고를 경직되게 할 수 있다. 애써 미소를 짓지만 우는 것보다 더 보기 힘든 표정이 되고 만다. 청중을 바라보지도 못한다. 어떤 책에서는 '시선을 조금 높은 곳에 두라'고 제안하지만 실제로는 아에 하늘을 쳐다보기도 한다. 마치 눈물이 떨어질까 걱정하는 듯 보이기도 한다. 용기를 내 "여러분, 안녕하세요!"라고 말은 했지만 목소리는 모기 소리보다 작다.

소통을 잘하면 절반은 성공한 셈이다

어떤 요소가 가장 중요할까?

한자에 '놀랄 경(驚)'이라는 글자가 있다.

수많은 '고전적' 강연 기술 관련 책에서는 '이야기로 서두를 시작하는 게 가장 좋다'고 언급하고 있다. 내가 보기에 이런 제안에 잘못된 점은 없지만 본질이 빠졌다. 서두를 이야기로 여는 것이 좋은지의 여부를 떠나 중요한 점은 청중을 놀라게 하는 것이다. 못 믿겠다면 모든 사람이 알고 있는 이야기로 서두를 열어보라. 분명 반응은 뜨뜻미지근할 것이다.

'놀라움'은 가장 쉽게 청중의 호기심을 얻을 수 있는 요소다. 청중은 호기심이 생기면 자연스럽게 몰입 상태로 들어갈 것이다. 청중이 몰입하게 되는 것은 강연자에게는 행복이다. 망설이는 청중을 대면하는 것보다 강연자를 낙심하게 하는 것은 없다.

내 말을 믿어도 좋다. 심지어 '놀라움'은 '재미'보다 훨씬 중요하다. 대부분의 '재미' 역시 '놀라움'에서 발생했다. 중국어에는 놀랄 경(驚)과 기쁠 희(喜)가 한데 어우러진 '경희(驚喜)'라는 단어가 있다. '놀라움과 기쁨'이라는 뜻이다. 이 단어에서 놀라움과 기쁨의 상관관계를 확인할 수 있다.

이런 점에서 '절묘한 문구가 떠오를 때까지 포기하지 않았다'는 두보에게서 배울 필요가 있다.

그렇다고 계속 놀라게 할 수는 없다. 그랬다가는 전체 강의가 공포 영화가 될 수 있다. 어떤 수단을 이용해 놀라움이라는 효과를 낼지는 별로 중요하지 않다. 사람마다 각자의 방법이 있겠지만 절대 빠져서는 안 되는 핵심은 주제와 관련성이 있어야 한다는 것이다.

만일 당신이 어떤 말을 했더니 청중이 화들짝 놀라는 반응을 보였다면 일단 절반은 성공한 셈이다. 이제 시선을 집중시켰으니 나머지 절반의 어려운 일이 남았다. 당신이 앞으로 할 말에 의미가 깃들게 해야 한다.

강연 주제에는 의미가 있어야 하고 내용은 치밀해야 한다. 그런 뒤 많은 시간과 에너지를 들여 어떤 분야에서 어떤 방식으로 놀라움의 효과를 만들어 낼지 고민해야 한다. 그렇게 하면 강연을 이어가기가 아주 수월해진다. 놀라움의 효과를 서두에 한 번 배치하고 결말에도 있으면 좋다. 중반에는 8~10분마다 한 번씩 배치하면 된다. 무엇이든 너무 많으면 효과가 반감된다는 사실을 기억해야 한다.

다음은 놀라움의 효과를 만들 때 가장 자주 등장하는 방식이다.

- 일부러 실수인 척해서 무엇인가를 만들어 낸다.
- 사람들이 다 아는 이야기에 생각지도 못한 결말을 배치한다.
- 결말에 놀랄 만한 연기를 실제 해 보인다.
- 멋진 기술을 실제로 연기해 보인다.

사람마다, 시간마다, 장소마다, 화제마다 모두 독특한 지점이 있다. 따라서 어떻게 해야 적절하고 합리적으로 놀라움의 효과를 만들어 낼 수 있을지 시간을 들여 생각해봐야 한다. 강연자들은 저마다 다른 개성을 갖고 있으므로 자신의 개성에 따라 적합한 방식을 선택하면 된다.

이것 역시 오랜 연습과 실천을 통해 서서히 축적할 수 있는 능력이다.

한 번에 한 가지만 말하자

대부분의 초보자에게 강단에서 강연한다는 것은 얻기 힘든 기회다. 그래서 그들은 말을 많이 하려는 경향이 있는데 이는 쉽게 이해가 된다. 하지만 바로 이것이 많은 초보자가 '이야기를 망치는' 근본적 이유다.

한 번에 한 가지만 이야기해야 한다.

30분도 좋고 1시간도 좋다. 그 시간 내에 한 가지만 말하는 것이다. 이를 두고 '주제가 선명하다'고 한다.

초보자가 한 가지만 말하지 못하는 이유는 앞서 언급한 것처럼 하고 싶은 말이 많기 때문이다. 하지만 그 외에도 상대적으로 가려져 있는 좀 더 본질적인 이유가 있다. 그들은 충분히 심도 깊지 못하기 때문이다. 사실 어떤 화제든 충분히 깊이 들어간다면 강연은 말할 것도 없고 책 한 권으로도 부족하다. 그래서 '깊이, 더 깊이, 더더욱 깊이 들어가는 것'은 한 가지 일을 제대로 정확히 훌륭하게 파고드는 기본 기술이다.

깊이 들어가기 위해서는 사전에 충분히 공부해야 한다. 초보자들은 공부하는 게 무척 중요하다는 걸 알고 있지만 무슨 공부를 해야 하는지 잘 모른다.

공부의 범위는 아주 넓다. 가장 중요한 점을 꼽으라면 당신이 할 말이나 이유, 예시, 결론, 관점에 대해 공부해야 한다는 것이다. 그리고 다음과 같이 자문해봐야 한다.

충분히 정확한가? 충분히 분명한가? 강연 내용의 개념이나 범주, 논리관계 등에 대해 보충 설명할 필요가 있을까? 혹시 내용에서 청중이 오해할 만한 부분이 있을까? 만일 그렇다면 어떻게 대처해야 할까?

청중이 알고 싶어 하는 것은 무엇일까?(이건 말하지 않아도 된다) 일부 청중은 알고 있지만 다른 청중은 모르고 있는 것이 무엇일까? 모르는 청중은 대략 어느 정도 비율을 차지할까?(상황을 감안해 얼마의 시간을 할애해 말할지 결정한다) 청중이 예상하지 못하는 건 무엇일까? 나는 이 '의외성'을 어떤 장소에서 어떤 방식과 어휘로 청중에게 드러낼까?

중요하지 않은 건 무엇이고 청중 대부분이 중요하다고 여기는 것은 무엇일까? 혹은 반대로, 중요하지만 청중 대부분이 중요하지 않다고 생각하는 것은 무엇일까? 착각이나 오해는 엄청난 영향을 미칠까? 만일 그렇다면 나는 이런 영향력의 존재를 어떻게 하면 가장 직관적으로 증명할 수 있을까?

이 말이 훨씬 멋질까? 이 예시는 적당한가? 이유는 충분한가? 사람들을 놀라게 만들기에 충분한가? (만일 청중이 한 번도 들어본 적 없거나 생각해본 적도 없는 결론이라면) 이런 결론은 충분히 의미 있을까? 이 결론은 정말 청중의 삶을 (아주 조금이라도) 변화시킬 수 있을까?

이런 질문들은 단순해 보이지만 실제로는 답하기가 꽤 어렵다. 경험이 있는 강연자일수록 이런 질문이 얼마나 까다로운지 잘 안다. 바로 이런 점 때문에 경험 있는 강연자들이 성실하게 공부하는 것이다.

당신은 아마도 99퍼센트 오해를 받을 가능성이 있다

강연자는 반드시 청중을 신뢰해야 한다. 연단 위의 강연자가 꼭 기억해야 할 점이 있다.

그들(총체로서의 청중)은 판단력이 있고 품위가 있으며 충분히 지적이며 지혜롭고 선량하며 공평하고 긍정적 품성을 모두 갖추고 있다는 점을 믿어야 한다. 하지만 청중 개개인은 각 방면에서 수준이 들쑥날쑥하다. 판단력이 부족할 수도 있지만 스스로는 매우 판단력이 있고 판단할 자격이 있다고 생각할 것이다. 하지만 그건 그저 연약함을 바탕에 둔 선함일 뿐이다. 또한 공평하지 않을 수도 있다. 일생을 이중 잣대를 가지고 살아서 자신에게는 관대하고 타인에게는 엄격한 것이다. 그들 중 일부는 심지어 부정적 품성을 갖고 있기도 하다.

가장 무서운 점은 많은 청중이 자신의 '선택적 수용'을 하는 데 어려움을 겪고 있는데 이에 대해 진지하고 자세히 살펴본 적이 없다는 사실이다. 대부분의 경우에 강연자와 청자의 관계는 상호적이지 않고 '각자 말하고 각자 듣는' 입장을 취한다. 그러다가 결국 청자가 듣는 것과 강연자가 말하는 내용 사이에 어마어마한 격차가 벌어진다.

일례로 나는 "지금의 초보자들은 오필(五筆)입력법을 선택하지 않는 게 가장 바람직하다"라고 말한 적이 있다. 그때 득달같이 내 말에 반대하고 나선 사람들은 내가 쓴 '지금'이나 '초보자'나 '가장 바람직하다'라는 어구는 아예 보지 못한 것 같다. 그들 입장에서 '어쨌든 당신은 지금 오필이 나쁘다고 말한 것이고 그렇게 하면 안 되는' 것이었다. 오필입력법은 중국어 입력 방법 중 하나인데 한자를 분해해 입력하는 방법이다.

이처럼 반대자들은 도대체 '어떤 근거로 상대방의 의견에 강하게 반대'하는 걸까?

해석은 아주 간단하다. 그들은 내가 말한 것을 그대로 들은 게 아니라 자신만의 버전으로 필터링해서 들은 것이다. 이런 유형의 사람들은 감정적 영향을 아주 쉽게 받는다. 만일 당신이 자칫 잘못해 어떤 부정적 감정을 건드리면 그들은 금세 '생리적 반응'을 보일 것이다.

이처럼 단순한 문구도 오해를 일으킬 수 있는데 하물며 강연자로서 당신은 연단에서 30분 혹은 훨씬 길게 일장 연설을 해야 하지 않는가.

이런 오해를 피할 수 있는 효과적인 방법이 몇 가지 있다.

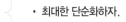

- **최대한 단순화하자.**

단순함은 '지나친 간소화'와는 다르다. 최대한 논리적으로 간단명료함을 유지해야 한다. 그래야만 불필요한 오해를 불식할 수 있다.

- **청중의 부정적 감정을 유발하지 말자.**

강연자가 자신이 옳다는 점을 확고히 하면 청중의 환심을 사려고 할 필요가 없다. 하지만 누구든 이유 없이 청중의 기분을 상하게 할 필요는 없다. 그래서 자신의 한 마디 한 마디를 주의 깊게 살펴보는 게 좋다. 청중의 부정적 정서를 유발할 만한 예시나 문구, 어휘를 자제하는 것이다.

 • 사전에 작은 규모에서 소통해본다.

일상적 대화나 작은 규모의 토론에서 여러 의견을 수렴하고 이치에 맞는 지점과 맞지 않는 지점을 생각해보는 것이다. 그런 뒤 대응 전략을 하나하나 짜보면 된다. 자문자답의 방식을 사용하면 '청중이 의심할 만한' 문제들을 직접적으로 처리할 수 있다.

 • 물론 가장 중요한 점은 평화로운 심리 상태를 유지하는 것이다.

성인(聖人)이 아닌 이상 잘못을 저지르지 않는 사람은 없다. 개인만 놓고 보면 가장 자주 실수를 저지르는 사람은 자기 자신이다. 물론 다른 사람도 마찬가지로 실수를 저지른다. 하지만 다른 사람들이 저지르는 실수는 자신과는 큰 상관이 없다. 어쨌든 대부분은 이 점을 잘 모른다. 그래서 실수를 저지르면 감춘다. 그리고 시간이 오래 지난 뒤 자신이 실수를 별로 저지르지 않았거나 아예 저지르지 않았다고까지 착각한다. 그러면서 다른 사람이 실수를 저지르면 그 즉시 지적한다. 오랜 시간이 지난 뒤에는 다른 사람들을 다 바보 같다고 간주한다. 자신의 실수에 관대한 사람들이 대중의 다수를 차지한다. 그런 이유로 우리는 가끔 아무 잘못이 없는데도 오해를 받는다. 그러니 그런 상황에 놓여도 크게 놀랄 것이 없다.

당신이 평온한 심리를 유지한다면 매사에 진지하게 생각할 수 있다. 일상적으로 벌어지는 '오해'가 사실은 그 순간의 착각으로 빚어진 해프닝일 뿐이라는 점을 이해하게 된다. 그리고 어느 정도 시간이 흐른 뒤 비판이든 오해든 혹시 옳은 말은 아니었는지 제대로 생각해봐야 한다. 그 과정에서 큰 수확을 얻을 수 있다.

당신이 분명히 말하지 못했을 가능성이 있다

대중 앞에서 말하는 것과 비공식적으로 말하는 것은 엄연히 다르다. 대개 청중은 모르는 사람들이다. 그들은 당신의 친구나 가족과는 다르다. 그들은 당신에 대해 아는 것이 없다. 당신에 대해 공개된 일부 프로필이나 두루뭉술한 정보만 알 뿐이다.

가족이나 친구와 대화를 나눌 때는 이미 교류가 많아서 어떤 각도에서 보더라도 많은 간략화를 거치게 된다.

가령 친구나 가족에게 '그 사람'에 대해 말할 때 아마도 그들은 당신이 말하는 사람이 누구인지를 알 공산이 크다. '그 사람'과 관련된 화제가 어떻게 흘러가든 그들과는 이미 이야기가 오갔거나 최소한 관련된 화제를 논한 적이 있을 것이다. 그래서 세부적인 내용을 굳이 말하지 않아도 그들은 다 알고 있는 상황이다. 반면 잘 모르는 청중에게 '그 사람'에 대해 이야기할 때 청중은 당신이 말하는 사람이 어떤 사람인지 정확하게 파악하기 쉽지 않다. 그래서 소통의 차이가 드러난다. 만일 강연자가 소통의 차이와 영향력을 소홀히 한다면 그 후 이어지는 소통은 분명 엄청난 난관에 부딪히게 될 것이다.

이건 아주 사소한 예일 뿐이다. 마치 문장구조 속에 수시로 등장해 존재감이 무척 떨어지는 '그 사람'이라는 단어처럼 말이다. 일상생활의 모든 분야에서 인과관계, 비교, 전제, 가치관 등을 포함한 소통의 차이가 존재한다. 그래서 '분명히 말하는 것'은 그야말로 매우 어려운 일이다. 당신이 단 한 사람만 상대하는 것이 아니라 수없이 낯선 사람을 상대로 설명하고 설득해야 하기 때문이다.

청중은 전혀 모르는 사람임을 꼭 기억하길 바란다. 최소한 그들이 당신을 수용하기 전에는 말이다.

초보 강연자들은 청중을 전혀 모르는 사람이라고 간주해야 한다는 사실에 별로 신경 쓰지 않는다. 설령 주의를 기울였다 하더라도 속수무책이기도 하다. '오해'는 청중이 혼자 생각하는 과정에서 발생하기 때문에 강연자는 강연을 시작하기 전이나 강연 진행 중에도 오해가 있는지, 무엇을 오해하는지 잘 모른다. 간혹 청중의 표정과 태도가 강연자에게 문제가 있는지를 알려주기도 한다. 하지만 그 문제가 도대체 무엇인지 강연자가 알 길이 없다.

그래도 대안은 늘 있게 마련이다.

 • **강연 뒤에 청중과 직접적이고 진지하게 소통한다.**

먼저 심리적 안정을 유지한 뒤 청중의 피드백을 모두 진지하게 기록해야 한다. 그런 다음 조급하게 해명하거나 답변하려고 해서는 안 된다. 역으로 문제점을 스스로 제기하고 문제를 제기한 진짜 이유를 정리해본다. 그런 뒤 그 문제점에 대해 진지한 답변을 하는 것이다.

'대답을 하지 못할까 봐' 걱정할 필요는 없다. 초보자는 말 그대로 초보자이기 때문에 단련 과정이 필요하다. 전혀 부끄러운 일이 아니다. 정작 부끄러운 것은 모르면서 아는 척하고 버틸 수 없는 지경이면서도 죽을힘을 다해 버티는 것이다. 청중은 이런 사람들에 대해 인내심을 발휘하지 못한다. 입장을 바꿔 생각해보자. 당신이 청중이라면 아마도 이런 사람을 어떤 유형으로 결론짓고 그 후로는 더 이상 상대하려 들지 않을 것이다.

아예 대답이 불가능하거나 정확하게 대답하지 못한 문제를 기록한 뒤 충분히 공부하도록 한다. 강연 자리에서 기록하는 모습은 당신이 청중의 문제 제기를 진지하게 생각하고 있다는 점을 보여준다. 그런 뒤 당신은 문제 제기를 한 사람에게 가서, 고민하고 답변을 찾아서 가장 먼저 그 사람에게 피드백을 주겠다고 알려야 한다. 이렇게 하면 부끄러울 일도 없고 존중받을 수 있게 된다.

자신만의 언어를 사용하라

표면적으로는 모두 동일한 언어를 사용하는 것 같지만 사람마다 사용하는 언어가 풍기는 분위기는 매우 다르다. 마치 저마다 지문이 다르듯 말이다. 말할 때 사용하는 어휘나 말의 길이나 어조 등에서 사람마다 다른 점이 드러난다. 그동안 언어를 쓰면서 축적된 습관이 사람마다 다르기 때문이다. 그야말로 천지 차이를 보인다.

초보자들은 강연 원고를 준비할 때 종종 이런 점을 무시한다. 다른 사람이 언급한 적이 있는 말을 그대로 사용한다. 이는 일방적인 생각에서 나온 행동이다. 연단에서 이런 행동은 평소 자신이 구사하는 언어 스타일이 아니어서 말을 더듬거나 말실수를 하는 원인이 된다.

또한 평상시에 사람들은 자신의 언어 표현이 제대로 이루어지는지에만 관심을 기울인다. 이왕에 당신이 대중 앞에서 강연을 하게 된 만큼 자신의 언어 스타일에 주의를 기울일 필요가 있다.

문맥에 맞게 단어를 정확히 쓰기 위해 주의를 기울이고 있는가? 형용사와 부사를 많이 사용하는 것을 좋아하는가? 명사를 많이 사용하는가? 복잡한 문장을 사용해 말하는가? 인과관계를 설명할 때 원인을 앞에 두는가, 아니면 뒤에 두는가? 비교할 때 결과를 먼저 말하는가, 비교의 과정을 먼저 말하는가?

이 질문에 어떻게 대답하든지 어느 것이 낫다고 말할 수는 없다. 핵심은 당신은 어떤 스타일을 취하고 있는가이다.

평상시에 자신에게 어떤 상황이 발생할지 여러모로 주의를 기울여야 한다. 이런 관심을 기울이며 다른 사람의 문장이나 글을 살펴보면 당신과 다른 사람의 차이점을 더욱 쉽게 판별할 수 있다.

한편 당신이 어떤 내용을 자기 스타일로 바꿔 말할 때는 반드시 자신의 언어로 다시 창작해야 한다는 점을 기억하기 바란다. '암기'가 아니다. 다른 사람의 말을 외우는 것은 참으로 어렵다. 물론 단순해 보이기는 하겠지만 말이다. 자신의 언어로 다시 창작한 뒤에야 비로소 그 창작의 소재가 '자신의 것'이 된다. 이렇게 해야 자연스럽게 사용할 수 있다.

대부분의 사람이 귀찮은 걸 싫어하고 게으름을 피우고 싶어 한다. 그리고 속으로 이런 생각을 한다. '이미 있는데 왜 안 쓰는 거지?' 이것이 바로 함정이다. 많은 사람이 이 함정에 빠진다. 온갖 수를 다 짜내 가장 단순한 것을 선택했지만 결국에는 가장 어려운 걸 끄집어 내게 된다. 어떤 일이든 잘해내려면 몹시 번거롭고 부담스러운 일이 된다. 하지만 번거로움을 걱정하면 해낼 수 있는 게 없다.

다른 사람의 말을 인용하려고 할 때는 반드시 단 한 마디도 빼지 말고 그대로 외워야 한다. 여러 차례 반복적으로 연습해서 틀린 부분 없이 거침없이 술술 나오도록 말이다. 이 점을 명심해야 한다. 그렇게 인용하다가 문득 기억이 잘 안 나서 막히면 그때 이렇게 말하면 된다. "원문은 잘 기억나지 않지만 대략적인 의미는 이렇습니다." 참 난처하고 부끄러운 상황이다. 숙련된 강연자가 어휘 선택을 순조롭게 하는 것을 부러워하는 초보자들이 반드시 알아야 할 것이 있다. 그들은 연단에 서기 전에 수차례 연습하고 또한 연단에서 수차례 실천하고 나서야 능숙해졌다는 점이다.

초보자들에게는 강연 전에 하고자 하는 말을 다 써보는 것이 아주 좋은 연습이고 실천 방법이다. 가끔 종이에 쓴 글귀로 인해 흠칫 놀랄 수도 있다. 머릿속에서는 괜찮았던 문구가 어쩜 이렇게 부자연스러울 수 있는지 놀란다. 사실 사람들은 자신도 모르는 사이에 이런저런 잘못을 저지른다. 평상시 당신을 감독하는 사람이 있어서 잘못된 점을 지적해주는 것이 아니다. 연단에서도 마찬가지다. 하지만 강연장에서 누군가 지적하면 당신은 어찌할 바를 몰라 당황할 수도 있고, 아예 청중이 지적 자체를 귀찮아할 수도 있다. 그런 뒤에 당신을 어떤 유형의 인간으로 분류한다. 이건 더욱 비참한 결말이다. 그래서 일단 머릿속에 있는 내용을 전부 종이에 적고 격일로 자세히 살펴보도록 한다. 이런 단순한 방식을 사용하면 앞으로 닥칠 난처한 국면을 피할 수 있다.

자신이 믿는 말만 하라

반드시 원고를 자세히 살펴본 뒤 원고 문구에 의심의 여지가 없도록 명확히 해야 한다.

만일 강연자 입장에서 한 구절 또는 하나의 관점이 조금도 의심의 여지가 없다면 그 문구는 머릿속에 깊이 각인된다. 또한 깊이 생각하지 않고도 입에서 술술 나온다. 긴장되거나 어색한 상황에서도 그렇다.

강연자는 논리적 훈련을 진지하게 대하고 자신만의 사고 모델을 계속 개선해야 한다. 이런 과정을 통해 장기간 축적하고 단련하면서 자신이 이야기할 모든 문구를 자세히 살펴보게 된다.

- 합리적인가?
- 근거가 있는가?
- 전제가 성립되는가?

이 문구에 반대하는 사람은 어떤 생각을 갖고 있을까? 그들에게 합리적인 논리가 있다면 과연 무엇일까? 그들에게 합리적인 논리가 없다면 그들은 왜 그런 결론을 내릴까? 어떻게 그들을 설득할 수 있을까? 어떻게 해야 그들에게 부정적 감정을 최대한 일으키지 않을 수 있을까? 어떻게 말해야 정확하고 생동감 있으며 설득력을 갖게 될까?

초보자들은 대개 이런 질문들을 고려하지 않는다. 너무 긴장하거나 너무 절실한 나머지 남보다 뛰어나게 보이고 싶어서 자신이 절대 믿지 않는 내용을 말하기도 한다. 그리고 그런 말을 하는 이유는 말할 내용에 대해 사전에 심사숙고의 과정을 거친 뒤 문제점이 전혀 없다는 사실을 확인하지 못했기 때문이다. '그런 말을 하면 대단하게 들릴 것'이라고만 생각했기 때문이다.

남이 말하는 대로 따라 말하는 주관이 없는 태도는 득이 될 것이 전혀 없다. 연단에서 이렇게 행동하면 개인이 느낄 부끄러움은 차치하고 청중의 시간을 낭비하는 꼴이 된다.

더욱 비참하고 걱정스러운 점이 있다.

그 말이 결국 그 사람을 얽어맨다는 점이다. 이런 관점도 있다. '한 마디 말이 진실이든 거짓이든, 옳든 그르든 한 개인이 그 말을 수차례 반복하다 보면 그 사람은 결국 그 말을 믿게 된다.' 하지만 이런 표현은 조금 오도하는 경향이 있다. 그보다는 '그 사람은 결국 그 말에 얽매이고 만다'라는 표현이 현실적으로 훨씬 정확할 것 같다. 어쨌든 반복의 힘이 얼마나 무서운지를 믿었으면 한다.

종일 허풍만 떨고 주관이 없고 터무니없는 말을 하는 사람들을 보게 된다. 시간이 지나면 그들은 결국 그런 말의 포로가 되고 만다. 그들의 두뇌는 점점 정상적인 사고 능력을 상실하게 되고 판단도 굉장히 해괴해진다. 행동 역시 상식적으로 이해할 수 없게 한다. 정말 기가 막힌 일은 그들이 스스로 '독립적으로 사고한다'고 생각하는 것이다.

위신을 세우는 과정은 초보자에게 꽤 지난하다. 사람들이 그에 대한 기대를 중도에 포기하거나 인내심을 잃을 정도로 지난하다. 진실된 말은 강연자가 신임을 얻고 존중받을 수 있는 바탕이다. 다른 것이 없다.

청중을 알아야만 청중을 정복할 수 있다

청중이 알아서 당신에게 공감할 것이라는 생각을 버려라

다른 이야기를 먼저 하려고 한다. 한 친구가 있었다. 그 친구는 컴퓨터 원리도 모르는 컴퓨터 백치였다. 그래서 우리는 그를 '컴백 형님'이라고 불렀다. 하지만 그 친구 입장에서 '컴백 형님'이란 컴퓨터를 좀 다룰 줄 아는 사람이었다. 실제로 그랬다. 그 친구는 종일 인터넷에 접속해 '터우차이(偸菜, 채소 훔치기) 게임' 같은 걸 하고 있었다. 어느 날 어떤 친구가 중국의 오픈마켓인 타오바오(淘寶) 상점을 개설하려고 그에게 도움을 요청했다. 터우차이 게임을 하면서 컴퓨터를 다루는 입장에서 그런 건 별일도 아니어서 두말없이 승낙했다.

일단 약속을 하고 일을 시작하고 보면 그 일이 얼마나 번거로운지 알게 된다.

워드(Word) 프로그램에서 글을 카피해 타오바오의 텍스트 편집기에 붙이면 그 글은 어떻게 지면을 이루게 될까? 이 그림을 우측에 띄우려면 어떻게 해야 할까? 어젯밤에 올린 상품이 왜 오늘 아침에는 하나도 안 보이지?

이런 문제들은 타오바오 고객센터에 전화해서 문의하면 된다. 그런데 고객센터의 서비스는 좋지만 기본적으로는 별 쓸모가 없다. 그와 고객센터는 마치 같은 중국어 발음이지만 다른 언어를 사용하는 것 같다고나 할까. 상대방의 의도를 잘 파악하지 못한다.

그 컴백 형님은 부탁하는 친구에게 "됐어, 난 안 돼"라고 매몰차게 거절하지 못했다. 결국 서점에 가서 관련 책을 사고 다른 친구한테 물어보고 장장 10여 일 동안 몸부림을 쳤다. 마침내 타오바오 상점과 관련된 고민을 해결한 뒤 관련 정보를 친구에게 건네주고 사용할 수 있게 했다.

별로 큰일은 아니었지만 입장을 바꿔 생각해보면 당신 역시 그와 마찬가지의 성취감을 느낄 수 있을 것이다. 그것도 아주 강렬한 느낌을 말이다. 우리가 이런 느낌을 받을 때 강렬한 '표현'의 욕망이 생긴다. '공유'이든 '자랑'이든 상관없다.

어쨌든 컴백 형님은 그렇게 했다. 그는 다른 두 친구에게 전화를 걸어 그가 잘 꾸며놓은 타오바오 상점을 보여주고는 물어봤다. "봤어? 어때?" 두 친구의 반응은 거의 똑같았다. "음… 타오바오 상점이 다 거기서 거기 아니야?" 그렇게 말하고 나서 컴백 형님이 실망할까 봐 걱정이 된 두 친구는 또다시 똑같은 말을 덧붙였다. "괜찮아. 정말 괜찮아."

컴백 형님 입장에서는 글자들을 다 바꾸고, 깊이 생각해 색깔을 선정하고 사진도 애써 고민해서 편집하고 처리했다.

누구나 이런 비슷한 상황을 여러 차례 겪었을 것이다. 하지만 현실적으로 이런 경험에서 교훈을 얻는 사람은 많지 않다. 청중이 알아서 당신에게 고마움을 느끼기를 바라서는 안 된다.

이 때문에 비교적 안전한 전략이 필요하다. 강연자 입장에서 다음 지점을 미리 생각해보는 것이다.

'내가 놀란 일에 청중은 아마도 3분의 1만 놀랄 것이다. 내가 높게 평가한 사람을 청중은 아마도 3분의 1만 높게 평가할 것이고 심지어는 내 생각과 다를 수도 있다. 나는 만족스러운 일이 청중 입장에서는 별것 아닐 수도 있다.'

먼저 이렇게 생각해본 뒤 청중 3분의 1의 동의에서 전체 동의를 이끌기 위해 강연자는 온갖 노력을 기울여야 한다. 가령 그저 무엇이 좋다고만 하지 않고 어떤 점이 좋은지 정확히 설명해야 한다. 그렇게 해야 그것이 어떤 사람들에게는 아주 좋은 방법이 될 수도 있고, 또 어떤 환경에서는 무척 탁월한 수단이 될 수도 있다.

이와 유사한 이치들을 잘 생각해보면 강연자는 자연스럽게 공부를 많이 하게 될 것이다. 그러지 않으면 발전할 수 없다. 빌진하지 않는 강연자는 늘 이렇게 생각한다. '내가 이 정도까지 말했는데 도대체 더 이상 뭘 어떻게 해야 한다는 거야?'

청중의 감정에 주의하라

우리는 사람이라서 정도의 차이는 있지만 감정이 있다. 청중 역시 감정의 영향을 받는다. 심각하게 받을 수도 있다. 청중은 완벽하게 이성적인 존재가 아니라 오히려 엄청 감정적인 존재다. 이 때문에 일단 분쟁거리가 있는 화제로 접어들면 무척 심각해진다.

인류의 뇌는 통속적으로 말하면 세 가지 측면으로 구분된다. 최저층은 반사층(아프면 소리를 지름)이고, 그다음은 정서층(총을 보면 두려움을 느낌)이고, 그다음이 이성층(화를 내는 건 무의미하다는 점을 분석)이다.

모든 정보가 이성층까지 전달되지는 않는다. 분쟁의 소지가 있는 화제를 만났을 때 사람들은 대개 정보를 대뇌의 정서층까지 전달하고 어느새 생리적 반응을 일으키기 시작한다.

예를 들면 당신이 중국 전통 의학을 싫어한다고 말하면 어떤 사람들은 그 말을 듣는 순간 정서층이 활성화되면서 당신에게 심한 혐오감을 느낀다. 당신이 그다음에 하는 모든 말은 혐오감에 가로막혀 그들의 이성층에 도달하지 못한다.

다른 예로, 중국 온라인게임 업체 성다(盛大) 네트워크 CEO를 지낸 탕쥔(唐駿)의 학력 위조는 기정사실화돼 있어서 더 이상 논쟁이 필요 없는 일이다. 그런데 일부 사람들이 중국의 논문 표절 사냥꾼 팡저우쯔(方舟子)를 몹시 싫어했다. 그들이 탕쥔의 소식을 들었을 때 이를 폭로한 사람은 팡저우쯔뿐이어서 혐오감의 화살은 탕쥔이 아닌 팡저우쯔로 날아갔다. 혐오감으로 인해 모든 논리적 정보가 정서층까지만 도달하고 이성층까지는 전달되지 못한 것이다. 사실 평소에 상당히 이성적인 사람이라도 '아킬레스건' 하나쯤은 있게 마련이다. 한 지점에 꽂히면 부정적 정서는 순식간에 완전 통제권을 얻는다. 그 뒤 이어지는 반응은 기본적으로 '생리적 반사작용'에 속한다.

그래서 강연 원고를 준비할 때에는 속수무책의 상황이 없도록 하는 게 좋다. 최대한 '화약고'를 건드리지 않도록 해야 한다.

앞에서 중국 전통 의학과 팡저우쯔를 언급했는데 사실 내 입장에서는 누구나 공감할 만한 예시라고는 볼 수 없다. 이런 예시를 들었다고 일부 독자들이 속으로 나를 욕하고 있을지도 모르니 말이다.

이처럼 강연자 입장에서는 청중의 경멸과 분노를 유발하지 않는 게 상책이다. 당신이 극단적으로 냉정할 수 있다면 모를까. 이런 점에서 근 2년 동안 내가 본 가장 적절한 강연자는 바로 중국의 중학교 교사 판메이중(范美中)이다. 그는 청중과 대화할 때 대응 방식이 거의 완벽에 가까웠다. 그는 쓰촨 대지진 당시 학생들보다 먼저 밖으로 대피했는데 "나도 살고 싶었다"라고 말해 논란의 주인공이 됐다. 세간의 엄청난 압박에도 그는 감정에 사로잡히지 않고 자신의 입장을 말했다. 그의 행동이 옳은지 그른지 판단을 떠나 실제로 그렇게 행동할 수 있는 사람은 별로 없다.

대부분의 경우 청중은 아주 미묘한 방식으로 강연자의 속내를 꿰뚫어 본다. 예를 들어 이 글을 통해 독자들은 나를 알게 된다. 첫째, 이성을 숭상하고 둘째, 중의학을 반대하며 셋째, 팡저우쯔를 싫어하지 않고 넷째, 판메이중의 일면을 높이 산다는 점을 말이다.

이성을 숭상한다는 첫 번째 항복은 반대를 야기할 가능성이 상대적으로 적다. 이것을 제외한 다른 항목은 내게서 청중을 앗아갈 개연성이 충분히 존재한다. 심지어는 청중을 적으로 돌릴 수도 있다.

물론 어쩔 수 없는 상황도 있겠지만 바로 그렇기 때문에 강연자는 반드시 청중의 정서에 민감하게 반응할 수 있어야 한다. 감정은 연단 위의 지뢰이고 강연자는 지뢰 매설 구역의 댄서다.

모든 증거를 잘 준비해놓아라

일단 말을 시작하면 질문을 받을 가능성이 있다.

평소에 친구들과 개인적으로 대화를 나눌 때는 신뢰를 바탕으로 의문점을 해결한다.

- A : 그렇게 된 거야.(어떤 결론을 내린 말)
- B : 어? 그렇게 확실히 결론 내린 거야?
- A : 어제 어떤 책에서 봤어!
- B : 아! 그 책이라면?
- A : 내가 너한테 거짓말하겠냐! 내일 보여줄게.
- B : 좋아….

참으로 간결하고 명료한 대화다.

하지만 강연은 다르다. 일단 당신이 연단에 서면 강연 과정에서나 강연이 끝난 뒤에 수시로 누군가 당신을 막아서면서 질문을 제기할 수 있다. 당신이 그 질문에 대답할 때 증거가 충분하지 않다면 어떤 일이 생길까? 설령 당신이 옳은 말을 하더라도 당신을 믿을 사람이 없을 수 있다. 혹은 최소한 당신을 믿는 사람이 아주 적을 수도 있다.

한번은 강의가 끝난 뒤 한 학생이 내게 질문을 했다. "선생님, 선생님 말씀이 틀렸어요! ×× 선생님께서 말씀하셨는데, However라는 단어는 문장 앞에 올 수 없대요!"

However를 문장 앞에 둘 수 없다고? 그때 내 머릿속에 번뜩 드는 생각은 다름 아니라 '이건 도대체 무슨 논리야?'였다. 참으로 고맙게도 내 옆에 노트북이 있어서 『옥스퍼드 사전』을 띄워 사전에 버젓이 나와 있는 관련 예문을 보여줬다.

People tend to put on weight in middle age. However, gaining weight is not inevitable.

사람들은 이렇다. 잘못된 생각이 뇌를 점령하면 분명한 증거가 수없이 많아도 그것들에 주의를 기울이지 못한다. 내게 질문한 학생이 애초에 그런 규칙을 들었을 때 사전을 한 번만 찾아봤으면 난처한 국면을 피할 수 있었을 것이다. 내(강연자) 입장에서는 완벽히 예측 불가능하고 영문을 알 수 없는 질문이었다. 질문자에게 곧바로 증명할 수 있는 증거가 있어서 참으로 다행이었다.

또 한번은 내가 연단에서 중국 최고의 학자라는 평을 받은 국학자 천인커(陳寅恪)를 언급하자 한 청중이 내 말을 딱 잘라 무시하면서 이렇게 말했다. "천인커의 커(恪)는 커가 아니라 췌라고 읽어야죠!" 중국어 발음을 문제 삼은 것이다. 다행히도 이런 청중을 처음 만난 건 아니어서 침착하게 상대할 수 있었다. 천인커 자신이 영문 서명을 사용할 때마다 'Yours sincerely Tschen Yinkoh'라고 쓴다. 그래서 이 글자를 췌라고 읽을 리가 없었다(『천인커집(陳寅恪集)』「서신집(書信集)」에 수록된 1940년 옥스퍼드대학에 보낸 친필 영문 편지 참조). 이 내용이 내 기억 속에 있었던 건 아니고 내가 늘 갖고 다니는 노트북에 기록해놓았기 때문에 필요할 때마다 소환할 수 있었다.

비슷한 예가 또 하나 있다. 내가 슬로스(sloth)라는 동물을 언급하면서 "나무늘보라는 동물은…"이라고 말한 적이 있다. 그랬더니 연단 아래에서 상당수의 학생이 귓속말로 소곤댔다. 나무늘보는 한자로 수라(樹懶)라고 쓰고 중국어로 술란(shùlǎn)이라고 읽는다. 하지만 일부 학생들은 달(獺)이라고 쓰고 타(tǎ)라고 읽어야 한다고 생각한 것이다. 심지어 어떤 학생들은 나를 무시하는 기색마저 보였다. 그래서 나는 『웹스터 사전』을 펼쳐 나무늘보와 수달 두 동물의 사진을 보여주었다. 학생들이 지적한 타(tǎ)라는 발음의 동물은 내가 설명한 동물이 아닌 수달(otter)이었음을 말이다. 그 동물이 왜 'sloth'라는 명칭으로 불리게 됐고 또 'sloth'를 '수달(樹懶)'이라고 번역하면 어떤 문제가 생기는지에 대해 설명했다. 5분 전까지만 해도 무시하는 기색을 보이던 학생들은 '아 그랬구나' 하는 표정을 지을 수밖에 없었다.

물론 나는 얼굴에 무시하는 기색을 드러냈던 학생이 고의로 내게 실례를 저지른 것은 아니라는 점을 알고 있었다. 다만 그 순간 그들은 자신만이 옳다고 생각하면서 일종의 우월감을 보였다. 물론 이런 우월감은 무지하고 무의미한 것이다.

유사한 예는 무척 많다. 강연자가 초보자일수록, 그리고 유명하지 않은 보통 사람일수록 이런 상황을 훨씬 더 많이 겪는다. 그러므로 각종 질문에 대비하기 위해서는 여러 방법을 동원해 충분히 준비하고 증거를 완비해놓아야 한다. 그렇게 하면 난처한 상황에 빠질 일도 없고 마음이 평화로울 수 있는 밑천을 갖게 된다.

그렇다면 sloth는 도대체 어떻게 번역해야 할까?

'sloth'라는 단어의 원래 의미는 '게으르다, 나태하다'이다.『성경』에 언급된 일곱 가지 죄 중 하나다. 그런데 이 동물의 이름을 'sloth'라고 지은 이유는 이 동물의 행동이 너무 느려서다. 그래서 중국어에서는 이 동물을 나무늘보(樹懶, 술란, shúlǎn)라 번역했고 꽤 정확하기까지 하다.

반면 'sloth'를 학생들이 질문했던 '樹獺(수타)'라고 번역하면 어떻게 될까? 전혀 근거 없는 번역이 된다. '獺(타)'가 의미하는 수달은 나무늘보와는 근본적으로 다른 과에 속한다. 나무늘보와는 아무 관계가 없는 동물이다.

나는 학생들이 도대체 어떤 근거로 그런 질문을 했는지 몹시 궁금했다. 약간의 교양을 갖춘 어떤 사람이 '나무늘보'라는 번역을 보고는 자기 마음대로 생각한 것이다. 동물에게 어떻게 한자 부수의 하나인 심방변(忄)이 올 수 있을까 하고 생각했을 것이다. 개사슴록변(犭)이 와야 한다고 말이다. 그렇게 '獺(타)'라는 글자가 옳다고 간주하게 되었다. 수달(otter)이 나무늘보(sloth)와 조금도 관계가 없다는 점은 전혀 고려하지 않은 것이다.

하지만 아는 게 별로 없고, 하나만 알고 둘은 모르는 사람이 언제나 다수를 이룬다. 그러다 보니 '樹獺(수타)'라는 번역이 의외로 중국에서 널리 통용되기도 한다. 언어의 발전 과정에서 사람들이 쉽게 만나는 어쩔 수 없는 현상이 있기도 하다. 오랫동안 또는 널리 오용되면 사람들은 서서히 그걸 수용하게 된다. 현재 영어에서 '롱 타임 노 시(Long time no see)'가 보편적으로 수용되는 현상과 마찬가지다. '오랜만입니다'라는 뜻으로 완전한 문장 같지만 사실은 엉터리 영어다. 영어 문법상 'see'나 'hear' 앞에 no를 붙일 수 없다. 어쨌든 그래서 현재 소수의 영한(英漢)사전에는 '樹懶'과 '樹獺' 두 가지 번역이 제시되어 있다. 이렇게 두 가지 번역을 제시한 사전을 볼 때에는 단어의 순서를 자세히 살펴봐야 한다. 아무래도 좀 더 신뢰도가 높은 단어가 앞에 있을 테니 말이다. 어쨌든 상관은 없겠지만 지금까지 나는 '樹獺'와 '樹懶'의 순서로 나열된 사전은 본 적이 없다.

시간이 흐른 뒤 어느 날 동료들과 이 이야기를 나누다가 한 가지 일화를 듣게 됐다.

몇 년 전 신둥팡의 한 선생님이 나처럼 강의실에서 'sloth'라는 단어를 언급했다. "이 동물은 나무늘보라고 하죠."

물론 내가 겪었던 것처럼 학생들은 무시하는 기색을 보였다.

하지만 나와 달랐던 점은 그 선생님은 나처럼 자료를 찾아보지 않았다. 그래서 그 순간 허둥댈 수밖에 없었다. 자기 자신마저도 어떻게 읽어야 할지 몰랐던 것이다. 더 나아가 얼굴뿐 아니라 귀밑까지 빨개진 데다 추태까지 부리고 말았다. 학생들과 심각한 언쟁을 벌이고 만 것이다.

그 일이 있은 뒤 학생 여러 명이 관리 부서로 가서 그 선생님을 신고했다. 죄목 중 하나는 선생님의 소양이 너무 부족하고 '獺'라는 글자조차 제대로 읽지 못한다는 것이었다.

더 웃긴 점은 관리 부서의 사람도 '樹懶'이라는 번역이 틀렸다고 생각했다는 것이다. 그리고 비공식적으로 그 선생님을 호되게 비판했다. 대외적으로는 학교의 허물을 내보일 수 없다고 생각해 그 일은 그대로 묻어두었다.

그 일화를 듣고 나는 웃을 수가 없었다. 그렇다고 울 수도 없는 노릇이었다.

그 전날 한 동료가 내 글 한 편을 보고 나와 이야기를 나누면서 그가 들었던 또 다른 버전을 들려주었기 때문이다.

그 선생님이 강의실에서 'sloth'라는 단어를 많은 사람이 '樹懶(술란)'이라고 잘못 번역하고 있다고 언급했다는 것이다.

나는 말했다. "어? 그건⋯."

그 동료는 얼굴에 불량한 웃음을 띠고 있었다. "아마도 자네가 들은 건 첫 번째 이야기일 거야. 내가 들은 건 두 번째 이야기고."

나는 마시던 물을 내뿜고 말았다.

게임하듯 설득하라

체호프의 총

'체호프의 총'이라는 단어를 들어본 적이 있는가? 영어로 'Chekhov's Gun'을 검색하면 다음과 같은 개념 정의가 나온다.

'체호프의 총'은 문학적 기교다. 이야기 처음에 등장하는 어떤 요소는 마지막에 가서야 그 중요성이 드러난다.

이 기교의 명칭은 러시아의 소설가이자 극작가인 체호프가 언급한 한마디에서 비롯됐다.

이야기의 처음에 등장한 물건은 반드시 그 후에 사용돼야 한다. 그러지 않으면 그것은 아예 등장하지 말았어야 한다.

영화의 첫머리에 카메라 렌즈가 벽에 걸린 오래된 소장용 총 한 자루를 비추고 지나갔다면 영화의 끝부분에서 반드시 그 총은 역할을 해야 한다는 것이다. 가령 총을 이용해 손에 바주카포를 들고 있는 어마어마한 악당을 불시에 해치워야 한다는 것이다. 그러지 않을 장치라면 총은 아예 렌즈에 등장조차 하지 말았어야 한다.

만담가들은 만담을 할 때 이런 기교를 두고 '익살을 부린다'고 한다. 즉 만담에서 웃음거리를 한꺼번에 쏟아내 사람들을 웃기는 것을 말한다. 이처럼 만담의 목적은 단 하나 바로 '웃기는 것'이다. 체호프의 총은 꼭 웃기기 위함만은 아니다. 전체적인 효과를 노리는 것이다.

어떤 의미에서 강연은 한 편의 영화나 소설과 비슷한 점을 갖고 있다. 강연이든 영화든 소설이든 어떤 효과를 추구한다.

강연자는 마땅히 온갖 지혜를 다 짜내 자신의 강연을 위해 '체호프의 총'을 만들어 내야 한다. 제조 방법은 '뒤집어 생각'하기다.

- 어떤 내용이 청중의 눈에 들까, 포복절도하게 될까, 감동을 줄까?(효과는 여러 가지가 될 것이다. 웃기는 것은 그저 하나의 수단일 뿐이다.)
- 최후의 결말을 이끌어 내기 위해 어떤 배경을 만들어야 할까?
- '보잘것없는' 방식으로 어떻게 줄거리를 이야기할까?
- 청중이 자신도 모르는 사이에 줄거리를 어떻게 이해하도록 할까?

나는 강의할 때 최대한 방법을 짜내 이런 기술을 사용한다. 내 작문 수업을 들은 학생들은 이런 경험을 했다. 처음에 학생들은 내가 강의한 '병렬, 점차적 서술 방법, 전환'을 들었을 때 그것이 얼마나 중요한지 전혀 깨닫지 못했다. 어렸을 때부터 익숙하게 배워온 지식이기 때문이다. 하지만 강의 내용이 깊어질수록 그들은 '매우 단순한' 이 방법을 사용하고 나니 꽤 놀라운 효과를 보였다는 사실을 발견하고는 무척 의아해했다. 그 순간 바로 '체호프의 총' 효과가 발휘된 것이다.

물론 이건 누구나 사용할 수 있는 기술이기는 하지만 쉬운 일은 절대 아니다. 많은 경험이 쌓여야 자유자재로 사용할 수 있다. 하지만 이제 당신은 이런 사실을 알게 됐으니 새로운 기점에 선 것이고 새로운 무대를 마련할 수 있게 됐다.

효과를 만들어 내는 작은 기술: 중복

일반적으로 사람들은 강연을 할 때 의도적으로 중복을 피한다. 중복은 중언부언 같은 느낌을 주기 때문이다. 하지만 중복이나 반복을 적절히 사용하는 것은 효율을 높일 수 있는 기술이다. 효과를 만들어 내는 중요한 기술인 것이다.

책 속에서 그 효과는 분명히 드러나지는 않는다. 하지만 강연에서 "나를 믿으십시오. 당신은 절대 외롭지 않습니다"라는 말을 네다섯 차례 중복하면 극적 효과가 드러난다.

내가 어떤 일에 대해 이야기하면서 첫 번째로 "나를 믿으십시오. 당신은 외롭지 않습니다"라는 말을 했을 때 청중은 소위 공감의 정도로만 반응한다. 일단 이 지점에서는 일부 청중만 공감한다는 점에 주의해야 한다.

그 뒤로 몇 분 또는 십여 분 정도 지나는 동안에는 청중이 "나를 믿으십시오. 당신은 외롭지 않습니다"라는 말이 얼마나 중요한지 아직 의식하지 못한다. 또한 그 말을 들었다는 사실조차 기억하지 못한다. 나는 다른 예시를 사용해 다시 한번 "나를 믿으십시오. 당신은 외롭지 않습니다"를 언급한다. 이때는 분명히 드러나는 반응이 있다.

- 공감하는 사람이 훨씬 많아진다.
- 이미 공감했던 청중은 좀 더 확실하게 인정하게 된다.
- 소수의 청중은 '놀라움과 기쁨'을 체험하기 시작한다.

다시 어느 정도 시간이 흐른 뒤 청중이 방심한 시점에서 또다시 "나를 믿으십시오. 당신은 외롭지 않습니다"라는 말을 한다. 이 말은 이미 청중의 뇌리 속에 깊이 박혀 있다.

다시 시간 간격을 두고 내가 어떤 이야기를 하고 또 같은 말을 반복한 뒤 일부러 휴지기를 두고 아무 말도 안 한다고 해보자. 그러면 2, 3초 내에 청중은 반응을 보일 것이다. 심지어 감정을 억제하지 못하고 나 대신 그 말을 할지도 모른다. "나를 믿으십시오. 당신은 외롭지 않습니다."

어떤 청중이 당신 대신 그 말을 내뱉는 순간 당신은 이미 청중을 '쟁취'한 셈이다. 그들은 그 말을 인정하고 기억하고 나서야 그런 행동을 할 수 있기 때문이다.

이는 아주 중요한 힘이다.

이런 기술은 이야기의 고수들이 자주 사용하는 수법이다. 가끔은 주제와 완전히 무관한 요소를 중복함으로써 청중에게 절대 잊히지 않을 이미지를 남기려고 한다.

이와 관련해 전형적인 사례가 있는데 바로 애니메이션 「아이스 에이지(Ice Age)」다. 영화 서두에 다람쥐 한 마리가 갈라진 틈을 연다. 전체적으로 영화가 전하는 이야기는 다람쥐와는 전혀 무관하다. 하지만 영화가 끝날 때 이 다람쥐가 다시 등장해 또다시 갈라진 틈을 연다. 와자지껄한 분위기에서 수많은 관중이 이 영화를 관람했고 그 뒤 아무것도 기억이 안 나더라도 그 다람쥐만은 기억할 것이다.

이런 중복을 설계하기 위해서는 다음과 같은 내용이 포함돼야 한다.

- 요소가 간단명료해야 한다.(강연에 적용할 때는 언어의 리듬에 주의해야 한다.)
- 재미있어야 한다.
- 중복할 때마다 조금은 새로운 내용이나 다소의 의외성이 있는 게 좋다.
- 중복과 중복 사이는 충분하면서도 너무 길지 않아야 한다.

생동감 있는 언어를 구사하라

대개 사람들은 자신이 '언어에 천부적 재능이 있다'고 믿는다. 하지만 나는 그건 천부적 재능이 아니라고 생각한다. 그저 다년간 쌓은 것일 뿐이다. 반면 나는 대부분의 사람들처럼 어려서부터 충분히 쌓을 기회를 갖지 못했고 더 나아가 '천부적 재능이 전혀 없을' 정도다.

다시 말해 나처럼 천부적인 언어 재능이 없는 사람도 희망이 있다는 말이다.

게다가 생동감 넘치는 언어를 사용할 줄 아는 것은 조금도 어려운 일이 아니다. 신발 끈을 묶을 줄 아는 것과 별반 차이가 없다. 한동안 노력하기만 하면 평생 사용할 수 있다.

기술은 아주 간단하다. 핵심적 부분에서 비유를 사용하면 된다.

예를 들어 청중에게 '이런 검색 방법을 사용하면 많은 결과를 얻을 수 있다'라는 내용을 전달하고 싶다고 가정해보자. 이때 '많다'라는 형용사를 곧이곧대로 사용할 것이 아니라 도대체 얼마나 많은지, 어느 정도까지 많아지는지, 어떤 내용을 담은 결과를 얻을 수 있는지 구체적으로 묘사하는 것이다.

구체적인 예를 들어보면 이렇다.

당신이 입력한 검색 키워드가 너무 모호하면 검색엔진은 역할을 제대로 해내지 못한다. 또한 '어떻게 영어를 공부할까'라고 검색하면 구글은 0.92초 이내에 17,400,000건이라는 엄청난 결과를 보여준다. 174라는 숫자 뒤에 0이 무려 다섯 개나 온다. 이런 천문학적 숫자는 우리 같은 보통 사람들에게는 전혀 개념이 서지 않는다. 환산해보자. 만일 한 페이지에 10개의 검색 결과가 뜬다면 총 1,740,000에 달하는 웹페이지 검색 결과가 나왔다는 소리다. 당신이 한눈에 열 줄씩 빠른 속도로 읽을 수 있고 홈페이지를 불러오는 시간이 제로라고 하더라도 29,000분이나 소요된다. 483시간이니 20여 일의 시간을 들여야 이 검색 결과 타이틀을 다 읽을 수 있다. 인생을 이런 식으로 낭비해도 괜찮을 사람은 아마 없을 것이다.

나는 개인적으로 다음에 소개할 영문으로 된 책을 읽으면서 단순한 기교를 배웠다.

내가 아주 좋아하는 책『비열한 유전자(Mean Genes From Sex to Money to Food: Taming Our Primal Instincts)』이다. 작가가 사용하는 언어는 무척 생동감이 넘친다. 외국의 수많은 베스트셀러 작가들은 이런 기교를 주로 사용한다. 그러고 보면 그들은 이런 단순한 기교의 베테랑인 것 같다. 마치 그들 모두 똑같은 학원에서 수강한 것 같다.

그들은 '남자는 사정할 때마다 엄청난 수의 정자를 배출한다'고 말하지 않는다. "정액 한 스푼에 들어가는 정자 수는 북아메리카 여성들이 아이를 임신하기에 충분할 정도다(A tablespoon of human semen contains enough sperm to fertilize every woman in North America - Page 143)"라고 표현한다.

또한 그들은 '마크 식스(Mark Six)라는 복권에 1등으로 당첨될 확률은 아주 낮다'라고 말하지 않는다. '마크 식스(Mark Six)'는 한국의 로또와 거의 비슷한 중국의 복권 시스템이다. 그 대신 "한 사람이 침대에서 떨어져 죽을 확률은 복권에 당첨될 확률보다 9배나 높다(A person is nine times more likely to die by falling out of bed - Page 85)"라고 표현한다.

비유는 이처럼 내용을 더욱 효과적이고 풍부하게 전달한다. 따라서 의미 전달이 필요한 중요한 내용마다 이처럼 새롭게 바꿔볼 필요가 있다. 내 생각에 이건 '천부적인 언어 재능'과 무관하다. 또한 일부 특정한 사람들만 사용할 수 있는 기술이 아니다. 가령 중의학에서 '열'을 이용해 인후통의 원인을 해석하는 것처럼 적절하지 못한 개념으로 핵심을 잘못 묘사하는 경우가 있는데 이건 일종의 사고방식이 낳은 오류라고 할 수 있다. 이런 오류를 저질렀다는 이유로 언어적 기교를 부릴 수 있는 사람을 일부 특정한 사람들로만 제한해서는 안 된다. 언어적 기교는 누구나 습득할 수 있다.

초보자가 가장 어려워하는 중요한 기술: 일시 중단

대부분의 일은 서로 인과관계를 이룬다. 가령 초보자가 너무 긴장하면 말하는 속도가 자기도 모르게 빨라진다. 말하는 속도가 빨라지면 강연자는 더욱 긴장하게 된다. 물론 말의 속도를 매우 빠르게 유지하는 것도 무척 어렵다. 말의 속도가 빨라졌기 때문에 반드시 정보의 밀도를 높이게 되고 그렇게 되면 듣는 사람은 헛소리를 늘어놓는다고 느낄 수도 있다. 그래서 말의 속도가 빨라질수록 긴장하게 되고 긴장할수록 말은 더욱 빨라진다.

 • 말의 속도를 늦추는 것은 내가 초보자들에게 건네는 가장 중요한 제안이다.

물론 '느릴수록 좋다'는 말이 결코 아니다. 하지만 느리게 말해야 할 때는 느리게 해야 한다. 예를 들어 청중이 깊이 생각해야 할 때라든가 청중에게 새로운 개념이나 이념을 소개할 때가 그런 경우다. 한편 빠르게 말해야 할 때는 빨라야 한다. 가령 필요하지만 대부분의 청중이 알고 있는 정보를 소개할 때가 그렇다. '이럴 때 이렇게 해야 한다'는 논리를 실행하기는 사실 쉽지 않다. 초보자들의 경우 도대체 어떤 상황에서 어떻게 해야 하는지 구분하기 어렵기 때문이다. 어떤 개념이나 이념이 청중에게 새로운지 또는 익숙한지를 구분하는 것 자체가 쉽지 않다. 어떤 정보를 애써 생각해봐야 하는지를 청중 입장에서 구분하는 것 역시 어렵다. 그렇게 되기 위해서는 끊임없이 실천하고 관찰하고 곰곰이 따져봐야 한다. 이 제안을 실천하는 데 일정의 난도가 있다 하더라도 '일시 중단'과 비교하면 아주 수월할 정도다.

나는 무수한 베테랑들이 수년의 실천을 거쳤어도 여전히 '일시 중단'하지 못하는 경우를 봤다. 물론 그런 이유로 그들은 '일시 중단'의 장점을 제대로 깨닫지 못하고 있다.

강연 현장에서 당신은 이런 장면을 본 적이 있을 것이다.

청중이 박수를 치지 시작했는데 강연자는 말을 중단하지 않고 계속 이어가는 장면 말이다. 아주 열렬한 박수 소리가 울려야 하는데 강연자가 계속 말을 이어가는 통에 박수를 칠 수도 안 칠 수도 없는 어색한 상황이 된다. 나는 지금껏 청중의 박수 소리를 싫어하는 강연자를 본 적이 없다. 박수가 싫다고 공언한 강연자도 못 봤다. 어떤 의미에서 영향력을 발휘하기 위해 강연자 입장에서는 박수 소리가 필요하고 주동적으로 나서서 박수를 이끌어 내기도 한다. 하지만 어째서 강연자가 자신도 모르는 사이에 박수 소리를 '압살'하게 되는 걸까?

이건 강연자의 심리적 소양을 알 수 있는 일종의 시험대다. 많은 경우에 강연은 클라이맥스에 다다르게 된다. 하지만 자신감이 없는 나머지 강연자는 감히 일시 중단을 할 엄두를 내지 못한다. 클라이맥스에 오르게 되었을 때 강연자는 일시 중단을 감행해도 좋다. 어떤 제스처도 취하지 말고 속으로 '1, 2, 3, 4, 5, 6, 7…' 이렇게 숫자를 헤아리는 것이다. 아마도 7초 정도 숫자를 헤아린 뒤에는 두 가지 상황 중 하나가 벌어질 것이다. 박수 소리가 나거나 안 나거나. 박수 소리가 나면 조용히 제자리에 서서 박수가 멈추기를 기다렸다가 마치 아무 일도 없었다는 듯 이야기를 이어가면 된다. 연단에 선 초보자에게 7초는 대단히 긴 시간이다. 마치 씨앗이 싹을 틔워 하늘을 찌를 듯 큰 나무로 자랄 때까지 지켜보는 기나긴 여정처럼 느껴질 것이다. 하지만 이건 그저 착각일 뿐이다. 청중은 전혀 그렇게 느끼지 않는다. 청중 입장에서 7초는 충분히 견딜 만한 '중단'이다. 심지어 대부분의 청중이 7초의 중단을 중단이라고 생각하지 않을 수도 있다.

그다음 핵심은 청중이 무엇 때문에 박수를 치는지 연구해야 한다는 것이다. 당신이 무슨 말을 했고 어떤 방식으로 말했기에 청중이 박수를 칠 수밖에 없었을까? 그 클라이맥스를 찾는 기술도 습득해야 한다.

최고의 상호작용 방법: 청중이 생각하게 하라

많은 사람이 '청중과의 상호작용'을 청중과 문답을 나누고 소통하는 것이라고 오해한다. 사실 이는 상호작용 형식 중 하나일 뿐이며 가장 중요하지 않은 형식일 수도 있다.

 • 최적의 상호작용 방법은 최대한 청중이 생각하도록 하는 것이다.

소통 과정에서 비유를 적절하게 사용하는 것은 청중의 생각을 자극하는 가장 좋은 방법이다. 비유는 우리가 완전히 이해하지 못한 X를 설명할 때 청중이 완전히 이해하고 있는 영역에서 X와 매우 비슷한 Y를 찾고 Y를 통해 청중이 X를 제대로 이해하도록 돕는 방법이다.

강연자가 비유를 사용할 때 연단 아래에 앉아 있는 청중은 마치 아무런 동작을 취하지 않는 것 같지만 그 비유를 이해하려고 열심히 두뇌를 움직인다. 그들은 Y가 어땠는지를 기억한 뒤 다시 그것을 X와 비교한다. 그러고 놀랍도록 비슷한 지점을 발견하고는 반복적으로 곰곰이 생각한다.

이렇게 해서 청중의 생각은 적절하게 자극된다. 다만 '적절히'라는 단어에 주의해야 한다. 수많은 강연자가 청중의 '독립적 사고'를 걱정한다. 일단 청중의 사고 능력이 활성화되면 각종 '불필요'한 질문이 유발될 수 있기 때문이다. 이는 본래 강연자 자신의 문제다. 강연자가 말실수를 하고 함정에 빠지는 것이다. 하지만 연단에서는 보충 학습을 하지 못한다. 그래서 대부분의 강연자가 청중의 독립적 사고를 가장 두려워하는 것이다.

청중의 사고 능력을 활성화하면 분명 강연자에게 부정적 도전을 해올 수 있다. 예를 들어 청중의 사고가 활성화된 뒤에는 그 사고 능력을 현재 토론하고 있는 문제에만 적용하지 않을 수도 있다. 청중은 '몰래 도망치거나' '주의력이 분산되거나' 심지어 '순간순간 제멋대로 생각하는' 경향을 드러낼 수 있다. 이는 현장 분위기에 상당한 영향을 미칠 수 있다.

강연자가 비유를 끊임없이 사용해 청중의 생각을 활성화하면 엄청난 효과를 낳을 수 있다. 그 순간 청중의 생각이 궤도에서 이탈할 확률은 거의 없기 때문이다. 비유는 청중의 '집중력'을 잘 발휘하게 만드는 최적의 수단이다. 비유는 또한 최적의 상호작용 방식이기도 하다. 생각이 활성화된 청중은 강연자가 제공하는 정교한 비유에서 생각의 쾌감을 얻는다.

좋은 비유를 하기가 쉽지는 않다. 장시간 생각하고 다듬는 과정을 거쳐야 놀랍고도 정확한 효과를 얻을 수 있다. 이 때문에 강연자는 평소에 정교한 비유를 끊임없이 창조하고 축적하며 다듬어야 한다. 이런 노력은 재미있는 이야기를 모으는 것보다 훨씬 중요하다.

청중에게 질문할 때 어떤 점에 주의해야 할까?

강연자는 늘 청중에게 질문하고 그 과정에서 피드백을 얻고자 한다. 하지만 초보자는 질문할 때 종종 '썰렁한 분위기'를 자아내기도 한다. 이런 상황은 청중이 협조적이지 않아서가 아니라 질문하는 방식에 문제가 있기 때문에 발생한다. 더 나아가 청중이 어떻게 반응해야 할지 모르는 상황을 초래하기도 한다.

가장 치명적이면서도 자주 발생하는 문제는 설문을 질문으로 간주하는 것이다. 설문(設問)이란 조사나 통계에 이용하기 위해 묻거나 또는 물음을 만들어 내는 것을 의미한다. 이 때문에 상대방이 꼭 대답해야 하는 문제는 아니다. 하지만 초보자들은 자신이 대답해야 하는 문제를 청중에게 내밀어 불편한 상황을 만든다. 가령 시간 관리 강좌에서 "여러분, 제가 어떻게 시간을 관리하는지 아세요?"라고 물어봤다고 치자. 그러고는 말을 멈추고 청중의 대답을 기다린다고 해보자. 그런 강연자는 분명 바보다. 그 순간 현장은 분명히 냉랭해질 것이다. 그런 질문은 설문일 뿐이고, 제기할 필요조차 없는 설문이다. 강연자가 답을 내놓기 전에 청중은 어떻게 구체적으로 대답해야 할지 전혀 모른다. 그 상황에서 더 중요한 점은 청중은 그 사실을 들으러 그 자리에 왔다는 것이다. 그런 청중에게 강연자가 어떻게 설문을 할 수 있을까? 그냥 강연자 상황을 그대로 말하면 된다.

그 밖에도 자주 목격되는 중요한 문제점이 있는데 바로 강연자가 '청중을 당황하게 만들어야 한다'고 잘못 생각하고 있는 점이다. 강연장에 온 청중은 시험을 보러 온 사람들이 아니다. 한두 가지 질문으로 청중을 당황하게 하는 것이 강연자의 지적 수준을 증명하는 방법이라고 착각하지 않았으면 좋겠다. 설령 강연자가 모든 청중을 당황시킬 수 있고(물론 거의 불가능한 일이다) 강연자가 그 자체를 최종 목적으로 설정했다고 해도 강연자가 얻는 것은 지적 수준에 대한 증명이 아니라 청중의 반감이다. 경우에 따라서 강연자가 청중을 난처하게 할 필요는 있지만 그건 어디까지나 수단이 되어야지 목적이 되어서는 안 된다. 강연자는 이를 수단으로 청중에게 무언가를 증명할 수 있고 뜻밖이면서 또 효과적인 해결 방안을 제시할 수 있다. 그리고 청중은 전혀 몰랐던 이치를 습득할 수 있다. 하지만 그 수단을 목적으로 삼아서는 안 된다.

또 다른 난처한 상황은 바로 강연자가 세 살 먹은 아이도 대답할 수 있는 질문을 하는 장면이다. 더 나아가 청중은 그 문제에 대답한다는 자체를 자신의 지적 수준에 대한 치욕으로 생각하는 장면이다. 이런 상황은 대개 강연자의 수준이 낮아서 초래된다. 강연자는 어마어마한 문제라고 생각하겠지만 정작 청중에게는 상식인 것이다. 그래서 청중은 강연자를 아주 유치한 인물로 간주하게 된다. 이건 방법이 없다. 그저 자기 성장을 통해 보완할 수밖에 없다.

더욱 보편적인 문제점이 있다. 질문할 때 사전에 범위를 정확하게 말해주지 않거나 심지어는 청중이 어떻게 대답해야 할지 전혀 감을 못 잡게 만드는 것이다. 대부분의 문제는 각자 상황에 따라 다른 대답이 도출된다. 가령 "당신은 대기업에서 일하고 싶습니까, 아니면 중소기업에서 일하고 싶습니까?"라는 질문했다고 치자. 이 질문에 대한 가장 정확한 대답은 어쩌면 단 하나일 것이다. "상황을 봐야겠죠." 말 그대로 천 명의 사람에게는 천 가지 다른 상황이 있을 것이다. 만일 당신이 이런 질문을 한다면 당신은 청중이 어떻게 대답하기를 바라는가?

더욱 심각한 상황은 질문을 던진 강연자가 상상해본 적도 없는 답변을 듣는 경우다. 연단에서는 깊이 고민할 시간이 충분하지 않아서 초보자는 자칫 이런 상황에서 흐트러질 수 있고 걷잡을 수 없는 분위기를 만들 수 있다. 그러므로 강연자는 질문을 준비할 때 사전에 다음과 같은 공부를 해둘 필요가 있다.

- 나는 이 질문을 꼭 해야 할까?
- 모든 사람이 이 질문의 정확한 답을 알고 있을까?
- 이 질문을 하는 목적이 무엇인가?
- 청중이 이 문제에 정확하게 대답할 수 있도록 하기 위해 사전에 나는 어떤 전제를 주어야 하고 어떤 범주를 설정해야 할까?
- 이 질문에 청중은 어떤 반응을 보일까? 청중의 대답에 나는 어떤 반응을 해야 할까?
- 나는 이 질문과 관련된 모든 대답의 가능성을 생각해봤는가?
- 청중이 미처 생각하지 못할 답안이 있을까?
- 생각지 못한 청중의 답변에 대해 어떻게 설명할까?

경우에 따라서 간단해 보이는 이런 질문에 대해 강연자들이 미처 생각해보지 못했을 수도 있다. 그러므로 먼저 주위 친구들에게 시험해보면서 각종 대답을 모은 뒤 계속 고민할 필요가 있을 것이다.

강연 이전에 경청할 줄 알아야 한다

타인의 오류 증명≠자신의 옳음 증명

전문가급 지식이 적은 청중일수록 단편적으로 듣는 경향이 있다. 이런 청중을 대상으로 전면적 분석을 한다는 것은 청중이 시비를 더욱 분간하지 못하게 만들 뿐이다. 이런 유형의 청중이 대개 50퍼센트 이상을 차지하거나 심지어는 더 많기도 하다. 전혀 수용할 수 없는 내용에 대해 전문가급 지식을 갖춘 사람만이 자신의 생각을 유지하고 판단을 내리며 최대한 외부의 영향을 받지 않고 자신의 입장을 선택할 수 있다. 과연 이런 청중이 얼마나 될까? 100명 중 손에 꼽을 정도로 뛰어난 청중을 기대한다는 건 아마도 낙관적 예측이지 않을까 싶다.

상황이 이렇기 때문에 논쟁의 여지가 있는 화제를 설명할 때에는 반드시 다음과 같은 원칙을 제대로 숙지해야 한다.

• **타인의 오류 증명≠자신의 옳음 증명**

설령 '이것이 아니면 저것이다'라는 이분법적 상황이라도 최대한 이 원칙에 저촉되어서는 안 된다.

교과서에서 우리는 집필자가 자기 관점을 해설하기 전에 늘 과거의 잘못된 관점을 평가하거나 과거 관점에서 잘못된 지점을 일일이 지적하는 대목을 자주 목격한다. 그래서 대부분의 강연자는 '먼저 다른 사람의 오류를 지적'하는 것이 당연한 설명 방식이라고 생각한다.

하지만 주의할 점이 있다. 첫째, 교과서는 '교과서'이기 때문에 권위를 갖는다. 그런 이유로 문제 제기를 받을 일이 별로 없다. 둘째, 교과서에서 비판하는 오류는 대개 '현재의 표준에 근거해 반드시 잘못된 것'이다. 셋째, 독자는 대부분의 상황에서 교과서 집필자를 대면하고 그들에게 질문할 수 없다.

보통 사람은 연단에서 교과서와 같은 권위를 가질 수 없다. 또 논쟁은 정확한 시비 판단을 도출할 수 없다. 시비를 판단할 수 있다면 그것은 더이상 논쟁이 아니다.

강연자는 연단에 서서 수시로 자신을 각성시키고 청중을 마주하면서 이야기를 나눠야 한다. 청중이 반드시 강연자의 말에 공감하는 것은 아니므로 엄청난 대립이 일어날 수 있다. 강연자 입장에서는 아무런 의문거리가 없는 기정사실화된 내용이 청중의 시각에서는 반드시 그렇지 않을 수도 있다. 이런 예는 무척 많다.

만일 당신이 100명이 넘는 사람이 모인 장소에서 혈액형이나 별자리 등 당신이 생각하기에 근거 없다고 간주하는 이론을 맹렬히 비판하면 분명 누군가는 화를 내고 그 자리를 떠날 것이다. 내기를 해도 좋다. 만일 당신이 "식이요법은 전혀 무의미하다"라고 힘주어 말한다면 분명 누군가는 벌떡 일어나서 당신과 논쟁을 벌일 것이다. 이런 논쟁의 파괴력은 의외로 어마어마하다. 나에게도 그런 경험이 있다. 중국어 입력 방법인 오필입력법에 대해 내 생각을 언급했다가 전혀 생각지도 못한 격렬한 반응을 겪었다.

'강연 효과를 위해 가끔은 거짓말을 해도 좋다'는 말이 아니다. '타인의 오류 증명≠자신의 옳음 증명'의 의미는 예상한 효과를 달성하기 위해 시간과 에너지를 '자신의 옳음을 증명'하는 데에만 할애해야 한다는 말이다. '타인의 잘못을 증명'하는 데 할애할 것이 아니다.

이와 관련해 나는 수차례 실험을 해봤다. 나는 받아쓰기는 가장 어리석은 듣기 연습 방법이라고 생각한다. 따라 읽기와 낭독이 듣는 힘을 향상한다고 생각한다. 이 생각을 최소한 다음 세 가지 방법으로 청중에게 전달할 수 있다.

- 먼저 '왜 받아쓰기가 가장 어리석은 듣기 연습 방법'인지 증명한다. 그런 뒤 '왜 따라 읽기와 낭독이 듣는 힘을 향상하는지' 설명한다.
- 먼저 '왜 따라 읽기와 낭독이 듣는 힘을 향상하는지'를 정확히 밝힌다. 그런 뒤 '왜 받아쓰기가 가장 어리석은 듣기 연습 방법'인지 증명한다.
- '왜 받아쓰기가 가장 어리석은 듣기 연습 방법'인지만 설명한다.

미국 대학의 심리학자들처럼 정확한 실험 환경을 설계할 수는 없어도 나는 일련의 문제에 대해 서투르지만 정확하게 설명할 수 있다.

강의가 끝난 뒤에 학생들이 연속 3주 동안 그 기간의 학습 기록을 내게 이메일로 보고하도록 하는 것이다. 물론 나는 강제적 명령을 내리지는 않는다. 반수 이상의 학생들은 보고하지 않을 것이다. 이메일을 보낸 학생들 중에도 3주 동안 계속 실행하지 않는 경우가 있을 것이다. 하지만 결국 누군가는 내게 이메일을 보낼 것이다.

이에 대해 사람들은 대체로 다음과 같은 결과를 추측할 것이다.

- 내가 첫 번째 방식을 사용하면 평균적으로 10퍼센트 내외의 학생들이 내게 이메일을 보낼 것이다.
- 내가 두 번째 방식을 사용하면 15퍼센트 정도의 학생이 내게 이메일을 보낼 것이다.
- 내가 세 번째 방식을 사용하면 놀랍게도 25퍼센트 정도의 학생이 내게 이메일을 보낼 것이다.

개인적으로 좀 의문스러운 것이 있다. 증명하기는 어렵겠지만 내가 만일 '왜 받아쓰기가 가장 어리석은 듣기 연습 방법인지 증명했다'고 가정해보자. 그 뒤에 알 수 없는 '역반응 심리'만으로 일부 사람들이 '도대체 받아쓰기가 어떤지 시험해볼까'라는 생각을 하지 않을까? 내가 내놓은 증명이 완벽하다고 해도 말이다.

이처럼 이해할 수 없어 보이는 심리는 어쩌면 꽤 보편적 현상이다. 중국 장이머우 감독의 영화 「영웅」이 상영되자 많은 사람이 돈을 들여 극장으로 뛰어간 이유는 바로 '영화가 얼마나 훌륭한지 보고 싶다'는 생각에서 비롯됐기 때문이다.

그래서 강연자의 유한한 시간과 청중의 유한한 에너지가 공존하는 상황에서 타인의 잘못을 증명하는 데 집중할 것이 아니라 자신의 옳음을 증명하는 데 골몰해야 한다. 이것이 실용적인 원칙이다.

명언이나 격언을 삼가고 진부한 이야기를 하지 말자

초보자는 명언이나 격언을 사용해 자신의 말에 빛을 더하려고 한다. 하지만 의외로 이런 방식은 겉치레밖에 안 된다. 혹은 효과를 반감할 수도 있다. 만일 당신의 관점이 충분히 뒷받침된다면 명언이나 격언은 정확하고도 설득력 있는 수단이 아니다. 만일 당신의 관점 자체에 근거가 없다면 아무리 많은 명언이나 격언을 증거로 사용해도 다 헛수고다. 또 당신의 관점이 옳다면 명언과 격언으로 뒷받침하는 자체로 일을 그르칠 수 있다.

청중이 가장 싫어하는 건 연단에서 겉치레하는 사람이다. 겉치레 자체가 자신 없고 부족하다는 표현이기 때문이다. 그런데도 일부 초보자들은 경전의 어구나 고사를 인용하면 자신의 강연이 크게 빛날 것이라고 오해한다.

명언이나 격언을 사용하지 말라는 뜻이 아니다. 수많은 유명한 강연자들이 강연 도중에 명언과 격언을 사용해 괜찮은 효과를 얻는 장면을 종종 본다. 하지만 그런 강연자들은 명언이나 격언을 이용해 자신의 관점을 증명하려고 한 적이 한 번도 없다. 다만 그들은 어떤 사례(자신의 경험을 포함)를 이용해 어떤 명언이나 격언의 정확성을 증명할 뿐이다. 이 점을 사람들은 잘 모른다.

명언이나 격언을 이용해 자신의 관점을 증명하거나 심지어 한두 가지 명언과 격언만으로 자신의 관점을 증명할 때 청중이 듣고 있는 것은 강연자의 목소리가 아니다. 명언과 격언을 만든 원작자의 목소리다. 그러니 강연자는 쓸데없이 남과 똑같은 목소리를 낼 필요는 없다.

베테랑 강연자가 사례를 이용해 어떤 명언이나 격언의 정확성을 증명할 때 전체 강연의 핵심은 명언과 격언에 있지 않다. 그들은 그저 한 가지 측면에서 그 명언과 격언을 언급하고 증명할 뿐이다. 게다가 베테랑 강연자는 명언과 격언의 의미를 확장해 새로운 의미를 도출한다.

속담과 관용어, 명언과 격언의 사용은 다른 사람의 것을 기계적으로 적용하는 경우로, 효과는 그다지 좋지 않다. 도리어 자신만의 테크닉으로 많은 사람의 귀에 익은 말을 활용하는 게 낫다. 정반대의 방법을 쓰는 것이다. 중국의 문학가인 첸중수(錢鍾書)는 이 방면에서 베테랑이다. 그가 한 말은 테크닉의 모델이 될 만하다.

여우는 따지 못하는 포도를 보고 포도가 얼마나 실까 상상하고 또 얼마나 달까도 상상할 것이다.

얕은수일 수 있지만 쓸모가 있다.

논리를 바꿔보자

사람들은 진부한 이야기를 몹시 싫어한다. 하지만 진부한 이야기는 꽤 실용적인 이치를 담고 있기도 한다. 오랫동안 사람들이 여러 각도와 측면에서 비슷한 문제를 겪어왔기 때문이다. 말 자체에는 문제가 없다. 그저 이런 이치가 창조성이 전혀 없는 사람들에 의해 반복되고 사고 능력이 전혀 없는 사람들에 의해 과도하게 간략화되어 전부 하나의 '논조'가 돼버리고 결국에는 '남용'되었다는 것이 문제다. 그럼 어떻게 진부하지 않을 수 있을까?

언어의 달인들이 가장 잘하는 건 똑같은 의미를 새로운 방식으로 설명하는 것이다. 중국의 작사가인 야오뤄룽(姚若龍)은 이 분야의 베테랑이다. 진심 어린 말은 일찌감치 지구상의 사람들에 의해 수없이 언급됐다. "널 좋아해. 너도 날 좋아하니? 날 좋아하지 않아도 나는 널 좋아해"라는 말은 너무 흔해 빠져서 시시해졌지만 그렇다고 진심 어린 말을 안 할 수도 없다. 야오뤄룽은 이렇게 바꿔 말했다.

> 내가 상상하는 가장 낭만적인 일은 당신과 함께 서서히 늙어가는 것이다.

보기에는 쉬워도 실천하기는 어렵다. 이런 표현을 하기 위해서는 온 갖 생각을 다 짜내야 한다.

가령 학생들에게 중요한 이치를 전달하고 싶다면 관련 글을 많이 외 워야 한다. 그럴 만한 이유가 있다.

영어에서 기억력은 토플 시험 성적에 상당한 영향을 미친다. 듣기 시 험에서는 두말할 필요도 없다. 회화 시험과 작문 시험에도 '종합 테스트' 문제가 있는데 영어 기억력이 떨어지면 공부한 내용을 완벽하게 외울 수 없다. 완벽한 암기는 모든 종합 테스트에서 가장 기본이다. 회화든 작문이든 상관없이 말이다. 독해 시험도 마찬가지다. 많은 학생이 가지 고 있는 근본적인 문제는 독해 속도가 너무 느린 것이 절대 아니다. 다 읽은 뒤에 제대로 기억해내지 못하는 것이다. 문제를 풀 때 내용을 다 읽 고 나서 처음으로 되돌아가 다시 찾아보지만 찾지 못하고, 심지어는 찾 고 또 찾으면서도 도대체 뭘 찾아야 하는지조차 잊어버린다.

영어 기억력이 뛰어난 학생은 시험장에서 문제도 쉽게 잘 푼다. 대부 분의 경우에 이 학생들은 잘못된 답을 골랐다는 사실을 확인해도 원문 으로 돌아갈 필요가 전혀 없다. 그들은 내용을 정확하게 기억하고 있어 서 어쩌면 답을 잘못 고를 일도 없을 것이다.

문제는 많이 외워야 한다는 데 있다. 일찌감치 수많은 교사가 수없이 반복한 말이다. 하지만 대부분의 학생이 외우기에 실패한다. 그러니 많은 사람이 그토록 오랫동안 영어를 배우고도 "영어 문장을 통으로 외워본 적이 있는가"라는 질문에 그저 성실하게 "없어요. 한 편, 한 단락도 없어요"라고 대답할 수밖에 없다.

그래서 나는 다시 한번 "여러분, 반드시 여러 번 외워야 합니다! 기억하세요! 꼭!"이라고 반복한다. 그렇게 해봐야 아무런 효과도 없을 테지만 말이다.

그럼 어떻게 해야 할까?

내 생각에 정상적인 사람에게는 최소한 1킬로바이트의 메모리가 있어야 한다. 중앙처리장치(CPU)가 아무리 좋아도 메모리 용량이 충분하지 않으면 쉽게 다운될 것이다. 당신의 지적 수준이 아무리 높아도 기억력이 나쁘면 아무것도 해내지 못하고 그저 순간순간 멍해질 뿐이다. 용량 1킬로바이트의 메모리 장착은 가장 기본적인 전제다. 1킬로바이트는 1,024바이트로 1,024개의 영문자를 저장할 수 있다. 평균 8개 알파벳으로 이루어진 단어라면 128개의 단어를 저장할 수 있고, 12개 알파벳으로 이루어진 단어는 구두점 기호를 포함해 대략 10마디의 말을 저장할 수 있다. 한 단락의 용량은 대체로 이 정도다. 한번 상상해보자. 나라는 사람이 과연 수준 높은 인물일까? 당신이 알고 있는 스마트폰은 1,000위안 정도의 물건일 뿐이다. 그런데도 1기가바이트나 2기가바이트, 심지어 훨씬 많은 메모리 용량을 갖고 있다. 당신은 자신에 대해 늘 "나는 아주 비싼 몸이야!"라고 말하지만 1킬로바이트의 메모리도 갖추지 못한 사람이 과연 그렇게 대단한 사람일 수 있을까? 너무 심한 말일까?

청중의 말을 기억하라

강연할 때 최선을 다하지 않는다면 청중은 당신과 공감대를 형성하지 못할 수 있다. 또한 당신이 어떤 말이나 행동을 할 때 청중은 당신이 미처 생각지 못한 반응을 할 수도 있다.

당신은 청중이 미소를 지을 것이라고 생각할 때 청중은 아무런 반응을 보이지 않을 수도 있다. 청중은 당신이 전혀 상상하지 못한 지점에서 폭소를 터트릴 수도 있다. 또한 청중이 깊이 공감할 것이라고 생각할 때 청중은 알 수 없는 표정을 보일 수도 있다. 같은 말을 해도 어떤 장소에서는 청중이 당신에게 우레와 같은 박수를 보내지만 다른 장소에서는 도리어 쥐 죽은 듯한 적막이 흐를 수도 있다.

어떤 사람들은 이런 기회가 얼마나 중요한지 잘 모르고 청중이 자신을 오해하고 있다고 잘못 생각한다. 그래서 이후의 대화를 논쟁으로 변질시킨다.

기억에 남는 한 장면이 있다. 내가 연단에서 이야기하다가 무심코 말을 덧붙였다. "성숙한 남자는 어떻게 다른 사람을 편하게 해줄 것인지를 잘 알고 있다." 그 순간 전혀 상상도 못 했던 폭소가 터져 나왔고 열렬한 박수가 잇따랐다. 나는 속으로 은근히 놀랐고 시간이 좀 지난 뒤에야 적절한 제스처를 취할 수 있었다. 당시에 나는 그 말이 똑똑함의 의미로 전달됐기 때문이라고 생각했다. 그 후 당시 상황을 돌이켜보고 그 문구가 지닌 의미를 여러 각도에서 자세히 생각해봤다. 그런 뒤 그 문구를 언제 사용해도 청중이 의미를 잘 알아채고 미소를 지을 수 있는 문구로 만들었다.

강연이 끝난 뒤 어떤 청중이 당신과 대화를 나누기 원한다면 그야말로 얻기 힘든 기회가 온 것이다. 이때 청중이 제기하는 질문은 모두 당신이 방금 강연에서 한 말에서 비롯된 것임을 꼭 기억하기 바란다. 강연자가 이 점을 잘 알고 있다면 심리적 안정을 얻을 수 있을 것이다.

모든 보조 수단을 이용해 청중의 질문과 반응을 기록해야 한다. 그들의 질문은 지금 막 당신이 한 강연이 만들어 낸 반응이다. 그들은 당신이 알려준 수준 높은 대답을 듣고 더욱 많은 반응을 보일 것이다. 경우에 따라서는 종이에 전부 적으면 되고 또는 녹음 장치가 있어야 할지도 모른다. 스마트폰이 등장한 후로 친구들의 제안을 받아 나는 에버노트♦를 자주 사용해왔다. 에버노트는 휴대용 기록 도구로 매우 편리하다.

"글은 본래 천성적인 것이지만 기예가 뛰어난 사람은 우연히 얻을 수도 있다"라는 옛말이 있다. 이 말은 우연과 의외성의 가치를 설명하고 있다고 볼 수 있다. 누구에게나 '의외의 소득'은 늘 있을 수 있다. 다만 대부분의 사람이 그 점을 의식하지 못하고 자신이 결정할 수 있는 일이 없다고 느낄 뿐이다. 또 어떤 사람들은 유심히 관찰하는 능력을 부단히 길러 훨씬 많은 의외성과 우연성이 가져올 수 있는 가치를 붙잡는다.

더욱 효과적인 방법은 자기 자신을 포함해 평상시에 말에 대한 사람들의 반응을 관찰하는 것이다. 시간이 흘러 관찰을 많이 하게 되면 당신은 더욱 자세히 관찰할 수 있는 능력을 갖게 되고, 다른 사람들이 미처 알아채지 못한 미묘하고도 미세한 온갖 반응을 포착하는 능력을 갖게 될 것이다. 물론 그들이 당신의 청중은 아닐 것이다. 하지만 미래의 어느 날 연단 아래 앉아 있는 청중이 당신이 아는 특징을 지닌 사람들로 구성될 수 있다. 같은 특징을 지닌 청중은 역시나 똑같은 반응을 보일 수도 있다. 그런가 하면 연단에서 가장 매력적인 일은 당신이 강연한 뒤 예측

♦ 에버노트(Evernote): 메모용 스마트폰 애플리케이션.

가능한 청중의 반응에 자세하고 정확하게 대처하는 것이다. 그러면 청중은 당신의 치밀하고 완벽한 사고 능력에 탄복할 것이다. 더욱 중요한 점은 상당수 청중의 뇌리에 자신도 모르는 사이에 '내가 이렇게 생각하고 있는 걸 저 사람이 어떻게 알았지?'라는 생각이 스친다는 것이다.

자신을 이해해주는 것보다 사람을 기쁘게 하는 것이 또 있을까?

쓸데없는 말의 의미

쓸데없는 말! 쓸데없는 말?

초보자들은 대개 말을 너무 많이 해서는 '안 된다'고 오해한다. '누구나 아는 쓸데없는 말'을 하게 되는 격이라고 생각하기 때문이다. 동시에 강연자가 한 가지에 대해 여러 면으로 철저하고 정확하게 이야기하면 청중 가운데 일부는 강연자가 '쓸데없는 말을 너무 많이 한다'고 여긴다. 그들은 많은 일에 대해 '누구나 다 알기 때문에 말할 필요가 없다'고 생각하기 때문이다.

강연을 할 때는 반드시 근거가 있는 결론을 전달해야 한다. 그 결론의 수용 여부는 차치하고 일단 근거가 합리적이고 충분한지 살펴야 한다. 누구라도 명백히 알 수 있을 정도로 말이다. 하지만 판단의 근거가 합리적이고 충분한지는 상당 부분 청중이 쌓아온 정보와 지식에 근거하게 된다. 심지어 청중의 감정 조절 능력과 이성적 사고 능력에 좌우되기도 한다.

평상시에 친구들과 대화를 나눌 때는 서로 익숙해서 반드시 전제해야 하는 근거가 필요한데도 생략되곤 한다. 상대방이 알고 있다는 것을 이미 알기 때문에 반복해 말할 필요가 없다. 누구든 시간과 에너지는 유한하고 소중하다. 그래서 친구들과 대화할 때, 평상시 대화할 때 우리는 그저 결론만 말하기도 한다. 근거에 대해서는 오로지 '이해했다'는 표정만 지으면 굳이 말하지 않아도 된다.

하지만 연단에서 강의할 때는 연단 아래의 청중이 더 많은 수를 차지한다. 그러니 방법이 없다. 모든 청중의 정보량과 지식 축적의 정도를 이해하고 그들 각자의 감정 조절 능력이나 이성적 사고 능력을 헤아려야 한다. 청중이 이미 아는 것이라면 설령 단 한마디라 하더라도 죄다 쓸데없는 말이 돼버린다. 반면 청중이 아무것도 모른다면 설명하기 가장 안전한 상황이라 할 수 있는데 이때도 여전히 잔사설을 늘어놓는다고 여길 수 있다.

내 강의를 다음과 같이 평가한 학생이 있었다.

"리샤오라이의 강의 노트를 얻을 수 있어서 참 좋았다. 그의 작문 강의는 꽤 괜찮은 편이다. 물론 쓸데없는 말이 아주 많고 사람도 도도하며 생김새도 꼭 가지처럼 생기기는 했지만 말이다. 하지만 그의 강의는 확실히 당신의 작문 수준을 급격히 향상시킬 것이다."

그 여학생은 내 강의에 대해 '쓸데없는 말'이 많은 편이라고 생각했다. 분명 '아주' 많다고 했다. 왜 그렇게 생각했을까? 여학생 입장에서 일부 내용은 이미 아는 것이었기 때문이다. 그래서 여학생은 내가 굳이 말할 필요가 없다고 생각했고 또 자신은 들을 필요가 없다고 생각했다. 시간 낭비인 것이다. 하지만 문제는 강연자인 내 입장에서는 여학생이 알고 있는 것과 모르고 있는 것이 무엇이고, 필요한 것이 무엇인지를 도무지 알 수 없다는 데 있다. 더욱 심각한 문제는 연단 아래에 그 여학생과 같은 사람이 수없이 많다는 것이다. 심지어 나는 그 여학생이 어디에 앉아 있는지조차 몰랐다. 설령 내가 청중을 대략 몇 부류로 나눌 수 있다고 해도 여학생이 어느 부류에 속한지 몰랐을 것이다. 그런데 중요한 점은 내가 결론을 각 개인에게 모두 전달해야 한다는 것이다. 그래서 강연장에 있는 모든 사람이 반드시 알아야 하고 충분히 이해할 수 있는 근거를 정확하게 전달해야 했다.

그래서 늘 '쓸데없는 말'은 있게 마련이고 따라서 그 말은 필요하고도 필수적인 '쓸데없는 말'이 된다. 이것이 바로 베테랑 강연자들이 똑같은 문제를 늘 여러 관점에서 설명하는 이유다. 또한 작가들이 책에서 하나의 이치를 몇 가지 예를 들어 증명하는 이유다.

일상적인 대화에서는 이런 과정을 거칠 필요가 없다. 하지만 대중을 앞에 둔 강연에서는 근거 있는 결론을 더욱 효과적으로 전달하기 위해 어느 정도는 쓸데없는 말을 하는 위험을 감수할 수밖에 없다.

신뢰감 있는 말을 할 수 있는 사람이 되자

아마도 당신은 자주 목격되면서도 늘 무시되는 현상에 대해 일찌감치 신경을 쓰고 있을 것이다. 분명 똑같은 말인데 당신이 말하면 그렇게 들리지 않는 상황 말이다.

모든 말은 그 특성에 따라 귀속의 경향을 보인다.

가령 '얼른 자라!'는 대개 부모가 말을 잘 안 듣는 어린아이에게 하는 말이다. '잘 좀 해라!'는 손윗사람이나 책임자가 초짜들 들으라고 하는 소리다. 좀 더 구체적으로 들어가면 이런 귀속의 경향이 만들어 내는 뒤

틀린 어감이 더욱 심각하게 드러난다. 가령 당신이 학급에서 성적이 별로 좋지 않은 학생이라면 당신이 효과적인 공부법을 알려주겠다고 아무리 말해도 반 친구들은 들을 가치가 없다고 생각힐 것이다. 만일 사람들이 당신을 냉정하지 않고 생각하기를 즐기는 인물이 아니라고 여긴다면 당신이 자신의 생각을 말했을 때 설령 그 말이 옳더라도 저평가받을 게 뻔하다.

만일 당신이 앞에 언급한 인물에 해당된다면 아마도 당신은 다음과 같은 조언을 듣게 될 것이다. '할 말과 하지 말아야 할 말을 구분할 줄 알아라.' 이 조언의 의미는 당신은 현재 처한 상황에 근거해, 해도 되는 말과 꼭 해야 할 말과 다른 사람이 충분히 들어줄 수 있는 말을 선택할 줄 알아야 한다는 것이다.

더욱 도움이 될 만한 조언은 따로 있다. 앞의 조언과 얼핏 비슷해 보이지만 실제로는 엄청난 차이가 있는 조언이다. 바로 부단한 노력과 경험을 통해 신뢰감 있는 말을 할 수 있는 사람이 되라는 것이다. 이 조언은 앞의 조언보다 훨씬 주체적이고 장기적인 노력의 과정을 요구한다는 점에서 훨씬 효과적이다. 처음부터 모든 것을 가진 사람은 없다. 인생에서 거의 대부분은 노력을 통해 쟁취해야 얻을 수 있다.

내가 아주 어릴 적에 아버지는 사람들이 존경할 만한 일을 하기 위해 끊임없이 노력해야 한다고 가르치셨다. "그러면 누군가 알아서 내게로 와 친구가 되려고 할 것이다"라고 말씀하셨다. 당시에는 아버지 말씀에 담긴 이치를 잘 몰랐다. 서른 살도 더 지난 뒤에야 아버지의 조언대로 했을 때 내게 돌아올 엄청난 이점을 비로소 깨달았다. 바로 존중이다. 존중이란 급작스럽게 노력한다고 해서 뚝딱 얻어지는 게 아니다. 사람에게는 관찰과 소통 능력이 있고, 사람은 있는 것과 없는 것을 서로 융통하며 살아간다. 존중은 시간을 들여 노력하는 과정이 있어야만 얻을 수 있다. 이것은 철의 규칙이다.

간혹 당신의 말이 옳은데도 아무도 들어주지 않을 때가 있다. 그런 상황에 놓이면 꽤 실망하고 심지어 분노하는 사람도 있다. 하지만 그런 상황이 대변하는 것이 있으니, 바로 당신이 존중받지 못하고 있다는 사실이다.

- 당신 자신처럼 당신을 이해하는 사람은 없다.
- 당신 자신처럼 당신에게 관심을 기울이는 사람도 없다.

사람들은 타인이 자신을 얼마나 중요하게 생각하는지를 꽤 신경 쓴다. 타인이 자신을 별로 중요하게 생각하지 않는다고 판단하면 타인의 판단 능력을 저평가하기도 한다. 어느 한 사람을 중요하게 생각하거나 존중하는 데는 상상하는 것보다 훨씬 오랜 시간이 걸린다. 이 이치를 잘 모르는 사람들은 늘 '조급'해하고 서투른 실력으로 뭔가를 했다가 일을 그르친다. 그러다가는 평생 존중받지 못할 공산이 크다. 물론 입지를 조금은 확보할 수는 있겠지만 존중은 언급할 수조차 없다.

이 이치를 진지하게 생각할 줄 아는 사람은 '말한 뒤 듣는 사람이 있는가 없는가'를 무척 효과적인 자기평가 기준으로 삼는다. 자신이 하는 말을 귀 기울여 들어주는 사람이 있으면 기본적으로 관심의 대상이 되었다는 것이다. 당신이 말할 때 상대방이 듣지 않거나 생각지 못한 이상 반응을 보이면 그건 당신이 아직 실력을 충분히 쌓지 않았다는 의미다. 이 깨달음을 얻었다면 계속해서 실력을 쌓아야 한다. 나는 지금껏 '인품을 쌓아라'는 말을 그냥 한번 내뱉는 말로 치부한 적이 단 한 번도 없다. 상당히 정교한 밀로 느껴왔다.

인내심이 없으면 아무것도 해낼 수 없다

언제 결론을 말할까?

이치를 논할 때는 근거로 논리를 뒷받침하고 결론을 설명하면 된다. 그런데 우리는 말을 단시간에 전부 쏟아낼 수 없다. 한 글자씩 혹은 한 마디씩 할 수밖에 없기 때문에 두 가지 방식으로 이치를 논하게 된다.

- 먼저 **결론**을 말한 뒤 근거를 말한다.
- 먼저 **근거**를 말한 뒤 결론을 말한다.

무엇을 근거로 이 둘 중 하나를 선택할 것인가?

결론에 담긴 관점이 청중의 관점에 저촉되는 부분이 있는지 살펴야 한다. 그 결론이 청중이 쉽게 수용할 수 있고 청중의 기존 관점에 꽤 근접하고 심지어 일치한다면 '먼저 결론을 말한 뒤 근거를 말하는' 방식을 선택해야 한다. 그렇게 하면 설득하는 데 들이는 노력이 조금 줄어들거나 필요가 없다. 설득 대신 '설명'을 많이 하면 된다.

그런데 청중이 자신들의 기존 관념과 일치하기 때문에 강연자의 말을 쉽게 수용하지만, 바로 그런 전제로 인해 쉽사리 주의력이 분산될 수 있다. 사람은 대개 이렇다. 입력되는 정보가 '이미 알고 있는 내용'이라는 확신이 서면 지속적인 수용을 포기하게 된다. 현재 입력되는 정보와 '이미 알고 있는' 정보가 거의 근접할 때에도 그럴 수 있다. 그 '조금의 차이'가 주의력을 분산시키는 것이다. 청중이 주의를 집중하고 배울 만한 게 있다고 느끼게 하려면 강연자는 청중이 전혀 생각하지 못한 예시나 이유를 제공하는 것이 제일 좋다. 혹은 최소한 너무 '보편적'이지 않은 다른 각도에서 말해야 한다.

강연자의 말과 청중의 관점이 완벽히 일치한다면 사실 강연자는 말할 필요가 없다. 선동이 목적인 강연이라면 공감대를 형성할 수 있겠지만 말이다. 강연자가 말을 하는 이유는 그의 말이 청중의 기존 관념과 일치하지 않기 때문이다. 그렇게 강연자는 무언가를 변화시켜야 하고 변화시키기를 원한다.

한편 강연자가 자신이 하는 말과 청중의 관념이 일치하지 않는다고 확신하거나 전혀 다르다는 생각이 들면 반드시 정확히 설명해야 한다. 그럴 경우 '먼저 근거를 설명한 뒤 결론을 내리는' 방식을 취하는 게 좋다.

이유는 간단하다. 자신의 생각과 다른 정보를 입수하면 사람들은 자신도 모르게 '배척' 상태에 돌입한다. 비수용 상태가 되는 것이다. 일단 배척 단계로 들어서면 정보를 이해할 때 다른 결과를 얻게 된다. 배척은 마치 선글라스와 같아서 모든 정보를 변색시키기 때문이다. 사람들은 의심스러운 지점에 관심을 보이면서 자신의 관점이 정확하다는 것을 증명하려들고 변화하려고 하지 않는다. 그들은 강연자의 말을 믿지 못한다는 심경을 행동으로 증명하기도 한다. 극단적으로는 아예 자리를 뜨기도 한다.

말하는 순서의 차이가 효과 면에서 엄청난 차이를 초래한다. 강연자가 이 점을 염두에 두고 강연한다면 새로운 현상이 나타날 것이다. 강연자가 모든 근거를 분명히 말한 다음에는 결론을 굳이 말할 필요가 없어지는 것이다. 청중은 이미 논리 정연하게 결론을 얻었기 때문이다.

인내심이 없으면 아무것도 해낼 수 없다

모든 청중은 강연자의 열정에 감화되기를 바란다. 하지만 현실은 참혹하다. 대부분의 삶에는 열정이 없기 때문이다. 그래도 열정이 필요하고 최소한 그 필요성을 느끼기는 한다.

강연 관련 책에서는 흔히 '반드시 열정이 있어야 하고' '열정으로 청중을 감화해야 한다'라고 말한다. 그런데 강연자의 목소리가 아무리 열정적이고 동작이 아무리 과장되더라도 그게 과연 열정적으로 보일까?

열정은 포장할 수 있는 게 아니다. 사람에게 열정은 다른 무언가에 의해 촉발되는 피동적인 것이다. 열정이 자연스럽게 생기기는 불가능하다.

미국의 비영리 재단에서 운영하는 강연회인 테드(TED, Technology, Entertainment, Design)의 강연 플랫폼에 벤저민 잰더◆의 강연 동영상이 있는데 나는 그 동영상을 본 뒤 무엇이 진정한 열정인지를 알게 됐다.

벤저민의 열정은 고전음악에 대한 열정에서 비롯됐고 또 타인을 격동시키고자 하는 강렬한 희망에서 비롯됐다. 그는 "반드시 다른 사람에게 설명해야 하고, 설명하지 않으면 존재감이 전혀 없게 된다"라는 말을 자

◆ 벤저민 잰더(Benjamin Zander): 보스턴 필하모닉 오케스트라의 지휘자이자 뉴잉글랜드 음악원에서 30여 년 동안 교수로 지내고 있다.

주 했다. 그에게는 '주위 사람들의 눈빛이 빛나게 하고 싶은' 희망이 있었다. 더욱 중요한 점인데, 그에게는 사람들의 눈빛을 빛나게 할 능력이 있었다. 그의 표정에는 생동감이 넘치고 목소리에는 짙은 호소력이 깔려 있으며 동작은 과장됐다. 하지만 이런 외형적 제스처는 근본 원인이 아니라 그가 열정을 갖게 된 뒤 도출된 결과일 뿐이다.

핵심은 그가 자신의 모든 행동과 생각과 말을 그 자체로 신뢰한다는 점이다. 다시 말하건대 그가 자기 자신에게 느끼는 신뢰감은 그가 열정적일 수 있는 이유이자 그가 오랫동안 생각하고 실천해온 결과다. 결과적으로 그의 열정은 사방으로 발산되었고 눈부시게 빛났다.

열정이 촉발되는 순서는 다음과 같을 것이다.

- 한 가지 일을 찾아서 한다.
- 그 일을 잘해낸다.
- 그 일을 하는 과정에서 그 일의 의미를 깊이 생각한다.
- 그 일에 최상의 의미를 부여하고 그 일을 최고의 경지로 끌어올리기 위해 열정적으로 임한다.
- 이제 어떤 일이든 일정 수준에 이르도록 잘해낸다. 그리고 그 일을 다른 사람들과 공유하고자 하는 강렬한 욕구를 느낀다.
- 선천적으로 타고난 것처럼 형성된 공유의 욕구로 인해 그 사람은 강렬한 감화력을 갖게 된다.
- 감화된 사람들은 공유해준 사람에게 충분한 열정을 선사한다.

벤저민이 소개한 한 가지 사례가 있는데 아주 설득력이 있다. 8세 아이는 어떻게 피아노를 연주할까? 그 아이가 9세 혹은 10세가 되었을 때는 어떻게 피아노를 연주할까? 그 아이는 다른 사람들이 피아노 연주를 포기한 뒤에도 1년간 연습을 계속했다. 벤저민은 아이의 나이별로 각각 시범을 보인 뒤 그 속에 숨은 메커니즘을 설명했다. 처음 피아노를 칠 때는 리듬마다 힘이 잔뜩 들어갔다. 시간이 흐르면서 두 리듬마다 힘이 실리고, 그다음에는 네 리듬마다 힘이 실렸다. 결국 '한 번 힘을 넣은 다음 리듬이 계속 이어졌다'. 처음에는 모든 부분에 정신을 집중해야 제대로 해낼 수 있었지만 어느 정도 훈련을 거치자 '한 번의 집중으로 여러 부분'을 해낼 수 있었던 것이다. 결국 모든 과정이 뼛속까지 주입돼야 자연스럽게 새로운 경지로 진입할 수 있다. 이런 과정은 시간을 필요로 한다. 인내심이 없으면 아무것도 이룰 수 없는 법이다.

누구에게 필요한 이야기일까?

하늘에 맹세하건대 이 책에 어떤 오류가 있다면 그것은 다 내가 저지른 일이다.

이치를 잘 알고 있다고 해서 중요한 시기에 실수하지 않는 것은 아니다. 또한 부주의로 인해 같은 실수가 재현되는 것을 저지하지도 못한다.

지난 경험을 이 책에 정리한 것은 '혹시 누군가에게 필요할까' 싶어서일 뿐이다.

나는 내가 무지하다고 생각하지 않는다. 다만 예전의 내가 너무너무 무지했다고는 인정한다. 한때는 그 생각 때문에 심한 자괴감에 빠지기도 했다.

세월이 흐른 뒤 기나긴 시간을 들여 스스로를 다독였다. '아마도 네가 너무 빨리 발전하고 있어서일 거야'라고.

물론 나 스스로도 잘 안다. 이건 그저 위안일 뿐이라는 점을 말이다.

매일 발전하기는 했지만 그 발전은 너무 더뎠다. 세상은 너무 빠르게 발전하고 그로 인해 생기는 보너스는 언제나 좀 더 젊은 사람들의 것이다. 그들은 세월이 주는 보너스를 받아 더욱 긴박하고 더욱 빠르게 발전해 간다.

이 책에서 내가 건네는 노하우와 제안이 그들에게 도움이 된다면 참으로 다행이다.

2015년 봄에 나는 이 강의를 시작했다. 강의를 통해 얻은 소득은 말할 필요도 없이 많다. 정말 많은 흥분과 감동이 있었다. 업종에 대한 조사 연구를 하지 않고 스타트업을 시작한 사람들은 눈뜬장님이다. 처음 시작할 때는 나도 그랬다. 대부분의 사람이 벤처 분야에서 말하는 '스타트업'과 '단독으로 일하는 것'을 헷갈려 한다. 단독으로 일하는 것은 사실 문턱이 아주 낮다. 그저 본인이 원하는 대로 하면 된다. 자신의 경험에 따라 익숙하고 자신 있는 일을 하면 된다. 그리고 사장이 되어 자기가 부리는 사람들보다 훨씬 많은 소득을 얻고 싶을 것이다. 이건 그저 일방적인 바람일 뿐이다. 스타트업은 다르다. 만일 창업가가 하는 일이 고속 성장하는 사업이 아니고 벤처투자 업체가 거기에 참여할 수 없다고 치자. 이런 상황은 많은 창업가가 제대로 알지 못한다. 이 점을 인정하지 않고 깊이 생각하지 않는 창업가는 진짜 눈뜬장님이다. 창업가가 해야 하는 일은 간단하다면 간단하고 어렵다면 어렵다.

- 자신이 몸담고 있는 분야를 깊이 연구하라.

- 자신이 알고 있는 몇 가지 분야를 많이 연구하라.

- 연구하는 모든 분야의 밑그림을 그려보라.

- 그 일을 하는 사람은 있는지 없는지, 어떤 사람이 그 일을 잘하는지 또는 못하는지, 왜 그런지를 살펴봐라.

- 자신의 상태를 제대로 분석하라.

- 적합한 분야를 선택하고 그 분야에서 자신의 활동 범위를 정하라.

- 가능한 목표를 설정하라.

누구에게나 크게 성장할 가능성이 있다. 자기 자신이 포기하지만 않는다면 말이다.

스탠퍼드 스타트업 바이블

펴낸날	초판 1쇄 2017년 1월 25일
	초판 2쇄 2019년 4월 2일

지은이	리샤오라이
옮긴이	나진희
펴낸이	심만수
펴낸곳	(주)살림출판사
출판등록	1989년 11월 1일 제9-210호

주소	경기도 파주시 광인사길 30
전화	031-955-1350 팩스 031-624-1356
홈페이지	http://www.sallimbooks.com
이메일	book@sallimbooks.com

ISBN	978-89-522-3580-0 03320

이 도서의 국립중앙도서관 출판예정도서목록(CIP)은 서지정보유통지원시스템 홈페이지
(http://seoji.nl.go.kr)와 국가자료공동목록시스템(http://www.nl.go.kr/kolisnet)에서
이용하실 수 있습니다.(CIP제어번호 :CIP2017000917)